广东省普通高校人文社会科学重点研究基地重大项目（07JDXM74002）成果

口译研究方法论

Methodology in Interpreting Studies

仲伟合等　著

外语教学与研究出版社
FOREIGN LANGUAGE TEACHING AND RESEARCH PRESS
北京 BEIJING

图书在版编目（CIP）数据

口译研究方法论／仲伟合等著. — 北京：外语教学与研究出版社，2012.12
ISBN 978-7-5135-2648-7

I. ①口… II. ①仲… III. ①英语—口译—研究方法 IV. ①H315.9-3

中国版本图书馆 CIP 数据核字（2012）第 304522 号

出 版 人：蔡剑峰
责任编辑：都帮森
封面设计：郭 子
出版发行：外语教学与研究出版社
社 址：北京市西三环北路 19 号（100089）
网 址：http://www.fltrp.com
印 刷：三河市北燕印装有限公司
开 本：650×980 1/16
印 张：15
版 次：2012 年 12 月第 1 版 2012 年 12 月第 1 次印刷
书 号：ISBN 978-7-5135-2648-7
定 价：40.00 元

＊ ＊ ＊

购书咨询：(010)88819929 电子邮箱：club@fltrp.com
如有印刷、装订质量问题，请与出版社联系
联系电话：(010)61207896 电子邮箱：zhijian@fltrp.com
制售盗版必究 举报查实奖励
版权保护办公室举报电话：(010)88817519
物料号：226480001

前 言 >>

"口译研究"（Interpreting Studies）在国际范围内是一门年轻的学科，在国内更是一门新生的学科。从国内学术期刊发表的相关文章来看，我国的口译研究虽然近年来有了较大的发展，但研究方法尚不够成熟，不少文章仍以主观推测和实践经验总结为主，研究结果往往未经过系统的理论推演或实证的检验论证。因而，研究方法论对于处于学科初创期的我国口译研究来说，有着特殊的意义。

正是基于上述观察，广东外语外贸大学口译研究团队近几年重点对口译研究方法论这一口译研究的学科基础性课题进行了比较系统的研究，致力于理清国际及国内口译研究的学科发展脉络，构建口译研究的学科理论。在此基础上，系统归纳口译研究发展至今在研究范式和研究方法上的经验和教训，提炼口译研究的学科路径和研究方法，建构系统的口译研究学科方法论。藉此，可望对国内的口译研究起到切实的推动作用，使之进入口译研究的国际主流视野，并作出更大贡献。

本研究的主体内容包括三大部分：口译研究的历史与现状、口译研究的学科理论与方法论、口译研究的选题与方法。

本研究的主要意义和创新之处体现在：它是口译研究领域的一项基础性、前沿性研究。到目前为止，国内外均未有对口译研究方法论进行全局性的大规模研究。从研究方法来看，本研究属于口译研究中的"元研究"，即以口译研究为考察对象，通过系统分析、总结及反思口译研究的已有文献，建构系统的口译研究学科理论和方法论。这将有助于建立口译研究的学科地位，有力地提升口译研究的学术地位，并为口译实践和口译教学作出科学的指导。

本研究项目得到了广东省教育厅的支持和相关领域专家的认可，于2007年立项为广东省普通高校人文社科重点研究基地广东外语外贸大学翻译学研究中心重大项目"口译研究方法论"（项目号07JDXM74002），并于2010年通过了结项评审。在此，谨向有关部门和评审专家致谢！

本书是广东外语外贸大学口译研究团队进行该项目研究所取得成果的集中展现。项目主持人仲伟合教授和项目成员王斌华副教授、詹成副教授、庞焱副教授以及钱芳、赵南、王巍巍、陈定刚等博士生均在口译实践、教学和研究中积累了较为丰富的经验。

　　仲伟合、王斌华负责全书的总体思路设计、统稿和审稿，并共同撰写了第三章和第四章。此外，王斌华还撰写了第一章、第二章和第十章。其他各章分工为：赵南撰写第五章；王巍巍、庞焱撰写第六章；钱芳撰写第七章；陈定刚撰写第八章；詹成撰写第九章。

　　作为一门年轻的学科，口译研究尚有诸多不够成熟之处，本书的出版代表了推动其走向成熟的一股热切的力量。其中若存谬误，请学界方家批评指正。

目 录

第一部分

历史与现状

第一章
中国口译研究的历史回顾和现状考察

本章要点

- 中国口译研究的发展阶段
- 中国口译研究的成果概况
- 中国口译研究的发展态势

第一节　背景：中国口译实践和口译教学的发展

　　口译在新中国的外交、外事、外贸和文化交流等事务中一直扮演着不可或缺的角色。改革开放后，随着我国对外开放程度的不断深入和各领域对外交流的增多，社会对口译人员的需求在不断增长，要求也在逐步提高。在中国内地，正式的口译教学始于20世纪70年代末，标志是1979年联合国在当时的北京外国语学院开办"联合国译员训练部"，为联合国培养口译和笔译人才，前后共培养了12批学员，共200余人。同时，其他几所具备相关条件的外语专业院校（如当时的上海外国语学院以及广州外国语学院等），也开设了面向外语专业的口译课程。

　　近年来，包括翻译专业本科、硕士、博士和翻译硕士专业学位（MTI）等在内的系统的学科建制在中国逐步建立。2000年，新修订的《高等学校英语专业英语教学大纲》把口译确定为英语专业本科的必修课程。2006年，教育部首次批准广东外语外贸大学等三所高校试办翻译本科专业。2007 年 3 月，国务院学位委员会发布了《关于下达〈翻译硕士专业学位设置方案〉的通知》。广东外语外贸大学等首批 15 所高校获翻译硕士专业学位（MTI）试办权。上海外国语大学、广东外语外贸大学分别于 2004 年、2007 年在其一级学科"外国语言文学"下自主设置了"翻译学"硕士点、博士点，并获国务院学位委员会批准。

随着近年国内口译教学的蓬勃发展，口译研究成为翻译学中一门正在兴起的子学科，并呈现旺盛的发展趋势。在此背景下，很有必要梳理国内口译研究的发展脉络，明确研究走向，并反思存在的问题，以提升研究质量，并为口译教学、实践和相关认证提供理据。

本章以国内历年发表在相关学术期刊上的口译研究论文、历届全国口译大会提交的论文以及国内出版的口译著作和教材等为研究数据，通过定量和定性分析的手段，从研究数量、研究主题、研究方法等方面对国内口译研究的历史概况和发展现状进行系统的考察，并探讨其研究的走向、存在的问题和提升的路径。

第二节　中国口译研究的发展阶段

国内学术期刊上发表的第一篇口译研究论文是唐笙、周珏良于 1958 年发表在《西方语文》[1] 第二卷第三期上的《口译工作及口译工作者的培养》。这与西方英语世界第一篇公开发表的口译研究论文[2]是同时诞生的。但在其后直至 1980 年以前，国内只有零星几篇口译研究论文发表。中国口译研究在 20 世纪 80 年代才真正起步，在 90 年代得到初步发展。进入 21 世纪后，中国口译研究进入了比较繁盛的发展时期。

从各个时期论文发表的数量来看，1990 年以前外语类核心期刊上发表的口译研究论文只有 33 篇，表明中国的口译研究尚处于起步阶段；1990—1999 年间发表的口译研究论文共有 122 篇，口译研究进入了初步发展阶段；进入 21 世纪后，随着口译教学机构在一些高校的正式成立、

---

1. 即现在的《外语教学与研究》。

2. Glémet, R. 1958. Conference interpreting. In Forster, L., Booth, A. D. & Furley, D. J. (Eds.), *Studies in Communication 2: Aspects of Translation*. London: Secker and Warburg. 105-122.

口译实践的职业化以及口译研究的专业化，口译研究也进入了一个新的发展时期，2000—2010 年间发表的口译研究论文近 300 篇。从发表论文的数量上看，本世纪第一个十年发表的论文数量相当于 20 世纪最后一个十年的两倍多，这标志着中国的口译研究进入了一个较为繁盛的时期。

第三节 中国口译研究的成果考察

1. 我国口译研究主题的考察

本节以近 50 年来我国外语类核心期刊刊载的口译研究论文为考察数据，考察各个时期的口译研究论文的研究主题分布。具体的研究主题分布情况如图 1.1 所示。

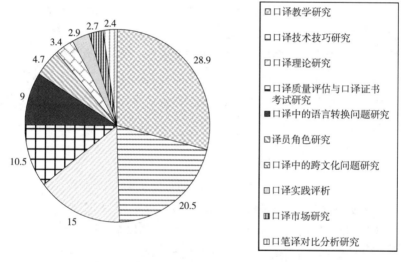

图 1.1 我国口译研究论文的研究主题分布

从口译研究论文的主题分布来看，我国口译研究的主题主要集中于"口译教学研究"、"口译技术/技巧研究"、"口译理论研究（口译的特点、原则和机制）"，这三类主题的论文数量总计占全部论文总数的 64.4%。除这三类主题外，口译研究关注的主要是"口译质量评估与口译证书考试研究"和"口译中的语言转换问题研究"。重视质量评估一直是中国翻译研究界的传统，而注重"口译中的语言转换问题研究"则同汉语与各种外语（尤其是西方语言）的语言差异较大有关。

另外，值得注意的是，在各主题的论文中，均有相当比重的介绍、运用或借鉴国外口译理论和研究成果。以"口译理论研究"主题的论文为例，其中专门对国外口译理论和研究成果进行引进性介绍的论文就占这一主题论文总数的32%。

2. 历届全国口译大会的回顾与考察

从1996年开始的历届全国口译大会，是我国口译研究发展历程中的一个重要标志。20世纪90年代中期我国的口译研究进入初步发展阶段后，为推动我国的口译研究和口译教学，厦门大学和广东外语外贸大学于1996年共同发起并主办了首届全国口译理论与教学研讨会，为广大口译教学及研究工作者以及口译实践人员提供了一个专门的交流平台。此后，研讨会每两年举办一届。到2012年，共举办了九届。会议规模不断扩大，研讨内容更趋专业；参会的专家学者也从国内少数高校扩展到多数高校，从口译教学领域扩展到了各类口译实践领域，从国内扩展到了国际范围。目前，全国口译大会已成为中国口译界规模最大、影响最广的学术活动。

2.1 历届全国口译大会的概况

1996年，首届全国口译理论与教学研讨会在厦门大学举行，主要讨论当时我国口译教学的现状和主要问题，以及口译教学改革的设想。有23人提交论文和发言稿共21篇，主要介绍口译教学和训练方面的情况。

1998年，第二届全国口译理论与教学研讨会在广东外语外贸大学举行，共有35人提交论文35篇，其中有一半讨论口译教学，另一半研究口译理论。口译理论和教学研究的结合成为突出特点。

2000年，第三届全国口译理论与教学研讨会在西安外国语学院（现为西安外国语大学）召开，收到论文25篇。口译研究开始出现新趋势，有三分之一的论文开始注意摆脱传统的研究视角，借鉴其他学科的研究成果。

2002年，北京外国语大学高级翻译学院主办了第四届研讨会，此时会议名称变为"国际口译教学研讨会暨第四届全国口译理论与教学研讨会"，研讨会上出现了一些跨学科研究和关于口译培训、认证及职业化等方面的新课题，共提交论文 62 篇，68 人发言。

2004 年，上海外国语大学高级翻译学院主办了国际口译大会暨第五届全国口译实践、教学与研究会议，主题是"口译专业化：国际经验和中国的发展"。中外代表围绕着口译职业及其市场化、口译培训和认证、口译理论及跨学科研究以及口译教学与评估等方面展开了讨论。共有 160 多名代表参会，提交论文 89 篇。

2006 年，对外经济贸易大学主办了第六届全国口译大会暨国际研讨会。会议以"进入 21 世纪的高质量口译"为主题，下设四个议题：1) 从母语译入外语——国际口译界共同面临的挑战；2) 口译教学——课程、方法、师资培训与国际合作；3) 口译研究——理论的突破及其与实践的结合；4) 口译专业化——职业考试、评估与市场开发。参会代表 100 多人，共提交论文 110 篇。

2008 年，广东外语外贸大学主办了第七届全国口译大会暨国际研讨会。会议以"口译在中国——新趋势与新挑战"为主题，下设四个议题：1) 口译质量评价——宏观与微观；2) 口译师资建设——现状与问题；3) 口译课程体系——翻译本科及翻译硕士专业学位；4) 口译教学与口译市场。参会代表 200 多人，共提交论文 125 篇。

2010 年，四川大学主办了第八届全国口译大会暨国际研讨会，会议以"全球化时代的口译"为主题。参会代表近 300 人，共提交论文 182 篇，会议设定的主题包括口译教学、口译理论研究、口译能力研究、口译评估与认证、专业领域的口译、口译与技术、口译技巧与策略等。

2012 年，北京语言大学和中国译协联合主办了第九届全国口译大会暨国际研讨会，主题为"全球化时代的口译教育"。参会代表约 250 人，共提交论文摘要 178 篇。此次大会邀请了国内七所高校的口译教学团队进行口译教学的团队演示，展示其教学理念和教学实践。设置的分论坛议题包括：口译人才培养模式研究、口译能力研究、口译教学法研究、口译评估与语料库研究等。手语传译首次列入大会服务，成为此次会议的一个亮点。

历届全国口译大会的概况见下表的总结。

历届全国口译大会的基本情况

届别	时间	主办方	主题（特色）	论文数量
第一届	1996 年	厦门大学	我国口译教学现状、主要问题以及口译教学改革设想	21
第二届	1998 年	广东外语外贸大学	口译教学理论研究、口译教学法探讨、口译教材的编写和口译测试等	35
第三届	2000 年	西安外国语学院	口译研究出现新的趋势，开始注意借鉴其他学科的研究成果	25
第四届	2002 年	北京外国语大学	口译的跨学科研究和口译培训、认证及职业化	62
第五届	2004 年	上海外国语大学	口译专业化：国际经验和中国的发展。	89
第六届	2006 年	对外经济贸易大学	进入 21 世纪的高质量口译	110
第七届	2008 年	广东外语外贸大学	口译在中国——新趋势与新挑战	125
第八届	2010 年	四川大学	全球化时代的口译	182
第九届	2012 年	北京语言大学	全球化时代的口译教育	178

2.2 历届口译大会呈现的我国口译研究进展

1）初级研究阶段：2000 年以前

1996 年，首届全国口译理论与教学研讨会主要讨论的是当时我国口译教学的现状和主要问题，以及口译教学改革的设想。代表人数少，讨论的课题也多停留在介绍阶段，不少论文只提出了一些现象和问题，未从理论的高度展开深入讨论。在 1998 年第二届研讨会上，超过半数的论文讨论口译教学，另一半研究口译理论和教学理念，而口译教学的探讨开始注意和口译理论相结合。（穆雷，1999 a；1999b）在这一阶段，口译研究尚缺乏宏观框架，微观研究也处于初始阶段，缺乏实质性的研究内容。但这两次研讨会意义重大，它标志着我国的口译研究进入了有意识的发展阶段。

2）理论研究的深入阶段：2000—2003 年

2000 年，在第三届全国口译理论与教学研讨会上，大约有三分之一的论文开始尝试摆脱传统研究视角，注意借鉴其他学科的研究成果。（刘和平，2001：18）在这一阶段，部分研究者不满足于提出一些口译和口译教学的原则和方法，开始尝试探究口译的内在规律和原则、方法背后的理论基础。2002 年第四届研讨会的名称变为"国际口译教学研讨会暨第四届全国口译理论与教学研讨会",研讨会上出现了一些跨学科研究和关于口译培训、认证及职业化等方面的课题。

3）职业化和专业化发展阶段：2004 年至今

2004 年，全国口译理论与教学研讨会改名为国际口译大会暨第五届全国口译大会。会议以"口译专业化：国际经验和中国的发展"为主题，重点研讨了国内口译走向专业化道路所面临的问题和挑战，包括行业规范化、专业化及口译的市场化等，并在口译培训和认证、口译理论及跨学科研究以及口译教学与评估等方面展开了讨论。此次研讨会的一个突出特点是与国际口译界的交流密切。（慕媛媛、潘珺，2005）

2006 年，第六届全国口译大会暨国际研讨会以"进入 21 世纪的高质量口译"为主题。此次研讨会所体现的一个特点是，口译研究的主题由宽泛走向具体，研究的理论意识和方法的科学性有所加强。

2008 年，第七届全国口译大会暨国际研讨会以"口译在中国——新趋势与新挑战"为主题。本次研讨会以翻译本科专业和翻译硕士专业学位在我国相继设立为背景，面对口译教学中新的挑战，研究者比较系统地探讨了口译教学的各个方面，如口译课程体系、口译师资建设、口译教学模式和方法等。

2010 年，第八届全国口译大会暨国际研讨会以"全球化时代的口译"为主题，体现出国内口译研究的三个发展趋势：口译研究的广度和深度不断提升，研究的分类日趋细化；研究方法凸显实证与跨学科的趋势；教学科研团队正在形成和壮大。（任文、杨平，2011）值得注意的是，在本次大会上，手语传译和口译史等研究主题首次进入口译大会的视野。

2012 年，第九届全国口译大会暨国际研讨会以"全球化时代的口译教育"为主题，因应近年来我国翻译硕士专业学位（MTI）和翻译专业本科蓬勃发展的态势，对口译人才培养模式进行了集中探讨。

3. 我国的口译研究著作和口译教材

到目前为止，国内共出版口译研究著作（包括影印本、论著、译著和论文集等）近 30 部，具体数量如下表。

我国已出版的口译研究著作数量

影印本	论著	论文集	译著	其他
5 部	12 部	5 部	8 部	1 部

其中，以影印本形式从国外引进的口译论著五部：《会议口译解析》（*Conference Interpreting Explained*）、《口译：技巧与操练》（*Interpretation: Techniques and Exercises*）、《口译员的资源》（*The Interpreter's Resource*）、《法庭口译导论》（*Introduction to Court Interpreting*）、《巴别塔揭秘：同声传译与认知、智力和感知》（*The Hidden Side of Babel: Unveiling Cognition, Intelligence and Sense through Simultaneous Interpretation*）。这几部口译论著的引进可看作是近年我国口译研究学术地位提升的一个可喜的信号。不足的是，国外在口译研究方面已有概论、选读、方法论等方面的学科基础著作，但这些著作尚未被系统地引进。

国内出版的口译论著已涉及口译学科理论、口译技巧、口译史、口译教学等方面。值得注意的是，中国对外翻译出版公司一直以来影响颇大的"翻译理论与实务丛书"从 2005 年起推出了"口译研究卷"，这成为了国内口译研究学术地位提升的显著标志。外语教学与研究出版社也于近年开始推出"口译研究博士论丛"。中国对外翻译出版公司的"翻译理论与实务丛书"目前已出版了四部口译论著，包括鲍刚的《口译理论概述》、刘和平的《口译理论与教学》、杨承淑的《口译教学研究：理论与实践》以及蔡小红的《口译评估》。这四部论著在一定程度上呈现了我国口译研究的系统研究成果，下面对此进行一个简要述评。

鲍刚、刘和平都曾在巴黎第三大学高等翻译学院（简称巴黎高翻）进修，他们分别从不同的角度分析了口译活动的过程，并在一定程度上解释了口译的内在规律。他们的著作代表了"释意派"口译理论研究在中国应用和发展的成果。

《口译理论概述》：国内第一部口译研究专著（初版由旅游教育出版社于 1998 年出版）。在本书中，鲍刚（2005）以释意派口译理论为纲，对口译的过程进行了系统的分析。其主体部分有三章，分别是："口译中的听辨与理解"、"源语储存与笔记"、"双语互译及口译程序"。另外，鲍刚把口译中的话语语类总结为叙述语类、介绍语类、论证语类、联想语类四大类，并对这四种语类的话语模式进行了分析。他还对口译员的素质和能力进行了考察，把译员的双语能力区分为"并列性双语者"和"合成性双语者"两种情况，并结合国内译员的双语能力现状，重点对"合成性双语者"的 B 语提高方法进行了探讨。值得注意的是，鲍刚在这部国内口译理论的开山之作中对口译理论研究的方法进行了初步的总结，提出了十类研究方法：经验总结法、归纳思辨法、内省法、黑箱法、现场观察法、调查法、源语译语资料分析法、口译模式设定法、实验法、跨学科借鉴法。

《口译理论与教学》：中国口译教学研究界的代表人物之一刘和平所著。她在书中总结了国内外口译理论研究的现状、特点和趋势（第二章），明确了口译研究的学科地位（第一章标题"口译研究是翻译学的重要组成部分"）；在第三章中，她针对新世纪口译行业蓬勃发展的趋势，对国内口译职业化的进程作了分析；在第四章中，她在探讨口译理论与口译教学的关系的基础上，针对不同层次的口译教学和培训的类型提出了相应的教学目标。

刘和平的另一部著作《口译技巧——思维科学与口译推理教学法》（2001）则在释意派翻译理论的基础之上，借鉴认知心理学、心理语言学、神经语言学、翻译学等的研究成果，分析了口译思维的基本特征，并以此为理论基础，提出了系统的口译推理教学大纲和教学方法。

《口译教学研究：理论与实践》：台湾辅仁大学杨承淑教授所著。作为翻译学研究所的教授，杨承淑同时兼具口译教学、口译考试评估及设计等多方面的研究背景以及多年的会议口译实务经验。她这部口译教学研究专著包括"应用外语篇"和"专业口译篇"，前者以大学层次的主、副修"一般口译"教学为研究对象；后者则以硕士班的"专业口译"教学为研究对象。按照笔者的理解，该书中的"应用外语篇"指的是把口译作为一种应用外语的形式而进行考察，故称这类口译是"一般口译"。在该篇中，她提出了八条口译的一般原则，把口译教学的要素归纳为"语言、知识、技法"三个方面，并探讨了"一般口译"的教材、教法等具体问题。在"专业口译篇"中，她以"会议口译"的教学为研究重点，探讨了这种"专业口译"教学的教学目标定位、核心课程规划、教学条件问题以及口译"专业考试"设计等研究课题。

《口译评估》：蔡小红的这部专著呈现了她在口译质量评估方面多年来的研究成果。在本书中，她在回顾口译评估领域研究成果的基础上，对口译质量评估的定义、参数、方法等主要研究问题进行了比较系统的探讨。该书还具体分析了三种基本类型的口译评估，即职业口译评估、口译教学培训评估、口译研究评估。

口译研究的论文集主要是历届全国口译大会的论文选集。在此有必要特别提到蔡小红（2002）主编的《口译研究新探——新方法、新观点、新趋势》。该书是国内第一部口译研究的论文专集，收集了国内研究者在"口译的能力提高"、"口译的质量评估"、"口译的思维过程"和"口译研究方法"等方面的论文 30 多篇，是当时中国口译研究成果的一个集中展现。

国内口译研究的译著主要引进的是释意派的代表作，包括达尼卡·塞莱斯科维奇和玛丽亚娜·勒代雷的口译论著四部；另外还有让·艾赫贝尔（Herbert, 1952）的《口译须知》（*The Interpreter's Handbook*），这是西方口译界的早期著作。理论著作的译介在推动研究方法方面发挥着很大的作用。遗憾的是，我们对国外口译研究的学科基础性著作未能全面译介进来，这使得国内口译研究界在运用相关理论方面有一定的偏向性。

到目前为止，国内共出版口译教材近 200 部。从教材的教学思想和编写体系来看，大体上可以分为三类：

1) 早期的教材多以口译中的语言转换为主线。代表教材有吴冰于 1995 出版的《汉译英口译教程》[1] 等。

2) 多数教材以口译专题为主线。代表教材有梅德明于 2000 年出版的《高级口译教程》等。

3) 以口译技巧为主线的教材。代表教材有厦门大学外文系中英英语合作项目小组 1999 年出版的《新编英语口译教程》以及仲伟合（2006）主编的《英语口译教程》等。

---

1. 该教材于 2004 年修订时更名为《现代汉译英口译教程》，并于 2012 年推出了第二版，更加侧重语言能力的提高和口译技巧的训练。

4. 我国的口译研究学位论文

到目前为止，国内通过答辩的口译研究博士论文已有 20 余部，通过答辩的口译研究硕士论文为 237 篇[1]。博士论文是代表性的系统研究成果，下表总结了国内口译研究博士论文的选题情况。

国内口译研究博士论文的选题情况

作者	年份	标题	院校
蔡小红	2000	交替传译的过程及其能力发展——对中国法语译员和学生的交替传译活动进行实证性研究	广东外语外贸大学
陈 菁	2005	口译交际过程中的跨文化噪音	厦门大学
杨承淑	2006	口译转码模块研究	北京外国语大学
万宏瑜	2006	视译过程的认知研究对本科口译教学的启示	上海外国语大学
张 威	2007	同声传译与工作记忆的关系研究——中国英语口译人员认知加工的实证分析	北京外国语大学
高 彬	2008	猜测与反驳——同声传译认知理论研究	上海外国语大学
张吉良	2008	当代国际口译研究视域下的巴黎释意学派口译理论	上海外国语大学
任 文	2008	联络口译中译员的主体性意识研究	四川大学
胡凌鹊	2008	交替传译中笔记的心理语言学研究	上海外国语大学
王斌华	2009	口译规范描写及其应用——一项基于中国总理"两会"记者招待会交传语料的研究	广东外语外贸大学
朱锦平	2010	会议口译专业口译能力与外语能力的追踪对比研究	上海外国语大学
孙 序	2010	交替传译信息处理过程中语言能力与口译能力的关系研究	上海外国语大学
贾 丹	2010	反思法视角下的口译课堂教学教师发展研究	上海外国语大学
詹 成	2011	政治场域中口译员的调控角色——基于语料库的译语偏移研究	广东外语外贸大学
苏 伟	2011	本科阶段口译能力发展途径研究	上海外国语大学
徐 翰	2011	本科英语专业技能化口译教学的实证研究	上海外国语大学
郭靓靓	2011	中英文同传语序处理方式的选择与原因研究	上海外国语大学
谌莉文	2011	口译思维过程中的意义协商概念整合研究	上海外国语大学
庞 焱	2012	日中同声传译难点及应对策略	广东外语外贸大学

近年来，国内的口译研究博士论文不仅在数量上有较大的增长，而

---

1. 此项是根据中国知网（CNKI）中国优秀硕士学位论文数据库的检索结果所作的统计，截止到 2012 年。

且从不同的角度开拓了口译研究的领域，使国内的口译研究在研究方法层面提升到了新的高度。限于篇幅，在此仅举数例。

对口译过程模式的研究多借助跨学科的手段。蔡小红（2000）的博士论文《交替传译的过程及其能力发展——对中国法语译员和学生的交替传译活动进行实证性研究》提供了一个跨学科研究的范例。陈菁（2005）的论文《口译交际过程中的跨文化噪音》是国内首篇对口译中跨文化因素进行系统研究的博士论文，对口译中社会文化因素的系统探索将有助于拓展口译研究的广度。杨承淑（2006）的《口译转码模块研究》比较详细地分析了口译的信息处理过程和方式。张威（2007）的《同声传译与工作记忆的关系研究——中国英语口译人员认知加工的实证分析》是一项以实验法为主的实证研究。该项研究设计比较严谨、量化分析比较充分，为口译认知研究的实验法提供了范例。高彬（2008）《猜测与反驳——同声传译认知理论研究》是国内博士论文中第一项关于口译研究史的研究。该论文梳理了同声传译认知理论的发展脉络，有助于国内口译研究界加深对相关理论的理解。张吉良（2008）的《当代国际口译研究视域下的巴黎释意学派口译理论》对释意派口译理论的诞生背景和发展历史进行了梳理，有助于国内口译研究界更清楚地认识这一理论的有关争议及其对中国口译教学的适用程度。任文（2008）的《联络口译中译员的主体性意识研究》是我国内地第一项关于联络口译及其译员主体性意识的系统研究，拓展了国内口译研究的视野。王斌华（2009）的《口译规范描写及其应用——一项基于中国总理"两会"记者招待会交传语料的研究》是口译研究中对口译规范进行系统描写的首次尝试。该研究探索了口译描写研究的方法，其研究结论在一定程度上拓展了口译教学的理念和内容，凸显"译员能力"作为专业口译教学目标的必要性。该论文提出的以口译规范描写为基础的口译评估理念在一定程度上开辟了口译评估的新途径。

5. 国家级研究项目中口译研究的立项

根据全国哲学社会科学规划办公室公布的国家社科基金项目立项情况的有关资料，截至 2010 年，国家社科基金项目中共有五个口译研究的项目获得批准立项。项目的具体情况如下。

国家社科基金口译研究立项

立项年份	项目名称	负责人	项目类别
2002	英汉双向口译虚拟教学系统	李德俊	一般项目
2006	英语专业高年级学生口译能力研究	王文宇	青年项目
2008	手语翻译理论建构	肖晓燕	青年项目
2009	口译职业资格认证测试的理论体系和运作模式研究	陈菁	一般项目
2010	口译能力立体结构与口译训练中的优化过程研究	董燕萍	一般项目
2010	英汉汉英同声传译过程中的认知控制模型研究	梁君英	青年项目

　　根据教育部社会科学研究与思想政治工作司公布的近年来教育部人文社科项目立项情况的有关资料，截止到 2010 年，教育部人文社科项目中共有八个口译研究的项目获得批准立项。项目的具体情况如下。

教育部人文社科口译研究立项

立项年份	项目名称	负责人	项目类别
2007	口译理论与实践	黄建凤	规划基金项目
2008	口译过程模式探讨及其实证研究	谌莉文	规划基金项目
2008	释意派翻译理论在俄语口译中的适用性研究	顾鸿飞	青年基金项目
2009	英汉同声传译中的认知控制	梁君英	青年基金项目
2010	中国国际会议口译译员的口译能力和口译策略发展规律跟踪研究	徐海铭	规划基金项目
2010	同声传译的工作记忆模型研究	张威	青年基金项目
2010	同声传译理想认知架构跨学科研究	管玉华	青年基金项目
2010	口译能力发展过程的建模	王斌华	青年基金项目

6. 港澳台地区的口译研究状况

　　在台湾，以辅仁大学 1988 年首创翻译研究所为起点，标志着台湾口译教学和研究的机构化和学术化的开始。1994 年，台湾翻译学学会成立，并于 1996 年开始出版其会刊《翻译学研究集刊》(*Studies of Translation and Interpretation*)，每年出版一辑，到 2007 年为止共出版了十辑。台湾翻译界一个重要的定期学术活动是口笔译教学（国际）研讨会，至 2012

年已召开 16 届，会议代表所提交的论文主要也刊登在《翻译学研究集刊》上。需要特别指出的是，台湾口笔译教学（国际）研讨会是港澳台地区唯一定期召开的规模最大的口译研讨会，港澳台地区口译研究的代表性成果大多在此发表。因此，欲考察港澳台地区的口译研究状况，可以把《翻译学研究集刊》作为主要的数据来源 [1]。

《翻译学研究集刊》自创刊第一辑至第十辑，总计发表论文 115 篇，其中口译 40 篇，约占论文总数的 35%。各辑刊载的口译研究论文的数量见下表。

台湾《翻译学研究集刊》刊载的口译研究论文的数量

刊物名称	出版年份	口译研究论文数量
《翻译学研究集刊》第一辑	1996 年	5 篇
《翻译学研究集刊》第二辑	1997 年	6 篇
《翻译学研究集刊》第三辑	1998 年	3 篇
《翻译学研究集刊》第四辑	1999 年	4 篇
《翻译学研究集刊》第五辑	2000 年	4 篇
《翻译学研究集刊》第六辑	2001 年	4 篇
《翻译学研究集刊》第七辑	2002 年	3 篇
《翻译学研究集刊》第八辑	2003 年	5 篇
《翻译学研究集刊》第九辑	2005 年	3 篇
《翻译学研究集刊》第十辑	2007 年	3 篇

从研究主题分布来看，该地区口译研究的主题主要集中在"口译教学"。在《翻译学研究集刊》发表的口译研究论文中，以"口译教学"为主题的论文有 29 篇，占口译研究论文总数的 72.5%。其中包括：口译课程设计，如杨承淑（1996）的《"口译入门"课的教案设计、修正与评鉴》等；口译教学方法的探讨，如何慧玲（2001）的《大学口译课程笔记的学习与教法探讨》等；口译训练方式的探讨，如吴敏嘉（1999）的《循序渐进的同步口译教学法》[2] 等。

其他论文的主题分布情况为："口译理论或口译现象探讨"，5 篇，占 12.5%，如谢怡玲（2003）的《联络口译在翻译研究理论建构中的重要

---

1. 感谢台北大学应用外语学系廖柏森博士提供相关信息和资料。

2. 同步口译，即同声传译。该论文英文标题为 A Step by Step Approach to the Teaching of Simultaneous Interpretation。

性》[1] 等；"口译技巧及策略"，2篇，占5%，如陈彦豪（1997）的《口译如何传达并行语言的讯息》等；"口译中的语言对比"，2篇，占5%，如黄素月（1996）的《从比较语言学来探讨口译的问题》等；"口译市场与职业问题"，2篇，占5%，如范家铭（2007）的《由著作权法探讨口译服务之权利义务关系》等。

从研究方法来看，多数论文采用论证式的方法，包括理论推演和经验总结；其他论文采用的研究方法有个案研究、语篇分析、问卷调查等。但少见采用实验法的研究论文。由此看来，实验法在港澳台地区的口译研究中也尚未得到大量的应用。有必要指出的是，该地区的口译研究有一个特点，即其研究论文的主题大多比较具体，这有利于对研究对象进行更深入的探讨。

第四节　中国口译研究的发展态势

1. 我国口译研究的发展趋势

近年来，我国的口译教学、实践、培训、认证考试等方面都呈现出繁荣发展的局面。在这样的背景下，口译研究也呈现出以下一些趋势：

1）研究主题的多样化趋势。口译研究的主题由当初比较单一的主题发展到今天比较多样化的主题，比较全面地涵盖了三大类：口译理论研究、口译技巧探讨、口译教学（训练）研究。

2）研究内容的具体化趋势。口译研究的内容趋向于研究各个主题的具体方面，而不只是停留于一般的原则和标准。

3）研究路径的跨学科趋势。口译研究的路径和方法开始注意借鉴其他学科领域的研究成果，尤其是认知心理学、心理语言学等。（刘和平，2005a：60等）

4）研究取向的市场化趋势。口译研究日趋关注口译市场的各种问题，如口译质量评估和口译资格认证等。

5）研究交流的国际化趋势。我国与国外口译研究界的联系不断加

---

1. 论文的原标题为英文：The Importance of Liaison Interpreting in the Theoretical Development of Translation Studies。

强，对国外相关研究成果的了解也不断加深，对相关研究方法的借鉴也在逐步加强。

2. 我国口译研究存在的问题

我国的口译研究起步晚于西方，在 20 世纪 90 年代之前，只有零星的成果发表。进入 20 世纪 90 年代后，发表成果开始增多，但大多局限于对教学与实践的经验探讨，缺乏系统的理论研究，更缺乏实证型的科学考察。进入 21 世纪后，口译教学和口译实践在中国蓬勃兴起，口译研究亦呈旺盛的发展态势。但与近年国内口译实践和教学蓬勃兴起的现状形成对比的是，作为一门新兴子学科的口译研究仍缺乏坚实的理论基础和系统的研究方法。

从近年发表的期刊口译研究论文和口译大会论文来看，不少文章仍以主观推测和实践经验总结为主，研究方法不够科学，主要体现在：文献综述不够全面系统（特别是对国际范围内的口译研究成果缺乏梳理和系统分析）、研究问题不够深入、研究方法不够严谨科学、研究结果往往未经系统的理论推演或以实证分析的方式进行验证等。（王斌华、穆雷，2008）

总体来看，我国口译研究仍存在以下几个方面的问题：1）学科理论意识薄弱，尤其是口译学科理论的建构意识缺乏；2）研究方法缺乏科学性。具体表现在：重规定、轻描写，缺乏实证研究方法的应用；缺乏以数据为基础的（data-based）研究；学科研究方法缺失，而跨学科研究尚处于起步阶段；3）研究者人群单一（主要是口译教师）。

3. 我国口译研究提升的路径

在研究主题方面，目前国内的口译研究在广度和深度方面均落后于西方的口译研究，因此，在这方面进行借鉴，可望提升国内的口译研究水平。西方口译研究已涵盖的主要研究课题有：1）口译教学与培训；2）口译的认知处理过程；3）口译中的语言问题；4）口译的神经生理学基础；5）口译的质量问题；6）口译的职业问题等。（Gile，2000；2006）

从研究路径和研究方法来看，目前国内的部分口译研究者正在有意识地超越实践经验总结和主观推测式的研究方法，注重实证的研究正在兴起，这主要体现在近年的硕士和博士论文中。当然，理论推演型的研究对于学科理论的构建同样意义重大，只不过这类路径的研究要注意提升推演的逻辑严密性。从分析西方口译研究的发展路径和研究方法中可以看出，西方口译研究的路径正在向跨学科的多元式研究扩展，口译研究的方法由原来的主观推测和实践经验总结向以数据为基础的客观描写和实证分析转变。（王斌华、穆雷，2008）

要提升我国的口译研究，跨学科研究是一条可行的路径，口译研究者与相关学科的研究者应进行更加密切的合作。相关学科主要包括：认知心理学、心理语言学、语言学、神经生理学等。对于口译这门年轻的学科来说，研究理念和研究方法仍需要作大量跨学科的借鉴，因此，研究者如果受过上述相关学科的系统训练，利用相关学科的研究理念和方法，必然能够进行更有深度的研究，也能够确保研究过程和结论的科学性。

从本章对期刊口译研究论文及口译大会提交论文和相关论著的考察来看，口译研究在中国仍是一门不够成熟的新兴学科。翻译学学科体系和建制在中国的逐步完善给这门新兴学科的发展带来了不少机遇，如最近几年翻译专业本科和翻译硕士专业学位（MTI）在国内高校的设立等。但是，口译研究要发展成熟，还有赖于其研究队伍的壮大、研究主题的拓展、研究方法的提升以及理论与实践的密切互动。

推荐阅读文献 ◖

1. 刘和平. 2001. 口译理论与教学研究现状及展望. 中国翻译. 第 2 期第 17–18 页.

2. 刘和平. 2005. 口译理论研究成果与趋势浅析. 中国翻译. 第 4 期第 71–74 页.

3. 慕媛媛、潘珺. 2005. 专业化道路：中国口译发展的新趋势——兼评国际口译大会暨第五届全国口译实践、教学与研究会议. 中国翻译. 第 3 期第 38–41 页.

4. 任文、杨平. 2011. 迈向国际化：中国口译研究发展的现状与趋势——第八届全国口译大会暨国际研讨会述评. 中国翻译. 第 1 期第 29–32 页.

5. 王斌华、穆雷. 2008. 口译研究的路径与方法. 中国外语. 第 2 期第 85–90 页.

第二章
国外口译研究的历史回顾和现状考察

本章要点

- 国外口译研究的发展阶段
- 国外口译研究的代表人物及其理论
- 国外口译研究的发展态势

第一节　背景：国外口译实践、教学和研究的发展

在国外，口译职业的早期历史可追溯到公元前 3000 年古埃及关于译员（dragoman）的记录，而正式的专业会议口译起源于 20 世纪早期。第一次世界大战后出现了首批专业的交替传译工作者，巴黎和会被认为是交替传译正式大规模使用的开始。第二次世界大战后出现了首批专业的同声传译工作者，而纽伦堡审判被认为是同声传译正式大规模使用的开端。伴随着联合国等国际组织的建立，专业会议口译有了较大规模的发展。《联合国宪章》规定，联合国的官方语言为汉语、法语、俄语、英语、西班牙语和阿拉伯语。按宪章规定，所有官方语言都具有同等的法律效力，大多数联合国文件都使用这六种官方语言同时发布，联合国的多语环境就此形成。这使得联合国成为正式会议口译的最大用户之一。1953 年，国际会议口译员协会（International Association of Conference Interpreters，AIIC）的正式成立标志着会议口译作为一个专门职业而诞生。

口译专业教学的诞生以正式口译教学机构的成立为标志。在西方，

较早成立的正式口译教学机构有：日内瓦大学 1941 年成立的口笔译学院、1958 年成立的巴黎高翻、蒙特雷国际研究学院 1969 年成立的口笔译研究生学院（现简称"蒙特雷高翻学院"）。正式口译教学机构的成立意义重大。身为联合国资深译员和口译研究奠基者之一的艾赫贝尔（1978：9）在北约语言传译及交际研讨会（NATO Symposium on Language Interpretation and Communication）上说："幸亏我们现在有几家优秀的口译教学机构能够培训口译人员！我们现在再也不应该认为，译员是天生的，而不是培训的。"口译教学机构的正式成立使得口译的职业化地位得到确认，也使得口译教学和研究能够逐步取得相应的学科地位。

西方口译研究肇始于 20 世纪 50 年代，以艾赫贝尔、让-弗朗索瓦·罗赞等为代表的一批日内瓦的职业译员，出于培训新一代译员的需要，对自身的职业经验和技巧进行总结并成书出版。从 20 世纪 60 年代起，口译现象成为实验心理学的一个研究对象，代表性研究者有亨利·C.巴里克、英格里德·库尔兹、大卫·格尔瓦等，他们撰写的博士论文是最早几部以口译为研究对象的博士论文。（Barik, 1969; Kurz, 1969; Gerver, 1971）20 世纪 70 年代起形成的以"释意理论"为标志的巴黎学派[1] 曾长期占据西方口译研究的主导地位，在口译研究中一度影响深远。从 20 世纪 80 年代后期起，以 1986 年的里雅斯特口译研究大会（Trieste Symposium on the Theoretical and Practical Aspects of Teaching Conference Interpretation）为转折点，口译研究出现了新的发展，主要体现为研究的科学性增强、研究主题的多样化、研究方向的重新定位。还有一个鲜明的特点就是跨学科研究的兴起，如口译的神经语言学研究及神经生理学研究、口译的认知心理学研究、口译的社会语言学研究等。

第二节　国外口译研究的发展阶段

西方口译研究界的代表人物丹尼尔·吉尔（Gile, 1994a）把国外口译研究的历史划分为四个阶段：

1) 20 世纪 50 年代的起始阶段。以艾赫贝尔和罗赞为代表的日内瓦

---

1. 以达尼卡·塞莱斯科维奇和玛丽亚娜·勒代雷为代表。

译员以自身的口译实践经验为基础出版了"手册式"的著作，如艾赫贝尔的《口译须知》、罗赞（Rozan, 1956）的《交替传译的笔记》等。以今天的研究眼光来看，虽然他们的著作并未宣称有何科学基础，但是确实触及到了大多数我们目前口译研究中仍在探究的根本课题。

2）20 世纪 60 年代末至 20 世纪 70 年代初的实验心理学研究阶段。这一阶段以格尔瓦（Gerver, 1976）和巴里克（Barik, 1971）等研究者为代表，他们的研究特点是把口译（主要是同声传译）引入实验心理学领域作为其研究的对象。今天的研究者回顾并审视这一阶段的研究成果时，很可能会对其研究成果提出质疑，其主要缺陷往往表现在理论预设不够科学、实验设计存在漏洞，如实验任务缺乏"生态效度"（ecological validity），与口译的真实场景差距较大。

3）20 世纪 70 年代至 20 世纪 80 年代中期的"口译实践型研究者"（practisearchers）阶段。这一阶段以巴黎高翻的一批学者为代表，他们的研究特点是以内省式和经验式的理论推演为主，鲜见实证性研究。如果从今天的视角来评价，其贡献主要在于提出了一些口译和口译教学的原则，如以"脱离源语外壳"（deverbalization）为核心的"释意理论"，对后来口译教学的理念影响很大。这一阶段存在的缺陷是：理论缺乏科学论证和实证检验；研究者与相关学科的交流互动很少。

4）20 世纪 80 年代末至今的口译研究"新兴期"。以 1986 年的里雅斯特口译大会为转折点，口译研究进入了一个比较兴旺的发展阶段，主要表现在：口译研究者群体的不断壮大；口译研究成果的快速增长；相关学术刊物的陆续创办（如 The Interpreters' Newsletter, Interpreting, Hermes, Target, Forum 等）；世界各地口（笔）译研究协会的相继创立，如日本口译研究协会（The Japanese Association for Interpretation Studies）等；地区之间学术交流的不断加强等。另外还表现在：研究者的学术态度更加开放（注意吸取相关学科的研究成果并开始与相关学科进行研究合作）；研究视野更为开阔（研究主题的多样化）；研究的科学性增强（出现了相当数量的实证性研究成果）等。

第三节　国外口译研究的代表人物及其理论

1. 弗朗兹·波赫哈克及其口译理论研究

弗朗兹·波赫哈克是当今最活跃的代表性口译研究者，现任职于维也纳大学翻译研究中心，并担任国际口译研究期刊《口译》（*Interpreting*）的主编。他的研究领域涵盖了口译研究的学科建设、理论基础和方法论等多个方面，代表作包括《口译研究概论》（*Introducing Interpreting Studies*）以及与米莉亚姆·希莱辛格合编的《口译研究读本》（*The Interpreting Studies Reader*）。这两本著作出版后，对口译研究界产生了深远的影响，被认为是对口译研究有着学科建构意义的奠基性著作。

1.1《口译研究概论》[1]

《口译研究概论》一书出版后，在翻译研究界及口译研究界均受到高度评价。翻译研究界的代表人物莫娜·贝克（Baker, 2004）称，"这本以读者为本的实用教科书是口译研究这门重要的新兴学科的一个权威路线图"（definite map of this important and growing discipline）；国际会议口译员协会也发表评论，认为"该书的出版是对口译研究领域的一大贡献"（Dawrant, 2004）。

该书内容包括三大部分，共十章。

第一部分"理论基础"（Foundations）包括第一章至第五章，分别考究了口译研究的基本概念、口译研究的历史沿革、口译的研究路径、研究的范式及理论模式。第二部分"选题及研究"（Selected Topics and Research）包括第六至第九章，展示了口译研究的四个主要方面，即口译过程、口译产品及译员表现、口译实践与职业、口译教学研究。第三部分"研究趋向"（Directions）即第十章，对口译研究的学科发展态势和关键问题进行扼要总结，并对今后口译研究的发展趋势和路径作出预测。

第一章"口译研究的基本概念"（Concepts）旨在厘清口译研究的基本概念。作者从口译的定义入手，指出了口译研究与翻译研究

---

1. 仲伟合、王斌华. 2009. 口译研究的路线图——《口译研究概论》导读. 上海：上海外语教育出版社.

(translation studies) 的密切关系，然后以口译的常用场合及口译互动的社会语境为纲，对口译的多种形式进行有序的归类。在此基础上，列出口译研究的主要参数和研究维度 (parameters & dimensions)，涵盖以下八个方面：(1) 口译的媒介；(2) 口译的场合；(3) 口译的方式；(4) 口译的语言；(5) 口译的语篇；(6) 口译活动的参与者；(7) 口译员；(8) 口译的问题 (如质量问题、译员压力问题等)。

第二章"口译研究的历史沿革"(Evolution) 从学科发展的视角概述了口译研究迄今为止的演进历程。作者先回顾了口译的职业历史，然后总结了口译研究的学科发展进程。

第三章"口译研究的路径"(Approaches) 重点考察了口译研究的学科视角、核心理念和方法路径。口译研究的学科视角包括：翻译学的研究视角、心理/语言学的研究视角、社会/文化学的研究视角等。口译研究的核心理念 (或称"主干因子"，supermemes) 主要有：口译是翻译的一种形式；口译是一种语言转换；口译是一种交际过程/活动；口译是一种认知信息处理的过程；口译以"释意"为主要目标；口译是一种产出话语的过程；口译主要起媒介作用。基于这些核心理念和学科视角，口译研究可以从语言、认知、社会 (互动)、文化四个角度来进行，这四个角度构成了口译研究的整体。口译研究的方法既有偏"实证科学"类的，也有偏"人文科学"类的 (Moser-Mercer, 1994: 17)，可用归纳法或演绎法，可做定性研究或定量研究，具体方法可采用观察法、实验法、问卷调查法等。

第四章"口译研究的范式"(Paradigms) 站在学科发展的高度考察了西方发展较为成熟的几种口译研究范式，主要有：释意理论研究范式 (IT paradigm, interpretive theory)、认知处理研究范式 (CP paradigm, cognitive processing)、神经语言学研究范式 (NL paradigm, neuron-linguistic)、以目的语篇为导向的翻译理论研究范式 (TT paradigm, target-text-oriented translation-theoretical)、话语互动研究范式 (DI paradigm, discourse-based interaction) 等。

第五章"口译的理论模式"(Models) 考察了迄今为止在口译研究中建立的几类口译模式，主要有：口译的"社会/职业模式"(socio-professional models)、口译的"互动模式"(interaction models)、口译的

"加工模式"（processing models）。"社会/职业模式"主要从口译的职业化和口译服务的市场运作角度来建模。"互动模式"包括体现口译中各方互动关系的建模、描写口译交际过程的建模、描写口译交际语篇的建模。"加工模式"亦可从多个角度进行，包括口译的翻译过程、口译的多任务处理、口译操作的复杂认知过程等。

第六章"口译过程"（Process）重点考察了口译认知过程研究的成果。作者把口译过程研究涉及的变量归结为以下七个方面：双语能力（bilingualism）、同传过程中听辨理解与口译输出的同步性（simultaneity）、理解、记忆、口译输出、口译输入的变量（input variables）、口译策略。

第七章"口译产品及译员表现"（Product and Performance）归纳了进行口译输出及其效果研究的主要课题，包括：口译输出的话语、源语—目标语对应、口译的交际效果、译员角色、口译质量。

第八章"口译实践与职业"（Practice and Profession）总结了对口译职业实践进行研究的主要课题，如口译的历史、口译的场合、口译的职业标准、译员能力、口译行业的相关技术、译员的工作条件与环境、译员的社会地位等。

第九章"口译教学研究"（Pedagogy）考察了口译教学的五个主要研究领域，包括口译课程设置、口译学员选拔、口译教学方法与手段、口译教学评估、口译后续培训（"元培训"，即 meta-level training，包括译员的继续教育、教师培训、用户培训等）。

第十章"口译研究趋向"（Directions）展望了口译研究应如何面对全球化的社会–文化语境和科学技术的迅猛发展所带来的挑战。建议口译研究应着重采取认知科学、语言学的研究路径，注意使用量化的研究方法。全书的最后还为口译研究入门者提出了基本的研究设计及方法的建议。

本书的特色体现在以下方面：

（1）编排科学的口译研究入门教材。作为口译研究界第一本口译理论的导论性教材，本书在内容选材和结构安排方面均体现了"读者为本"（user-friendly）的特点。每章开头都配有"本章要点"，每章结尾都配有"小结"，其后还附有供进一步研读的相关书目。章节中还配有 24 幅画龙点睛式的图表，能为口译研究者（尤其是口译研究的入门者和研究生）起到"研究路线图"的作用。全书行文具有很强的可读性，其中介绍的研究理论和方法也具备很强的可操作性。

（2）庞而不杂、条理清晰的口译研究成果综述。本书概述的口译研究成果内容比较全面，理论概念阐述清楚。最难得的是，作者能把口译理论的各派学说、口译研究的方方面面共冶一炉且脉络清晰、衔接自然。本书的第一部分从口译研究的基本概念和历史沿革入手，重点考察了口译的研究路径、研究范式和理论模式，这三者便构成了口译研究的理论基础。第二部分则以口译的各个方面为纲，重点考察了口译过程、口译产品、口译职业和口译教学的研究，这四个方面便构成了口译研究的全景图。其所综述的口译研究成果包括了会议口译、社区口译、法庭口译等各种类别，涵盖了各家各派的理论范式。

（3）口译研究的学科理论奠基之作。作者以其在口译研究中积累多年的经验和对翻译学理论的深刻理解为基础，系统总结了口译研究的理论成果，理清了各种研究范式之间的内在联系，并在此基础上指出口译研究的跨学科发展趋势。这对于口译研究这门年轻学科的发展起到了奠基作用。

1.2《口译研究读本》

《口译研究读本》辑录 20 世纪中期到 21 世纪初的代表性口译研究论文 26 篇。全书共七个部分，有序地展现了口译研究各个历史时期的代表性文献，并全面梳理了口译研究的热点主题，呈现了口译研究的学科发展脉络。值得注意的是，本书并非简单的论文收集，而是在每篇论文之前都配上了导言和评论，使得此书能更好地发挥研究读本的作用。

此书开篇辑录了阿尔弗雷德·赫尔曼（Hermann, 1956）的《远古时期的口译》，对西方口译史的源起及口译在远古时期的作用进行了追溯与回顾。

第一部分"拓荒"（Breaking Ground）收录了口译研究早期论文五篇。伊娃·帕内斯（Paneth, 1957/2002）的《会议口译探索》是口译研究中最早的硕士论文。此书所选章节介绍了口译的定义、方式要求和应用类型，并对各类口译研究的难度作了预测。其余四篇论文代表了早期实验心理学路径的口译研究成果。皮埃尔·奥雷洪和休伯特·南彭（Oléron & Nanpon, 1965）的《同声传译研究》报告了一项同传实验研究，提出了测量源语输入与目标语输出的时间差（time delay）的方法。格尔瓦（Gerver, 1969）的《源语演讲速度对同声传译表现的影响》通过实验发现口译过程（如演讲速度）会影响译员对口译表现的控制能力。弗莉达·戈德曼–艾斯勒（Goldman-Eisler, 1972）的《同声传译中输入的切分问题》以实验方式探讨了同声传译中的"耳口差"（EVS，即 the ear-voice span，源语与目标语的"听说差"）现象。巴里克（Barik, 1975）的《同声传译：定性与语言数据》从定性—语言（qualitative-linguistic）的角度对同声传译的口译产出进行了研究，归纳了口译"内容失误"（content departures）或口译"错误"（errors）的类型。

　　第二部分"奠基"（Laying Foundations）展现了"口译实践型研究者"的四篇经典文献。口译研究"苏联学派"代表人物根利·V. 切尔诺夫（Chernov, 1973）的《同声传译心理语言学研究的语义层面》从人类活动理论出发，认为人类交流之所以可能，是因为自然语言的冗余特征，它决定了输入信息的可预测性，这正是同声传译过程中的重要机制。赫拉·科奇霍夫（Kirchhoff, 1976）的《同声传译：口译过程变量的相互关系、口译模式和口译策略》对同声传译过程进行了描述，包括同声传译的四个过程阶段、四个变量和同声传译各阶段的策略以及同传译员能力的五个要素。塞莱斯科维奇（Seleskovitch, 1975）的《语言与记忆：交替传译笔记研究》选自她的博士论文，在对比"字面直译"（literal translation）和"反思性翻译"（reflective translation）的基础上提出了"脱离源语外壳"的理念，成为巴黎学派的"释意理论"的源头。作为巴黎学派的另一位旗手，勒代雷（Lederer, 1978）在《同声传译：意义单位及其他特征》中提出，所谓的意义单位（units of meaning）就是存储在短期记忆中的数个单词与先前的认知经验综合的结果，认知补充（cognitive complements）是同传中意义形成的关键。

　　第三部分"过程建模"（Modeling the Process）呈现了口译认知过程研究的成果。芭芭拉·莫瑟–梅瑟（Moser-Mercer, 1997）的《同声传译过程诸模式》对两个经典的口译过程模式（格尔瓦的模式和莫瑟的模式）及其他过程模式进行了比较，并对口译过程模式研究概况进行了综述。吉尔（Gile, 1997）的《会议口译——一种认知管理的过程》对"认知负荷模型"（Effort Models）的内涵、解释力及其应用意义进行了全面阐述。司徒罗宾（Setton, 1998）的《同声传译中的意义集》集中呈现了其博士研究的成果，在批评前人同声传译过程模式的基础上，他从认知语言学的视角对同传中的话语处理过程进行了认知—语用分析（cognitive-pragmatic analysis）。

第四部分"开阔视野"（Broadening the View）展现了口译认知过程研究之外的研究成果，即社会文化视角下的口译研究，扩大了口译研究的视野。布鲁斯·W. 安德森（Anderson, 1976）的《译员角色面面观》从社会学角度出发，介绍了译员角色定位的几个关键概念和问题，指出译员作为双语者、中间人、话语权者面临的角色冲突问题。碧斯特拉·阿列谢娃（Alexieva, 1997）的《口译活动类型》从传播学角度对口译活动类型进行了系统而全面的分类，并提出了划分口译活动类型的六个参数。费南德·波雅托斯（Poyatos, 1987）的《同声传译与交替传译中的非言语交际：理论模式与新观点》从传播学和符号学的角度研究了口译中的非言语交际手段。

第五部分"口译产品及效果研究"（Observing the Product and Its Effects）。巴塞尔·哈蒂姆和伊恩·梅森（Hatim & Mason, 1997）的《口译研究：篇章语言学路径》以语篇特征（texture）、结构和语境三者为纲，对同声传译、交替传译和联络口译分别进行了剖析，并指出篇章语言学对口译产品研究的重要意义。赫勒·V. 达姆（Dam, 1988）的《交替传译中的词汇异同：形似抑或神似》是一项基于交替传译语料对比分析的实证研究，发现形似（form-based）策略是占主导地位的口译策略。苏珊·博克–塞里格逊（Berk-Seligson, 1998）的《礼貌用语在证言中的作用：法庭译员的影响》报告了一项法庭口译的社会语用学角度的实验研究。结果显示，口译中的礼貌用语将对陪审团是否接受证词产生积极的影响。

第六部分"用户期望与口译规范考察"（Examining Expectations and Norms）收录了三篇文章。安·施卓德杰（Schjoldager, 1995）的《同声传译中翻译规范的探索研究：方法论问题》通过基于语料的源语—目标语对比的方法，对口译中翻译规范研究的方法进行了初步的探索。库尔兹（Kurz, 1993）的《会议口译：不同群体的用户期望》对席德甘·布勒尔从译员角度提出的"理想口译"对口译用户的适用性提出了质疑，指出

译员与用户对理想口译的理解有所不同。安吉拉·科拉多斯·艾斯（Aís,
1998）的《同声传译质量评估：非言语交际的重要性》以实验的方式对
口译质量预期和实际质量评估进行了研究。研究指出，在实际评估中，
非言语因素对口译质量评估会产生影响。

第七部分"角色（重新）定位"[(Re)Defining the Role] 共收三篇文
章。辛西娅·B. 罗伊（Roy, 1993）的《关于译员的定义、描述和角色比
喻的问题》在综述译员角色定位认知的历史变迁的基础上，指出译员是
双语交际活动中起着积极作用的第三方。西西莉亚·瓦登斯约（Wadensjö,
1993）的《对话译员的双重角色》对传统的译员定位提出了质疑，指出
译员并非时时角色中立，而是在实际上起着"翻译"（relaying）与"协
调"（coordinating）的双重作用，积极影响了交际方式与结果。格洛里
亚·莫德·泰特和格雷姆·H. 特纳（Tate & Turner, 1997）的《行为准则与
文化：手语口译的新职业道德观》通过对各种手语口译场合的定性分析，
对手语译员的角色定位进行了研究。研究表明，规范性的行为准则不足
以说明译员所面对的种种挑战，只有补充与调整才能使其具备适用性和
生命力。

此书的尾篇收录了迈克尔·克罗宁（Cronin, 2002）的《帝国重现：
口述文化、它治和口译研究的文化转向》，指出口述文化在历史上的边缘
地位、职业口译的欧洲中心主义倾向，展望口译研究中诸多有待研究的
新领域，呼吁口译研究的"文化转向"。

2. 巴黎高翻及其释意理论[1]

释意理论（theory of sense），又称释意派翻译理论（the interpretative
theory of translation），于 20 世纪 70 年代由巴黎高翻的塞莱斯科维奇及勒
代雷提出，主要观点是翻译即释意，故名释意理论。

释意理论自诞生之日至今，在口译研究及教学领域影响颇大，占据
了口译研究领域从 20 世纪 70 年代至 80 年代末的主导地位。在标志着口
译研究转向的的里雅斯特口译大会之后，它受到众多的批评。然而，对

---

1. 王斌华. 2008. 口译即释意？——关于释意理论及其争议的反思. 外语研究.
   第 5 期.

于口译研究这个年轻的领域来说，释意理论作为历史上为数不多的主流理论之一，其理论贡献和历史意义仍值得作深入的探讨。

本节先对释意理论的关键概念及其主要观点进行追本溯源[1]，然后扼要概括对释意理论质疑的观点，进而在分析释意理论关键词的基础上进行批评，并反思围绕释意理论展开的争议。

2.1 释意理论的关键概念及主要观点

释意理论的关键概念有以下三组："释意翻译"；以"脱离源语外壳"为核心的"翻译程序"；"意义"、"意义单位"和"认知补充"。理清了这三组关键概念，就能够比较清楚地把握释意理论的观点。

（1）"释意翻译"

作为释意理论最基本的概念，"释意翻译"一词在释意理论中有如下界定：

一般翻译理论认为有三个不同层次的翻译：词义层次、（索绪尔概念的）话语层次、篇章层次。我们可以将这三个层次分别解释为：逐字翻译、脱离语境和交际环境的句子翻译、语言知识与认知知识结合的篇章翻译。释意理论将前两者称为"语言对译"，将篇章层次翻译称为"篇章翻译"或"翻译"二字。

（许钧、袁筱一，1998：193）

概括地讲，我将字译和句译称为语言翻译，将话语篇章（discours）翻译称为释意翻译。……释意翻译是意义对等翻译，语言翻译是字词对应翻译。意义对等建立于篇章间，词语对应建立于语言间，即字词、音义段、固定的语法或表达形式间。

（勒代雷，2001：5）

译者翻译的是篇章，而不是语言。语言表明概念，篇章（文章或讲话）描述的是事实、环境、思想、感情等。应该表达的是这些，而绝不

---

1. 为了努力做到正本清源，不至误读，本节在呈现"释意理论"关键概念及主要观点的过程中注意直接引用其代表性文献中的相关论述。需要特别说明的是，有些所引用的原文中使用的术语与翻译研究中通常使用的不同，如"原语"即指翻译研究中的"源语"，"译入语"即指翻译研究中的"目标语"，本书也做了统一。

能进行简单的语言符号转换。单纯的符号转换排除交际中的语言成分，转换篇章意义需要对篇章进行分析，需要将语言知识与百科知识相结合。

（许钧、袁筱一，1998：192）

（2）以"脱离源语外壳"为核心的"翻译程序"。

释意理论认为，无论是即席口译（连续传译）还是同声传译，译员总是遵循一定的"翻译程序"。这个翻译程序大致可以分为三个阶段：首先，听到带有一定含义的语言声，并通过分析和解释，理解这语言，领悟其意思；接着，立即审慎地丢开原来的措辞，记住源语所表达的思想内容（概念、见解等）；最后，用译入语说出新话。新话必须符合两个要求：完整地表达原话意思，并使听者听得懂。（塞莱斯科维奇，1992：8）

塞莱斯科维奇和勒代雷（1992：183）在此基础上形成了释意理论著名的"口译三角模型"，图示如下：

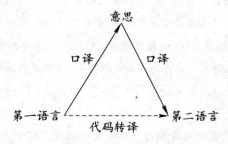

图 2.1　口译三角模型

释意理论认为，一般的翻译过程（包括笔译的过程）也是如此：

看来，翻译过程并非如表面那样是语言意义从源语到目标语的直接转换，而会先经历一个由源语到"意义"（sens）的中间过程，这一中间过程是非语言的，而且，一旦意义被这样有意识地抓住，就可以用任何一种目标语来表达，而不管源语使用了什么样的词语。

（译自 Seleskovitch, 1977）

口译程序三个步骤的核心是"脱离源语外壳"，这是释意理论的核心概念：

释意理论的中心观点是口译程序的三个步骤：理解原文、脱离源语外壳、用另一种语言表达理解了的内容和情感。脱离源语外壳是介于理解原文和用另一语言重新表达之间的一个阶段，指语言符号引发产生的认知和情感意义，是对语言符号的超越。

（勒代雷，2001：1）

释意理论把口语作为其释意翻译思想的分析基础，其"脱离源语外壳"这一关键概念也是来源于这一基础：

大家都会注意到，口头陈述是转瞬即逝的。我们可以记住听到的整体内容，但却几乎忘记了陈述使用的词语。事实是：讲话使用的有声符号逐渐消失，而听者及译员保持着非语言形式的记忆，即处于意识状态的思想或提到的事实。……即席翻译译员之所以能够记住意义的各种细微差别，并自如完整地将其用母语表达出来，是因为他启用了一项基本能力，即在词语消失时记住理解了的内容。他摆脱了源语言形式。

（勒代雷：2001：11）

(3)"意义"、"意义单位"和"认知补充"

释意理论认为，脱离源语外壳之后，只有意义存留下来。对于"意义"，释意理论是这样定义的：

交际使用的有声或文字工具只会产生初级的有意识感知，而意义等于意识状态。意义是非语言的，先于讲话人的语言表达，是受话人理解篇章的结果。……这样意义的输出需要非语言形式的思想同符号迹象结合（话语或手势，这无关紧要，总之是可感知的东西！），接收意义要求受话人的有意识行为。在这种情况下，词语排列对陈述者来说只是表示信号，对受话者来讲是要辨识这些信号；对陈述者来讲，它们只是其思想的标识，对受话者来讲，是意义构成的途径。

（勒代雷，2001：13）

与"脱离源语外壳"和"意义"相关的一个概念是"意义单位"，定义如下：

如果说即席翻译清楚地表明认知记忆问题，对同声传译的研究则可以帮助我们看到意义是随着对有声语言的捕捉和忘记分小段构成的。

讲话在译员耳边回响，词一个接一个不间断出现，间距不等，产生一种理解的"响声"。让–拉康将由讲话人引起的、受话人身上出现的知识动员瞬间称为"隆起点"。……听众不时地（实际上只有几秒钟）将听到的字词归结成某种意义。我将这隆起点或字词语义与认知补充的结合称为意义单位。这种意义单位与特定的语言长度并不吻合。……意义单位只存在于话语篇章层面：它们与字词、音义段排列成的固定词组不相吻合。它以精神状态出现，属于心理范畴的短暂意识状态。……我认为，意义单位由意识状态变为潜在知识时脱离了语言。它是语言知识与几年前或几秒钟前存在的非语言的语言外知识相融的结果。

（勒代雷：2001：15-16）

这一定义中涉及到释意理论的另一个关键概念——"认知补充"。释意理论认为，"认知补充"即认知知识与语言知识结合的过程。"认知知识"的定义如下：

认知知识并非一个个单独命名的概念结合体；它由记忆、经验、重要事件和情感组成。认知知识也是理论知识、想象，它是思考的结果，阅读之成果，同时也是百科知识和专业知识的基础。认知知识是存在于大脑的整体物，属于非语言的，每个人为实现理解都可从中汲取需要的内容。……认知知识就是英文的 encyclopedic 或 world knowledge，即百科知识或基础知识。它包括存储于每个人大脑中的语言知识和非语言知识，随时应内部或外部需求重新启动。

（勒代雷，2001：24–25）

释意理论认为，语言和话语在同认知知识结合前可谓宏观符号，没有实际交际意义。在任何情况下对文章的理解都不能只依靠构成文章的语言，其理解在任何场合下都需要语言知识和语言外知识的结合。译者不能满足于翻译目标语言，因为文章的词汇相加总和并不等于意义，意义的产生有赖于译者认知知识的参与。

（许钧、袁筱一，1998：190）

2.2 质疑释意理论的观点

在的里雅斯特口译大会之后，不少口译研究者开始质疑自 20 世纪

70 年代以来一直在该领域占主导地位的释意理论。主要的质疑者以吉尔（Gile, 1990; 1994a; 1994b）为代表。他指出，释意派的主要不足之处有两点：一是其研究方法以主观推测和经验总结为主，理论缺乏科学的论证，尤其是实证性的检验；二是其研究路径缺乏与相关学科的互动交流，有闭关自守之嫌；三是术语界定过于模糊，精确性不够。其他的质疑则集中于释意理论的核心概念"脱离源语外壳"，这一程序的提出并无实证基础，因而受到不少研究者的质疑。

刘和平（2006）撰文系统地回顾了释意理论所引发的争议。她首先介绍了释意理论诞生和发展的背景，这有助于我们以历史的眼光结合当时的学术背景来评价释意理论。其文章的主体部分就释意理论被质疑的几个核心问题（包括"缺乏实证与认知研究"、"语言与翻译的关系"、"语言特殊性与翻译的关系"、"意义与翻译"等）进行了分析，在一定程度上回应了质疑释意理论的观点。刘和平教授是从巴黎高翻学成归来的口译研究博士，与释意理论的两位创始人渊源颇深，在其文中提供了不少有关释意理论发展的史实资料，并引用了勒代雷等新近发表的成果（Israel & Lederer, 2005）来回应种种质疑的观点，比较客观地评价了释意理论的历史贡献并分析了它的不完善之处。但这并不意味着有关争议的终结，实际上它的发表推动了口译研究界更深入地探讨释意理论的可取之处和不足之处。

3. 吉尔及其"认知负荷模型"假说

作为口译研究界的代表人物、当今口译研究领域最高产的研究者之一，吉尔有丰富的学术背景。他曾专攻数学，后来又从事口译实务以及教学和研究，获日语博士学位和语言学博士学位，目前是巴黎高翻的教授，并担任欧洲翻译学会的主席。吉尔的口译研究代表性成果为"认知负荷模型"假说。

3.1 "认知负荷模型"假说的理论溯源

从口译研究历史上的代表性文献可以看出，口译研究始终关注的一个核心问题是：口译是如何运作的？从 20 世纪 60 年代实验心理学对同声传译过程的研究到释意理论以"脱离源语外壳"为基础的"口译三角模型"，从切尔诺夫（Chernov, 1973；2004）的同声传译"可能性预测模型"

(probability-prediction model) 到莫瑟 (Moser, 1978) 的"口译信息处理模型"(information-processing model of interpretation),无不体现了研究者对这个问题的探索。口译是一种复杂的行为,其特有的复杂之处和译员的主要困难并不在于双语转换时词语和结构的选择,而在于口译过程中需同时执行听辨理解、记忆、转换、表达等多项任务,并须在多项任务之间进行最佳的协调(尤其是同声传译中,听和说是"同时"进行的)。

吉尔从口译现场中观察到这样一种现象:即使是工作语言掌握得很娴熟、知识面很丰富而且经过了正规口译训练的译员,在口译现场(尤其是同声传译现场)也会间或陷入捉襟见肘的困境。如此看来,口译中除了语言、知识和口译技巧以外,还需要另外一种"认知资源"(intellectual resource)。从目前相关学科(如心理学)的研究成果来看,人们对其本质尚不得而知。然而,可以肯定的是,这种"认知资源"是有一定限度的,当译员在源语听辨理解、目标语表达和工作记忆之间分配这种"认知资源"时,可能会由于自身的"分配失衡"或口译任务难度过高而出现"资源短缺"的情况,因而导致口译中出现困境。

吉尔 (Gile, 1991) 把这种"认知资源"命名为"认知处理的容量"(processing capacity),并把它作为探究口译过程的一个概念工具。在此基础上,吉尔 (Gile, 1995) 构建了交替传译和同声传译"认知负荷模型"。这个模型提出后,在国内的口译研究中常被用作解释性的理论工具,在口译教学中也常被引用作为教学实践的理论基础。实际上,这个模型虽然在理论解释和实践应用的过程中显示了其合理性,至今仍未有充分的实证检验基础。有鉴于此,我们不妨把它称作"假说"。

值得注意的是,吉尔 (Gile, 1997) 客观地自我评价道,"认知负荷模型"是操作性的模型,并非是对口译的思维过程进行建模。同时,由于这个模型以认知理论作为基础,应该可以对实际的口译过程操作具有一定的解释力和预测力。

3.2 "认知负荷模型"假说的内涵及其解释力

吉尔的"认知负荷模型"假说的基本内涵可以用一个公式来表示(Gile, 1995):

$$I = L + P + M + C$$

即，口译 = 用于听辨理解的精力 + 用于口译产出的精力 + 用于工作记忆的精力 + 协调。

在此基础上，吉尔（Gile, 1997）提出了三个理论假设：

（1）公式中的 L、P、M 三种任务的执行都包含了非自动化的成分，因而三者都需要分配相应的认知容量；

（2）L、P、M 三种任务之间至少存在部分的竞争，这就意味着三者对认知容量的分配一般会导致"认知容量要求"（processing capacity requirements）的上升；

（3）在口译过程中的多数时候，总认知容量的消耗往往接近饱和的水平。吉尔把这个假设命名为"走钢丝假说"（tightrope hypothesis）。

吉尔的"认知负荷模型"假说指出了两个可能导致口译过程中出现认知处理问题的触发原因：一是单个任务的精力分配不够；二是任务总和的认知负荷接近饱和水平。仅从理论的经验层面来看，"认知负荷模型"假说可以用于解释一些口译的策略，如口译笔记要力求精简，记录过程尽量自动化，以求单个任务所占用的精力少一些；还可以用于解释口译中不同的语言组合所带来的问题，如英语和汉语在结构上存在较大差异，在同声传译中译员在组织目标语之前往往必须要有较长时间的等待，这就增加了记忆占用的精力；另外，也许还可用于解释译员作口译准备的作用，如果译员进行了较好的译前准备，熟悉相关的主题知识和术语词汇，那么口译中的听辨理解任务所占用的精力就可以减少一些。

3.3 "认知负荷模型"假说的实证检验

吉尔的"认知负荷模型"虽然被国内不少口译研究者用于理论解释和实践应用，但至今仍未见对这一假说进行充分的实证检验研究。吉尔（Gile, 1999）对其"走钢丝假说"进行过一个小型的实证检验。

实验中，10 位职业译员对一段源语语料进行同声传译，实证检验的参数为口译中出现的错译和漏译。实验重复进行两次，两次均发现同一些译员在某些语段出现错译和漏译，其他译员却未出现错译和漏译，而且这些语段并不是语言难度最大的语段。如此则可反证译员出现错译和漏译并非因为语言的原因，而可能是因为在口译那些语段时译员的总认知负荷已接近或超过饱和的水平，故此出现错译和漏译，由此印证了"走钢丝假说"。

　　如果要对吉尔的"认知负荷模型"假说进行实证检验，就必须测量译员在口译过程中的认知负荷程度，或者像上述这个实验这样采取反证法。要测量译员的认知负荷程度，取决于认知科学的发展程度能否做到；要进行反证，就必须逐一排除译员的语言能力、知识背景及口译技能等因素的干扰作用，即对其他变量进行控制，但实际上很难做到这一点。

第四节　国外口译研究文献的计量考察

　　吉尔自1991年就开始建设"口译研究信息网络"（Conference Interpreting Research Information Network, CIRIN），整合其本人及世界各地口译研究通讯员之力，每年两次系统地收集并整理口译研究的文献目录。本书根据其整理的1991年至2009年的口译研究文献目录，对国外口译研究文献进行了计量考察。

　　有必要说明的是，1991年收集整理的是1990年和1989年发表的文献，这正是吉尔所说的口译研究"新兴期"的开始。口译研究在这个时期进入了一个比较兴旺的发展阶段，口译研究成果相对之前有了快速的增长。由此看来，1991年至2009年这近二十年间的口译研究文献目录能够比较全面地反映国外口译研究的概况。具体的计量考察结果如下表所示。

近二十年国外口译研究计量考察

文献类型	文献数量	研究主题	文献语种
博士论文	80余部	涉及口译过程、口译产品和译员表现、口译职业活动、口译教学和培训等主题。	以英语为主，其他语种依次为法语、意大利语、德语、日语、韩语等。
硕士论文（包括文凭毕业论文）	450余部	涵盖口译学科理论、口译过程、口译产品和译员表现、口译职业活动、口译教学和培训等主题。	
著作（包括收录口译研究论文较多的文集）	200余部	涵盖口译学科理论、口译过程、口译产品和译员表现、口译职业活动、口译教学和培训等主题。	
期刊论文	近2,000篇	包括口译学科理论、口译过程、口译产品和译员表现、口译职业活动、口译教学和培训、口译书评等。	

第五节 国外口译研究的发展态势

从研究领域和研究主题来看，国外口译研究呈现出多样化的趋势。研究领域涉及交替传译和同声传译等方式，会议口译和对话口译（dialogue interpreting）（或称社区口译、公共服务口译）等场合，以及会议口译、媒体口译、手语口译等领域。研究主题涵盖了口译学科理论、口译过程、口译产品和译员表现、口译职业活动、口译教学和培训等各种主题。

从研究路径和方法来看，国外口译研究在 50 余年的发展历程中，先后形成了几种较为成熟的口译研究范式，包括释意理论的研究范式、认知处理的研究范式及神经语言学的研究范式、话语互动的研究范式以及翻译理论的研究范式等。（Pöchhacker, 2004: 82）释意理论范式主要考察口译的意义理解和重构过程（如塞莱斯科维奇提出的"口译三角模型"）；认知处理范式及神经语言学范式主要研究口译过程中的认知处理模式（如吉尔的"认知负荷模式"）并探究其神经生理基础，如的里雅斯特大学的法布洛和格兰等人的研究；话语互动范式以对话口译为主要的研究对象，视口译为话语的互动，主要研究口译活动的话语互动关系（如瓦登斯约、罗伊等人的研究）；翻译理论的口译研究范式则刚刚兴起，该范式的研究运用翻译学中发展较为成熟的描述翻译理论及功能翻译理论等，把口译活动看作一种社会/文化现象进行研究。

长期以来，口译研究的重点集中于口译过程的认知研究，其研究方法以实证研究为主，但数据的收集多采用"脱离语境的"（decontextualized）方式及模拟现场的手段。波赫哈克（Pöchhacker, 2006）指出，1986 年的里雅斯特口译研究大会标志着口译研究的"实证性转向"（empirical turn），2000 年弗利口译研究大会（Forli Conference on Interpreting Studies）在一定程度上预示着口译研究"社会转向"（social turn）的开始，即把口译活动还原到其真实现场和具体的社会/文化语境中进行研究。这一"转向"体现的即是话语互动的口译研究范式和翻译理论的口译研究范式的兴起。如果说口译的认知研究是还原其认知过程复杂性的描写研究，那么"社会性转向"后的口译研究则是还原其作为一种社会/文化交际活动的复杂性的描写研究。

推荐阅读文献 ◥

1. Gile, D. 1994a. Opening up in interpretation studies. In Snell-Hornby, M., Pöchhacker, F. & Kaindl, K. (Eds.), *Translation Studies: An Interdiscipline.* Amsterdam/Philadelphia: John Benjamins Publishing Company. 149-158.

2. Gile, D. 1994b. Methodological aspects of interpretation and translation research. In Lambert S. & Moser-Mercer, B. (Eds.), *Bridging the Gap: Empirical Research in Simultaneous Interpretation.* Amsterdam/Philadelphia: John Benjamins Publishing Company. 39-56.

3. Pöchhacker, F. & Shlesinger, M. 2002. *The Interpreting Studies Reader.* London/New York: Routledge.

4. Pöchhacker, F. 2004. *Introducing Interpreting Studies.* London/New York: Routledge.

5. 刘和平. 2006. 法国释意理论：质疑与探讨. 中国翻译. 第 4 期第 20–26 页.

6. 王斌华. 2008. 口译研究：热点问题及发展趋势. 中国翻译. 第 5 期 第 45–51 页.

7. 肖晓燕. 2002. 西方口译研究：历史与现状. 外国语. 第 4 期第 71–76 页.

第二部分

学科理论与方法论

第三章
口译研究的学科理论[1]

本章要点

- 口译研究的学科发展历史
- 口译研究的学科定位
- 口译研究的学科框架
- 口译研究的主要视角

第一节　口译研究的对象：口译的定义和特点

口译是这样一种行为和活动：译员听取讲话人的源语并以口语或手语的方式用目标语为听众传达讲话人的意思；通过译员的传译，异语双方或多方之间得以进行交际沟通。（王斌华，2009）

根据不同的口译方式，口译可分为交替传译和同声传译两种类型；根据不同的口译场合，口译包括会议口译、社区口译、法庭口译、医疗口译等；根据不同的口译媒介，口译包括口语传译、手语传译等。

人们通常认为，"口译"即"口头翻译"，但按照国际惯例，手语传译（sign language interpreting）也是口译形式的一种。如此看来，以"口语性"定义口译是不完整、不准确的。

奥托·卡德（Kade, 1968）将口译界定为翻译的一种，在这种活动中，源语语篇只呈现一次，不可重复；目标语语篇在较紧张的时间内产

---

1. 本章主体部分曾发表于《中国翻译》2010 年第五期。

出，几乎没有机会更正和修改。在卡德所下定义的基础上，波赫哈克（Pöchhacker, 2004：11）把口译定义为：口译是翻译的一种类型，它是在源语一次性表达的基础上向另一种语言所作的一次性翻译。

在以上定义的基础上，王斌华（2009）把口译区分于笔译的"规定性特征"（defining features）归结为以下三个方面：

（1）源语及目标语发布的单次性。在口译中，源语和目标语只作一次性发布；在笔译中，译者可反复阅读原文，亦可反复修改译文。

（2）口译过程的即时性。在口译中，源语发布一结束，译员马上开始目标语发布；与笔译不同，口译的这种即时性意味着认知处理压力大是其突出特点。

（3）口译的现场性。口译的一个鲜明特点是，译员在口译中通常与发言人和听众处于同一交际环境的现场；在笔译中，译者往往与作者和读者处于不同的时空环境。

第二节　口译研究的学科发展回顾

1958 年，日内瓦大学的罗杰·格雷美（Glémet, 1958: 105）撰文指出，"在 20 年前，没有人能想象得到，会议口译能够成为严肃论文的一个主题"。格雷美的这篇论文成为英语世界最早公开发表的口译研究论文。1957 年，会议口译开始成为硕士学位论文的主题，如帕内斯的《会议口译探索》。

西方口译研究发展至今，已经历了四个发展阶段：起始阶段、实验心理学研究阶段、"口译实践型研究者"阶段以及口译研究"新兴期"。（Gile, 1994b）中国口译研究在 20 世纪 80 年代才真正起步，在 90 年代得到初步发展；进入 21 世纪后，中国口译研究进入了比较繁盛的发展时期。

1986 年，在的里雅斯特口译大会上，出现了口译研究的第一次学科宣言。约翰·多兹在大会发言中指出：

大家都认同，口译不仅是一种技巧、一项职业，更是一门学术研究的学科。作为一门学科，它应该有自己的理论和方法。口译研究可以进行跨学科研究——从其他学科中吸收解释和分析的工具，但同时又应该成为不同于其他学科的一门独立学科。

（译自 Dodds, 1989: 18）

在的里雅斯特口译大会后，西方口译研究出现了实证研究的转向和一定程度的跨学科研究的转向，从而进入口译研究的"新兴期"，口译研究成果快速增长。口译研究界的代表人物之一波赫哈克（Pöchhacker, 1993）以《论口译学》为题撰文指出："过去几年，口译研究于兴旺中呈现的特点是惊人的多样性（astounding diversity）"。的确如此，口译研究者们的研究角度多样：或从神经科学、心理科学的角度入手，或从语言学、语篇分析的角度入手，或从交际学、系统功能语法的角度入手进行口译研究；研究的对象多样：有的研究口译的理解过程，有的研究口译的目标语发布，有的研究口译教学，有的研究口译的职业实践等。

正如乔治·斯坦纳（Steiner, 1975: 252）在谈到德文的"译员"（Dolmetscher）一词时所说："仔细看来，译员所进行的似乎平常不过的跨语言传译活动隐含了翻译的全部本质和理论"。对于口译这样一种复杂现象来说，研究角度的多样、研究手段的多样、研究对象的多样均属正常。然而，如果把口译研究作为一门学科，其中各种角度的研究如何找到它们在这个学科中相应的位置？口译研究如何进行学科定位？其学科框架应该如何设计？

第三节　口译研究的学科定位

1. 学科名称

根据文献检索的结果，最早正式提出"口译研究"这一学科名称的学者有三位，他们都在 20 世纪 90 年代初不约而同地提出了指向这一个同一对象的术语。在 1992 年 9 月维也纳大学召开的翻译研究大会上，吉尔（Gile, 1994a）在主题发言中提出了"口译研究"（interpretation studies）[1] 这一术语。几周后，在布拉格举行的国际会议上，德国洪堡大学

---

1. 在后来几年的论文中，吉尔还使用了 interpretation research 这一说法。

的海德玛丽·塞拉夫斯基（Salevsky, 1993）在其发言题目中也不约而同地使用了"口译研究"（interpreting studies）这一术语。1993年，波赫哈克在其发表于《口译员通讯》的文章中也提出了同样的术语（the science of interpretation）。近年来，"口译研究"（interpreting studies）已逐渐成为关于口译研究活动的最广为人知的指称。

2. 学科归属及其与翻译研究的关系

关于口译研究的学科定位或学科归属，目前仍是学界存在争议的问题。

这个问题首先是专名术语问题。在汉语中，翻译可指包括笔译和口译在内的各种传译现象，也可专指笔译。翻译研究实际上指的是对笔译现象的研究，往往不包括口译研究或不考虑口译现象。在德语中，"口译"和"笔译"分别有着不同的术语，分别是 Dolmetschen 和 Übersetzen，两者共属于同一个上义词：Kulturmittlung，即"翻译"。卡德（Kade, 1968）提出了"翻译学"（Translationswissenschaf）这一术语，以此指代包括"笔译研究"和"口译研究"两者在内的整体学科。科勒（Koller, 1992）把关于笔译的研究命名为"笔译学"（Übersetzungswissenschaft），把关于口译的研究命名为"口译学"（Dolmetschwissenschaft）。

波赫哈克（Pöchhacker, 1993）探讨了口译研究的学科定位。他把口译研究置于"口笔译研究"（T&I Studies）之下，作为它的两个子学科之一。这两个子学科分别是"翻译研究"（translation studies）和"口译研究"（interpreting studies）。

无独有偶，在同一年，塞拉夫斯基（Salevsky, 1993）也探讨了口译研究的学科归属问题。在发表于翻译研究界代表性刊物《目标》（*Target*）上一篇以《口译研究的本质属性》为题的论文中，塞拉夫斯基提出把口译研究置于"翻译学"（Translation Studies）的学科框架内。他用图 3.1 来形容翻译学的主要研究对象之间的层级关系。

在此需要回答的一个问题是，为什么不能把"口译研究"归到已基本确立学科地位的"翻译研究"（translation studies）之下，而是将其与"翻译研究"一起归到一门在概念上为其上义词的"翻译学"（Translation

Studies)。作为一位兼具翻译研究和口译研究背景的学者，波赫哈克（Pöchhacker, 2004）的分析可以比较全面地回答这个问题。他认为，原因主要有三个方面。

图 3.1　作为翻译学研究对象的口译

　　一方面，从翻译研究领域本身来看，翻译研究界的学者对口译的关注度不够。正如波赫哈克指出的那样：

　　　将口译研究置于更为广泛的翻译研究领域，我们便自然而然地认为"母"学科的主要概念和研究路径也能应用于对具有翻译性质的口译活动的研究。然而，采用翻译研究方法进行口译研究的数量非常有限。翻译研究学者多以更狭隘的方式对其研究对象进行定义，即仅限于书面媒介的翻译，他们认为没有必要使他们的模型和方法适用于口译。确实，采用综合性的"翻译"（Translation）概念以包含各种形态翻译活动的研究者数量少得可怜。诸如霍姆斯（Holmes）、吉迪恩·图里（Gideon Toury）、汉斯·弗米尔（Hans Vermeer）等学者虽然曾试图使自己的理论能够从原则上对口译活动作出阐释，但在他们的研究实践中却忽略了这个部分。可以理解的是，也许考虑到牢固的职业传统，以及有时候考虑到主流（会议）口译研究团体自我保护性态度，还考虑到这种现象难以捉摸的本质，与固定在书面形式中的语言相比，口译中的语言研究起来的确要更加不方便得多。

（译自 Pöchhacker, 2004: 47）

　　另一方面，口译研究者对可能与口译研究相关的笔译研究成果的关注度也不够。一个典型的例子是，"对等"（equivalence）这个概念在翻译研究中一度引起广泛的争议（Munday, 2001: 35-55；Venuti, 2000；

121-140)，翻译研究界已经对这一概念的核心内涵有所扬弃，但不少口译研究者仍然不加质疑地假定源语和目标语对等，并以此为基础来衡量口译的准确性，评估口译的"错误"等。翻译研究中一些影响力比较大的研究路径被应用到口译研究领域是 20 世纪 90 年代后才发生的事情。(Pöchhacker, 2004: 48)

另外，波赫哈克（Pöchhacker, 2004: 48）指出，翻译研究与口译研究之间的松散关系或许还因为从事翻译研究的学者们也并非是一个统一的群体。虽然斯内尔-霍恩比（Snell-Hornby, 1988）进行过重要的尝试，试图调和语言学和文学等翻译研究的各种路径，但直到 20 世纪 90 年代中期，翻译研究在图里（Toury, 1995: 23）眼中仍是"一系列种类庞杂且联系异常松散的范式"。直到 90 年代末期，翻译研究界的共同基础重新得到确认——其中的一些努力也辐射到了口译研究界。由安德鲁·切斯特曼和罗斯玛丽·阿罗约（Chesterman & Arrojo, 2000）在《目标》上发表的一篇名为《翻译研究的共同基础》的立场论文得到了许多建设性的回应，其中包括两位口译研究领域的带头人。(Gile, 2001; Shlesinger, 2001)

在以上分析的基础上，波赫哈克（Pöchhacker, 2004：48）指出："总的来说，迄今为止对口译研究的发展更具决定性的影响来自于其他学科的路径，而非（翻译研究）这一兄弟学科的路径"。

虽然从学理上，研究者们可以厘清口译研究的学科定位和归属，但从学科建设的机构建制来看，口译研究的学科地位和学科归属仍是悬而未决的问题[1]。

第四节　口译研究的学科框架

口译研究是一门认识口译活动、描写口译过程、评价口译产品、考察口译活动涉及的各种问题的学科。口译研究主要关注以下基本问题：

(1) 口译是什么？即对口译活动的认识；

(2) 口译行为是怎样进行的？即对口译过程的认知；

(3) 怎样的口译是好的口译？即对口译产品的评价；

---

1. 从目前世界各地的学科体制和机构建制来看，有些口译教学和研究机构属于翻译院系，有些属于（外语）语言院系。

（4）口译活动在社会中的作用？即对口译实践和口译职业的功能的考察。

口译作为一种特殊的语言转换行为、一种复杂的认知行为、一种人际的交际活动、一种跨文化的社会活动，如果要对其进行全面的考察，研究视角必然是多样的。口译研究作为一门正在形成中的学科，其学科发展必然要借鉴诸多相关学科，包括翻译研究、认知心理学、心理语言学、神经生理学、跨文化交际学、传播学、符号学、社会学等。如此看来，最利于口译研究充分发展的学科定位是：一门属于"翻译学"（Translation Studies）学科之下的独立的子学科，其鲜明特点是"交叉学科"（interdiscipline）。

在这种视域下，口译研究可以这样进行学科框架规划：口译研究包括"理论基础"和"应用研究"两个部分。口译研究的理论基础包括：1）"学科认识论"，即口译研究的认识论基础，指口译研究是如何认识口译行为和活动的，是从图中所列的哪一个层面来认识口译行为和活动的。口译研究的认识论基础决定了研究的基本视角。2）"学科方法论"，即口译研究的方法论基础，指口译研究采取何种研究立场，研究目标是对口译行为和活动进行"探索"、"描写"、"解释"还是"预测"等。详情如图 3.2 所示。

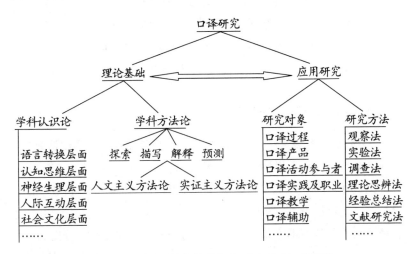

图 3.2　口译研究的学科框架（王斌华，2009）

从上述理论基础出发，口译研究这一学科可采取各种研究方法进行多方面的应用研究。"应用研究"的对象主要有：口译过程、口译产品、口译活动的参与者（包括译员、发言人、听众、客户等）、口译实践及口译职业、口译教学、口译辅助等。"应用研究"的方法主要有：观察法、实验法、调查法、文献研究法、理论思辨法、经验总结法等。

在上述研究方法中，以描写研究为主要目标的"观察法"在口译研究学科发展的初始阶段有其特殊的地位。通过对各种口译现象的观察，研究者可以积累关于真实（authentic）口译行为和活动的系统数据，进而在此基础上形成"假说性理论"。这种"假说性理论"是"实验法"的重要理论源泉和研究对象。经过"实验法"的严格验证（或修正）后，如具备系统的实证检验基础，假说性理论即可发展成为口译研究中的基础理论。

第五节　口译研究的主要视角

综观口译研究从 20 世纪 50 年代中期发轫至今的历程及已有的口译研究成果，可以发现，口译研究中对口译活动的认识主要有以下几种视角：

（1）把口译看作一种信息处理过程（information processing）；

（2）把口译看作可分解并学习的技能（component skills）；

（3）把口译看作一种认知处理过程（cognitive processing）；

（4）把口译看作一种社会互动行为（social interaction）；

（5）把口译看作一种社会文化活动（a socio-cultural activity）。

1. 口译的信息处理过程研究

此类视角的代表性研究有 20 世纪 60、70 年代的实验心理学研究（如 Gerver, 1975 等）以及巴黎学派的释意理论。

把口译视为一种语言转换过程的观点可以追溯到口译研究文献中最早的一篇英语论文，即格雷美的《论会议口译》。在这篇论文中，格雷美作为一位资深的会议口译员，认为译员应该"像声音传播那样以同样的忠实"（Glémet, 1958: 106）把发言人的讲话转换成另外一种语言，并把译员的工作看作是"字词的转换"加上"句法迷宫"的处理（Glémet, 1958: 121），译员所要做到的是力求语言的对应（linguistic correspondence）。

在 20 世纪 60、70 年代，以格尔瓦为代表的（实验）心理学家把口译视为信息处理过程，并从这个角度来研究口译。格尔瓦早在 1975 年提出的观点直至今日仍为口译研究界广泛接受，即"口译是人类信息处理的一种复杂形式，其中包含了言语信息的感知、储存、提取、转换和传送等过程"（Gerver, 1975: 119）。

20 世纪 60、70 年代，除了格尔瓦等在（实验）心理学领域对口译进行的研究以外，以塞莱斯科维奇和勒代雷为首的巴黎学派的释意理论也逐渐形成。其核心观点是，口译是以言语理解加上言外知识认知补充（cognitive complement of extralinguistic knowledge）为基础的释意过程。

"释意理论"跳出了当时盛行的视翻译为代码转译过程的窠臼，凸显了口译理解过程中言外知识的认知补充作用。虽然观点不同，但它与格尔瓦等（实验）心理学家的研究视角是一致的。

2. 口译的分解技能研究

这种视角的口译研究重点探讨口译技能的构成及其教学。国外的代表性研究以吉尔（Gile, 1995）的口译模式为代表；国内的代表性研究以鲍刚（1998；2005）、林郁如等（1999）、仲伟合（2001；2003；2007）、刘和平（1994；2001；2005）等提出的口译教学模式为代表。

吉尔的口译模式：吉尔以口译过程为中心，重点分析了口译过程所需要的技能。他强调口译过程中理解的重要性，并专门提出了口译的理解模式：C (Comprehension) = KL + ELK + A (Knowledge for the language + Extra-linguistic Knowledge + Analysis)，即：理解 = 语言知识 + 言外知识 + 分析。（Gile, 1995: 80）

厦门大学的口译技能模式：厦门大学以林郁如和杰克·罗能根为首的"中英项目合作小组"在吉尔模式的基础上提出了适用于口译教学的口译技能模式（林郁如等，1999: xxiv）。

如图 3.3 所示，在这一模式中：I = Interpreting，即口译产品；A (D+CC) = Analysis of discourse + cross-cultural understanding，即对语篇及跨文化交际成分的分析；C (SL+K) = Comprehension in source language + knowledge，即对源语及言外知识的理解；R (TL + K) = Reconstruction in target language + knowledge，即结合言外知识进行目标语的重构；S+P = Skills + Professional standard，是口译过程中译员应用的口译技巧及遵守的职业准则。

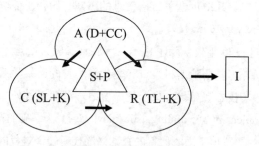

图 3.3   口译技能模式

仲伟合的译员知识结构公式：仲伟合（2003；2007）在吉尔口译模式及厦门大学口译技能模式的基础上，提出"译员知识结构公式"：KI = KL + EK + S(P+AP)。在此公式中，KI 代表 Knowledge required for an interpreter（译员应该掌握的知识），其组成部分包括：KL=Knowledge for language（双语知识）；EK=Encyclopedic knowledge（百科知识）；S(P+AP) = Professional interpreting skills and artistic presentation skills，即口译技能。此公式说明，译员的知识结构由"双语知识、百科知识和口译技能"等板块组成。

3. 口译的认知处理过程研究

此类视角的代表性研究有：吉尔的"口译认知负荷模型"（Effort Models）；意大利的里雅斯特大学的神经语言学、神经生理学研究。

吉尔（Gile, 1995: 179）的"口译认知负荷模型"假说：

（1）"同声传译的认知负荷模型"：SI = L + M + P + C (listening and analysis + short-term memory + speech production + coordination)，即：同声传译 = 听与分析 + 短期记忆 + 言语表达 + 协同。

（2）"交替传译的认知负荷模型"：

第一阶段：CI = L + N + M + C (listening and analysis + note-taking + short-term memory + coordination)，即：交替传译（第一阶段）= 听与分

析 + 笔记 + 短期记忆 + 协同。

第二阶段：CI = Rem. + Read + P (remembering + note-reading + production)，即：交替传译（第二阶段）= 记忆 + 读出笔记 + 产出。

吉尔的"认知负荷模型"假说的基本内涵可以用这样一个公式来表示：I = L + P + M + C，即：口译 = 用于听解的精力 + 用于口译产出的精力 + 用于工作记忆的精力 + 协同。详见前文的阐述。

意大利的里雅斯特大学的口译研究者（Fabbro & Gran, 1994; 1997）则从神经语言学和神经生理学的角度来探索口译的认知处理过程，主要研究译员的大脑侧化（lateralization）现象。

4. 口译的话语互动研究

此类视角的代表性研究是瓦登斯约、罗伊等的成果。他们视对话口译（dialogue interpreting）和社区口译（community interpreting）中的口译为"译员协调的活动"（interpreter-mediated encounter）。

此类视角下的口译研究的主要观点是：口译不仅是一种语言转换行为、信息处理行为、认知处理行为，还是一种人际之间的交际互动活动。口译活动的主要参与方包括发言人、听众、译员以及口译活动的组织者、雇主等。其中，译员在发言人和听众之间的话语互动中起着关键的作用。根据瓦登斯约（Wadensjö, 1998）、罗伊（Roy, 2000）等人以社区口译为主要对象的研究，译员发挥的不仅仅是发言人和听众之间的"传声筒"作用，还在两者之间起着话语协调、交际协调甚至文化协调的作用。

5. 口译的社会文化活动研究

此类视角的代表性研究包括：波赫哈克以功能翻译理论为基础的口译研究视角；厄布鲁·迪立克尔的"还原语境的口译研究"（recontextualizing interpreting research）；口译研究中正在兴起的以考察"口译规范"（norms of interpreting）为中心的翻译理论研究范式（translation-theoretical paradigm）。

在口译的早期研究中，已有少数研究者指出口译活动参与各方的主体性作用。安德森（Anderson, 1976）以研究译员的角色定位为中心探讨了口译活动参与各方之间的关系及其对口译的影响。科奇霍夫（Kirchhoff, 1976）也曾提出口译的"三方两语交际系统"（three-party two-language communication system）模式。科奇霍夫的模式表明，在口译活动中译员处于源语和目标语的两种场景（situations）和两种社会文化背景（socio-cultural backgrounds）之间，充当"桥梁"作用。科奇霍夫的这一观点可被看作视口译为具体社会文化语境中的社会互动行为的先声。

　　进入 20 世纪 80 年代后，德国功能主义成为翻译研究中的主流理论之一。（Snell-Hornby, 2006: 51-59）莱斯和弗米尔（Reiss & Vermeer, 1984）提出，译本的目的和功能（skopos）是决定翻译的主要因素；霍尼格和库斯摩尔（Hönig & Kussmaul, 1982）也指出，文本是"社会文化的言语部分"，文本根植于其所在的场景和社会文化之中，因此在目标语文化中的功能将决定译本的形态；1984 年，贾斯塔·赫兹–曼塔利（Holz-Mänttäri, 1984）正式提出"翻译行为理论"（theory of translatorial action），该理论把翻译看作一种社会/文化语境中的跨文化交际行为，其行为结果的产生涉及多方参与者（如译者、发起人、客户等）的因素。在德国功能主义翻译理论的影响下，波赫哈克（Pöchhacker, 1994b; 1995a）提出了一系列体现口译研究新视角的观点：他分析了口译活动中"语篇"（text）的含义，并指出口译中的语篇是一种包含言语信息、副语言信息和言外信息等在内的"超语篇"（hypertext）。他认为，要研究口译过程，就必须考察口译场景，因为场景是意义的组成部分，而且不可忽视口译活动的参与各方对于口译的作用，因为人是交际场景的组成部分。总之，波赫哈克把口译看作一种社会文化语境中的社会/文化互动活动，口译研究不仅要从认知的角度考察口译行为，更要从社会文化的角度来考察口译活动。

　　以上五种认识口译活动的不同视角决定了口译研究中五种不同的取向及其相应的研究范式。已有的研究主要采用前四种视角，而以第五种视角为研究取向的口译研究目前正在兴起。

推荐阅读文献 📎

1. Gambier, Y., Gile, D. & Taylor, C. (Eds.). 1997. *Conference Interpreting: Current Trends in Research*. Amsterdam/Philadelphia: John Benjamins Publishing Company.

2. Garzone, G. & Viezzi, M. (Eds.). 2002. *Interpreting in the 21st Century: Challenges and Opportunities*. Amsterdam/Philadelphia: John Benjamins Publishing Company.

3. Gerver, D. & Sinaiko, H. W. (Eds.). 1978. *Language Interpretation and Communication. Proceedings of the NATO Symposium*. New York/London: Plenum Press.

4. Gile, D. 1995. *Basic Concepts and Models for Interpreter and Translator Training*. Amsterdam/Philadelphia: John Benjamins Publishing Company.

5. Lambert, S. & Moser-Mercer, B. (Eds.). 1994. *Bridging the Gap: Empirical Research in Simultaneous Interpretation*. Amsterdam/Philadelphia: John Benjamins Publishing Company.

6. Pöchhacker, F. & Shlesinger, M. (Eds.). 2002. *The Interpreting Studies Reader*. London/New York: Routledge.

7. Pöchhacker, F. 2004. *Introducing Interpreting Studies*. Amsterdam/Philadelphia: John Benjamins Publishing Company.

8. Schäffner, C. 2004. *Translation Research and Interpreting Research: Traditions, Gaps and Synergies*. Clevedon: Multilingual Matters.

9. 鲍刚. 2005. 口译理论概述. 北京：中国对外翻译出版公司.

10. 王斌华、宋钧. 2010. 一场关于翻译研究和口译研究的学科定位及其发展路径的争鸣. 东方翻译. 第 1 期第 84–88 页.

第四章
口译研究方法论[1]

本章要点

- 口译研究方法论的体系
- 口译研究方法的分类
- 口译研究的主要方法
- 口译研究的设计和实施

第一节　口译研究方法总论

　　研究方法是运用智慧进行科学思维的技巧，指在研究中发现新现象、新事物，或提出新理论、新观点，揭示事物内在规律的工具和手段[2]。对于口译研究这门新兴的子学科来说，研究方法对于学科发展和学术研究的意义重大，主要体现在以下两个方面。

　　一方面，研究方法有利于学科的可持续发展。研究方法的多寡优劣及其应用水平，直接影响着科学研究的效果、效率、效能。不少科学家都非常重视对于研究方法的科学探讨，甚至认为一切理论探讨都可以归结为对其研究方法的科学探讨。特定学科的研究方法的完善在一定程度上表征着该学科的完善程度。另一方面，研究方法有利于学术规范的形成。学术规范是研究者在从事科学研究的过程中所要遵循的基本程序、

---

1. 本章主体部分曾发表于《中国翻译》2010 年第六期。
2. 参见百度百科的"研究方法"条目。

基本方法和要求。研究方法是人们解决科学问题时所采用的基本手段、途径和规则，它对于学术规范的形成和完善有很重要的意义。

方法论是关于研究方法的理论，主要探讨科学研究的基本假设、逻辑、原则、程序、方法等问题，是指导科学研究的一般思想方法或哲学观点。简单地说，方法论是对研究方法的科学性、客观性、有效性的讨论和论证，而研究方法则是研究的具体操作方法、技术、程序。

1. 口译研究方法论体系

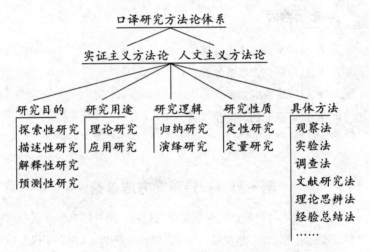

图 4.1　口译研究方法论体系

如上图所示，口译研究方法论体系包括实证主义方法论和人文主义方法论。按研究目的、研究逻辑、研究用途、研究性质等不同的标准可分为不同的研究方法类型：按研究目的分为探索性研究、描述性研究、解释性研究、预测性研究；按研究逻辑分为归纳研究和演绎研究；按研究用途分为理论研究和应用研究；按研究性质分为定性研究和定量研究。具体方法有观察法、调查法、实验法、文献研究法、理论思辨法、经验总结法等。

2. 实证主义方法论和人文主义方法论

在人文社科研究中，存在着两种不同的基本方法论倾向：一种是实证主义方法论，另一种是人文主义方法论（风笑天，2006：8）。口译研究中也存在这两种不同的方法论取向。

在西方，长期以来，实证主义方法论一直占据着人文社科研究方法论的主流地位。它认为，人文社科研究应该向自然科学看齐，应该对社会世界中的现象及其相互联系进行类似于自然科学那样的探讨。要通过非常具体、非常客观的观察，通过经验概括得出结论。同时，这种研究过程还应该是可以重复的。定量研究是实证主义方法论的最典型特征。（风笑天，2006：8）

实证主义所推崇的基本原则是科学结论的客观性和普遍性，强调知识必须建立在观察和实验的经验事实上，通过经验观察的数据和实验研究的手段来揭示一般结论，并且要求这种结论在同一条件下具有可证性。根据以上原则，实证性研究方法可以概括为通过对研究对象大量的观察、实验和调查，获取客观材料，从个别到一般，归纳出事物的本质属性和发展规律的一种研究方法。

人文主义方法论则认为，研究社会现象和人们的社会行为时，需要充分考虑到人的特殊性，考虑到社会现象与自然想象之间的差别，要发挥研究者在研究过程中的主观性。定性研究是人文主义方法论的最典型特征。（风笑天，2006：8）

3. 口译研究方法分类

3.1 按研究目的分类

根据研究目的可分为探索性研究、描述性研究、解释性研究和预测性研究。多数研究是描述和解释兼有，只是侧重点不同。

（1）探索性研究

探索性研究对所研究的对象或问题进行初步了解，以获得对研究对象的感性认识和理性思考。探索性研究多用于研究尚无人涉及的现象或问题，或研究者对研究的目标不够熟悉和了解。当研究者接触的课题或题目本身比较新鲜或尚无人涉足时，这种研究便往往是探索性的。探索性研究产生的成果主要有：形成关于所研究现象或问题的初始命题或假设；发展和尝试可用于更深入研究的方法；探讨进行更系统、更周密的研究的可能性。

　　(2) 描述性研究

　　描述性研究旨在系统地描述现象或问题的状况，通过对现象的准确、全面的描述，反映其总体特征及其分布，主要解答"是什么"的问题。这种研究与探索性研究一样，都没有明确的假设，它也是从观察入手了解并说明研究者感兴趣的问题，即描述所关注的现象存在何种性质、特点和规律。它与探索性研究的主要区别在于，描述性研究具有系统性、结构性和全面性。

　　(3) 解释性研究

　　解释性研究旨在说明现象发生的原因，探索现象的发展趋势，揭示现象之间的相互关系和因果关系，主要解答"为什么"的问题。它与描述性研究一样具有系统性和周密性，但比描述性研究更注重因果逻辑的严谨性。

　　(4) 预测性研究

　　预测性研究的目的是用一个变量预测另一个变量的研究，用相关技术分析两个变量之间的关系。预测性研究并不是我们通常认为的对事物或现象未来发展方向的预测，而是通过一个变量预测另一个变量。

3.2　按研究逻辑分类

　　人文社科研究方法有两种基本的逻辑方式，即演绎和归纳。演绎法研究就是将一个大前提应用于特殊的个别事件（小前提），以期得出新的结论的方法。归纳法研究则是通过对许多特殊事件的分析与比较而归纳出一般原理、法则的方法。

3.3　按研究用途分类

　　根据不同的研究用途，人文社科研究可以分为理论性研究和应用性研究两种。

　　理论性研究，也称基础研究，是一种建立或检验各种理论假设的经验研究。其关注点在于探索现象和问题之间的因果关系，其主要目标是要增加人们对现象和问题的内在规律的理解，增加人们对事物的认识。

　　应用性研究主要侧重于对现实问题的研究，其关注点通常集中体现在迅速地了解现实状况，分析现象或问题形成的原因，并力图在此基础上有针对性地提供对策和建议，以达到解决问题的目的。

3.4 按研究性质分类

一般把对事物构成和性质方面的研究叫做定性研究，把对事物数量方面的研究称为定量研究，也叫统计研究。

定性研究和定量研究方法的选择由具体研究的目的决定。定性研究主要用于描述事物的性质和状态，定量研究则主要用于事物的计算、测量和比较。如果需要确定事物的某种现象和特征的普遍性和典型性以及倾向、频率和分布，宜用定量研究的方法。

第二节 口译研究的主要方法

我国的口译研究虽然近年来有较大发展，但研究方法仍处在有待提升的阶段。从发表的文献来看，不少论文仍在运用经验总结和主观思辨等学科发展初期的方法。因此，我们有必要积极探索口译研究的科学方法。鲍刚（1998：9–17）曾对口译研究的方法进行了总结，提出了以下十种：经验总结法、归纳思辨法、内省法、黑箱法、现场观察法、调查法、源/译语资料分析法、口译模式设定法、实验法、跨学科借鉴法。但以学科方法论的整体视角来看，这十种方法有相互重叠之处。本节试图从学科方法论体系建构的角度探索总结口译研究的主要方法。

1. 实证主义研究方法

1.1 观察法[1]

观察法是研究者为了描述口译行为和活动并发现口译现象的本质和规律而采取的研究方法。观察法实施的关键步骤包括：

（1）进行大略调查和试探性观察。这一步工作的目的不在于搜集材料，而在于掌握基本情况，以便能正确地计划整个观察过程。

（2）确定观察的目的和中心。根据研究任务和研究对象的特点，考

---

1. 典型研究案例：Shlesinger, M. 1989b. Simultaneous interpretation as a factor in effecting shifts in the position of texts on the oral-literate continuum. (MA thesis). Tel Aviv University.

虑要弄清楚什么问题，需要什么材料和条件，在此基础上确定观察的目的和中心。如果目的和中心不明确，观察便不能集中和深入。

（3）确定观察对象。一是确定拟观察的总体范围；二是确定拟观察的个案对象；三是确定拟观察的具体项目。

（4）制定观察计划和提纲。观察计划除了明确和规定观察的目的、中心、范围，以及要了解什么问题、搜集什么材料之外，还应当安排好观察过程，包括观察次数、密度、每次观察持续的时间以及如何保证观察现象的常态等。在观察计划的基础上，应对每次或每段观察提出具体提纲，以便使观察者对每一次观察的目的、任务和要获得什么材料非常明确。观察提纲应明确每次观察要解决的具体问题。

（5）确定观察手段。观察手段包括两个方面：一种是获得观察资料的手段；一种是保存观察资料的手段。获得观察资料的手段主要是人的感觉器官，但有时需要一些专门设置的仪器来帮助观察，如录像、观察屏、计算机终端装置、动作反应器等。这些仪器主要起两方面作用：保证观察的客观性与提高观察的精确性。在保存资料的手段中，人脑是天然的器官，但这种与观察主体连在一起的保存手段缺乏精确性和持久性，也不能实现资料的客体化。因此，我们可利用文字笔记等书面手段以及摄影、录音、录像等技术手段，把观察时瞬间发生的事、物、状况准确、全面地记录下来，供研究中反复观察资料和分析资料所用。

1.2 实验法[1]

实验法是指研究者依据一定的研究假设，主动操纵研究变量，并对非研究变量予以自觉、明确和适度的控制，分析和统计研究数据，从而检验研究假设的一种研究活动。

通俗地说，这是一种先"假设"后"检验"的研究方法。"假设"就是从已有的理论和经验出发，形成某种思想和理论构想，即"假说"；"检验"就是将形成的假说在有计划、有控制的实践中加以验证。通过对实验对象的观察，确立自变量与因变量之间的关系，有效地验证和完善假说。

---

1. 典型研究案例：Minhua, Liu, Shallert, D. L. & Carroll, P. J. 2004. Working memory and expertise in simultaneous interpreting. *Interpreting*. 6 (1): 19-42.

所谓"假说"，就是根据事实材料和一定的科学理论，对所研究问题的因果性和规律性在进行研究之前预先做出一个推测性论断和假定性解释。假说的形成是一个理论构思过程。一般经过三个阶段：发现问题——初步假设——形成假说。

所谓"变量"（variable），即在研究过程中，需要进行操纵控制和测量的诸因素，主要有自变量（X）、因变量（Y）和干扰变量。

自变量（X）：又称实验因子或实验因素，即由研究者人为操纵控制的、有计划变化的因素。它由实验者操纵，由于其自身独立的变化而引起其他变量发生变化。它有如下特征：(1) 它的变化会导致研究对象发生反应；(2) 它的变化能够被研究者所操纵控制。

因变量（Y）又称应变量或依变量，它随自变量的变化而变化，是研究者打算观测的变化因素。它有如下特征：(1) 随自变量变化而变化，或对自变量作出反应；(2) 根据需要，有待观测的因素；(3) 以某种反应参数来表征的可测量因素。

干扰变量：也称控制变量、非实验因子或无关因子，指除了研究者操纵的自变量之外，其他会引起研究对象因变量变化的影响因素。干扰变量在实验中必须严格加以控制，为了很好地探索因果关系，以确实保证因变量的变化是由自变量的变化所引起的，就必须排除其他无关因素的影响，控制无关因素，使实验除了自变量以外的其他条件保持一致，这样才能保证实验研究具有一定的效度。否则，实验就失败了。

实验法操作过程的主要步骤为：

(1) 形成假说。

(2) 制定严谨科学的实验方案（选择被试、确定对比组、实验方法过程的设计、实验材料和工具的选择、研究无关变量及其控制措施、实验的阶段划分、原始过程性资料积累的方案与分工、成果形式的确定等）。

(3) 按照方案实施实验。

(4) 形成实验的阶段性报告和总结性报告。

(5) 对实验进行评价论证。

1.3 调查法[1]

调查研究是研究者采用问卷、访谈、观察、测量等方式对现状进行了解，对事实进行考察，在收集相关材料和数据的基础上对口译问题和口译现象进行探讨的研究方法。

调查研究包含两层意思。一是调查，指运用观察、询问、测量等方式收集事实和数据，这是一种感性的认识活动；二是研究，指通过对数据资料进行思维加工，由感性认识上升到理性认识的活动。

调查法的操作过程（以抽样调查为例）：

（1）确定调查的目的。确定问题，形成假说。

（2）确定抽样总体。要从中进行抽样的总体应与要得到信息的总体（目标总体）一致。从样本得出的结论适用于被抽样总体，超出这个范围的结论的适用程度取决于被抽样总体与目标总体的差异程度。

（3）确定待收集的数据。一般只收集与调查目的有关的数据，过长的调查表会降低回答的质量。

（4）选择抽样方法。

（5）确定需要的精确度。因抽样调查是要由样本推断总体，会带有某些不确定性。一般是对相对误差或绝对误差作出概率水平上的要求。

（6）抽样调查试验。在小范围内试填调查表，对调查表进行必要的改进。

（7）实施调查。

（8）进行数据分析。

（9）写出调查报告。留存有关调查对象总体的信息，它们可能对将来的抽样起指导作用。

对于口译现象，有时难以进行严格意义上的概率抽样，可以考虑采用下列方法抽样：从总体中选出若干有代表性的单位（群），在群内进行概率抽样；从一个小总体中选出接近于总体平均数的个体；样本限于总体中易于取到的部分；样本随便选取；样本由自愿被调查的人员组成。

---

1. 典型研究案例：Kurz, I. 1993/2002. Conference interpretation: Expectations of different user groups. In Pöchhacker, F. & Shlesinger, M. (Eds.), *The Interpreting Studies Reader.* London/New York: Routledge. 313-324.

但对这样得到的样本要选择适当的数据分析方法，对结论也要慎重，应充分利用其他信息进行核查、确认。在口译现象的研究中，研究者的智慧、经验和抽样技术的有机结合，是获取好样本的关键。

以上介绍的三种研究方法是口译研究中运用实证主义方法的主要路径，三种方法各自的特点、手段和作用比较如下。

三种实证主义研究方法的比较

	观察法	实验法	调查法
特点	自然状态下现场直接观察	人工控制和操作，可重复	自然状态下间接观察
手段	现场记录；随访	自然或控制状态下实验	问卷、访谈、测验、调查、分析资料
作用	主要用于观察现象，发现规律	主要用于揭示变量之间的关系	用于揭示大规模群体现象中的规律

在口译研究中有必要注意的是，上述实证研究方法单独使用时都不可避免地存在一定的局限性。例如，客观数据收集的局限性、主观判断的准确性等因素都会影响研究的有效度和可信度。为了避免研究的缺陷，研究者可以采用"三角测量"（triangulation）的研究策略。

"三角测量"是一种起源于几何学的自然科学研究方法，通常指从不同角度对同一对象进行测量以便得出关于该对象的准确定位数据。（Hansen, 2005）近年来，社科研究中也开始应用该方法，即在社科研究过程中，运用多种数据收集的方法，从不同角度考察数据，以交叉比较各类数据的可信度，使得研究结果更具效度与信度。例如，在研究现场口译时，研究者不仅要对现场口译进行自然观察，还应对口译表现进行评估测量，并辅之以面向听众的调查问卷和对现场译员的跟踪访谈，如此运用多种方法收集数据，进而交叉比较各类数据的分析结果，必定能够提高研究结论的信度和效度。

2. 人文主义研究方法

2.1 文献研究法[1]

文献研究主要利用已有的研究文献资料进行分析，具有非常明显的间接性、无干扰性和无反应性，具体方法包括内容分析法、文献计量法等。文献研究法的一般方式是：分类阅读有关文献（包括期刊论文、专著、论文集等具有一定历史价值、理论价值和资料价值的材料），得出一般性结论或者发现问题，寻找新的研究思路。

2.2 理论思辨法[2]

理论思辨法是通过内省式的思辨，进行理论建构和分析问题的方法。这种方法带有很强的主观性，而且需要比较深厚的理论积淀。从国内目前人文社科研究的现状来看，在运用思辨法时要着力从以下两方面加以改进和提升：

一、理论建构的过程：1）从观察到概括。理论建构起始于对经验现象的观察，或定量或定性的观察，完成从具体的观察结果到对现象的经验概括。2）从概括到理论。从经验概括中抽象出某种具有内在逻辑结构的概念间关系，形成对某一现象及其背景的更为一般性的命题，初步建立了解释和说明该现象的理论。

二、理论检验的步骤：1）详细说明待检验的理论；2）由理论推导（演绎）出一组概念化的命题；3）用可检验的命题形式（即假设的形式）重述概念化命题；4）收集相关的资料；5）分析资料；6）评价理论。

2.3 经验总结法[3]

经验总结法是口译研究初期阶段常用的方法。经验总结法是根据口

---

1. 典型研究案例：Gile, D. 2000. The history of research into conference interpreting: A scientometric approach. *Target*. 12(2): 299-323.

2. 典型研究案例：Pöchhacker, F. 2004. *Introducing Interpreting Studies*. London/New York: Routledge. Chapter 1, Chapter 3 & Chapter 4.

3. 典型研究案例：Glémet, R. 1958. Conference Interpreting. In Smith A. H. (Ed.), 1958. *Aspects of Translation, Studies in Communication*. London: Secker and Warburg. 105-122. 唐笙、周珏良. 1958. 口译工作及口译工作者的培养. 西方语文. 第二卷第三期.

译实践所提供的事实，分析概括口译技巧和规律，并使之上升到理论的高度，以便更好地指导新的口译实践活动的一种研究方法。其关键是要能够透过现象看本质，找出实际经验中的规律，从而更好、更理性地改进口译实践。

运用经验总结法要遵循的基本要求有：要注意经验的先进性；要全面考察总结的对象，充分占有原始的事实材料；做到有"点"有"面"，"点"、"面"结合，防止以偏概全的片面性；要以实践活动为依据，不能想当然；要善于总结规律，进行理论分析。

第三节 口译研究的设计及实施

1. 研究什么？怎样确定研究课题？

一切科学研究始于问题，问题即研究课题。研究开始的重要一步是确定研究课题，主要是确定研究领域、研究主题、研究问题。具体来说，论证研究课题主要是弄清这样几个问题：(1) 所要研究的问题是什么性质和类型的问题？属于什么领域？采用什么视角？ (2) 要研究的问题具有什么理论价值和实践意义？ (3) 关于该研究问题目前已有哪些研究成果？还有哪些问题是有待探索的？ (4) 本研究的方向是什么？研究焦点是什么？

选择研究课题的标准是：研究意义、创新性、可行性。在50余年的历史中，口译研究已形成的主要研究课题有：(1) 口译教学与培训。包括口译教学的原则、课程设置、教学模式、教学方法、教学评估与测试等课题。(2) 口译中的语言问题。包括译员的语言能力、不同的语言组合对口译的影响、源语和目标语的语篇对比等研究课题。(3) 口译中的认知问题。包括口译的听辨理解过程、口译的工作记忆、口译笔记、目标语产出过程、同声传译的听说同步性 (synchronicity) 等课题。(4) 口译的神经生理基础。目前已有的研究成果主要来自意大利的里雅斯特大学法布洛和格兰为首的研究小组，主要关注同传译员的"大脑侧化模式"(lateralization patterns) 等课题。(5) 口译的质量问题。包括对译员的口译表现进行内容、语言、表达等方面的质量评估以及用户期望等课题。(6) 口译的职业问题。包括口译的职业标准、行业准入、译员的角色

定位、工作条件和工作环境、口译行业的社会定位等研究课题。(Gile, 2000)

波赫哈克 (Pöchhacker, 2004) 比较系统地把口译研究的课题及其路径归纳为四个方面:(1)"口译过程研究":重点考察口译认知过程研究的成果。口译过程研究涉及的变量有:双语能力、同传过程中听辨理解与口译输出的同步性、理解、记忆、口译输出、口译输入变量 (input variables)[1]、口译策略等。(2)"口译产品与译员表现研究":主要研究口译输出及其效果。课题包括:口译输出的语篇、源语–目标语的对应、口译的交际效果、译员角色、口译质量等。(3)"口译实践与职业研究":主要研究口译职业实践。课题有:口译的职业历史、口译的场合、口译的标准、译员能力、口译行业的相关技术、译员的工作条件与环境、译员的社会地位等。(4)"口译教学研究":主要研究领域包括:口译课程设置、口译学员选拔、口译教学方法与手段、口译教学评估、口译后续培训[2]等。

2. 如何研究?怎样设计研究方法?

研究方法的设计主要包括:(1)课题研究应具备的条件?(2)课题研究的策略和步骤?重点和难点?(3)课题研究的预期成果及其表现形式?

在研究方法设计过程中,首先应明确研究的目标。口译研究主要有三个目标:描写、解释和预测。具体说来,一是对口译现象进行充分的描写,找出现象背后存在的规律;二是对口译行为和活动中的规律和问题进行解释,探索规律和问题背后的原因;三是在充分描写和合理解释的基础上进行预测。

研究方法设计要注意确保研究的信度和效度。为确保研究结论的科学合理,研究设计要努力达到以下五个标准:一是准确性,由理论推导

---

1. 指口译中源语发言人的口音、源语的发布语速、源语的信息密度、复杂度和语言难度等 (Pöchhacker, 2004: 127-131)。

2. 又称"元培训"(meta-level training),包括译员的继续教育、教师培训、用户培训等 (Pöchhacker, 2004: 189-191)。

出来的结论应与观察和实验的结果一致；二是一致性，包括内部的逻辑一致性以及与外部业已证实的结论的一致性；三是简洁性，理论的描述和解释应为所在研究领域纷繁复杂的现象理清条理；四是理论所涵盖的广度，一个理论所得出的结论不应只能解释在观察和实验时所涉及的有限对象，而应能够解释研究问题所关涉的整个一类现象；五是提出的理论应有新的研究发现，或是揭示新的现象，或是揭示已知现象中前所未知的规律。(Moser-Mercer, 1994)

　　作为一门交叉学科，口译研究兼有人文社会科学和自然科学的特点，其研究方法亦趋于多样化。根据莫瑟–梅瑟（Moser-Mercer, 1994）的分析，西方口译研究界自 20 世纪 80 年代末以来在质疑释意理论不足之处的基础上，重点对其以主观推测和经验总结为主而科学论证不够，尤其是缺乏实证检验的研究方法进行了反思，进而形成了以实证研究为主的"自然科学式的研究范式"(the natural science paradigm)，与以释意理论为代表的"人文科学式的研究范式"(the liberal arts paradigm) 形成对比。总体来说，口译的研究路径有两类：一类是人文主义的研究路径，其核心是理论的抽象思维、推理、归纳和演绎；另一类是实证主义的研究路径[1]，其核心是数据的收集和处理，实证研究的方法主要有观察法、调查法和实验法。

　　口译研究的自然科学范式主张使用观察法和实验法对口译现象进行客观描写，用实证研究的方法对理论假说进行验证，而避免基于直觉和经验之上的主观式理论推演方法。但其在对释意理论进行方法论反思的背景下，给主观式理论推演的方法贴上"不科学"的标签，甚至提出在客观描写之前不能有预设的理念和假说 (preconceived notion; presuppositions)，则未免有矫枉过正之嫌。事实上，任何一种研究都在一定程度上存在理论预设 (hidden premises)，没有理论预设如何能提出研究问题呢？

　　在口译研究的历史上，经历了较长时间的感想陈述式、经验总结式、主观内省式研究的阶段。如今，口译研究界都认同，研究结论的得出必须基于可靠的科学基础。在此背景下，随着认知心理学研究范式引入口

---

1. 吉尔（Gile, 2005a）称之为"实证科学范式"(empirical science paradigm)。

译研究并一度成为主流范式，实验法似乎在口译研究中占有很大的优势。对此，口译研究界的代表人物吉尔的看法是这样的：

　　一门科学学科的创立和发展需要一个描述性的基础，而在口译研究中目前尚缺乏以描述性数据为基础的成果。在这样一个阶段，口译研究还可以通过观察法的研究路径积累大量描述性数据和成果；并不复杂的描述性数据和数据处理方式亦适合这一个阶段的研究者，而研究方法的复杂性并不能作为衡量研究成果价值的一个标志。

（译自 Gile, 1998）

3. 口译研究的实施

　　具体来说，一项完整的口译研究需要实施以下研究步骤（Gile, 2005b）：

　　研究者通过对口译现象的观察或内省可以提出比较宽泛的理论问题，但是，如果要对问题进行科学研究，则必须将其分解或具体化为可进行研究操作的问题，分解后的这些具体问题就是理论假说。假说形成后，应找出其中的关键指标（indicators）或参数（parameters），因为假说的验证过程实际上是对指标的观察或对参数的测量。参数设定后，还应决定对哪些变量进行控制，以免其干扰研究过程进而影响研究结果的信度和效度。接下来是选择观察场景或设计实验，收集数据，分析数据，最后得出结论，在结论的基础上形成理论。

　　一份标准的口译研究设计的报告应包含以下内容：（1）课题名称；（2）摘要、关键词；（3）研究背景（课题来源）及选题意义；（4）相关文献综述；（5）研究问题；（6）研究方法；（7）研究大纲（包括理论基础和研究计划）；（8）预期结论；（9）参考文献。

推荐阅读文献 ◐

1. Gile, D. 1998. Observational studies and experimental studies in the investigation of conference interpreting. *Target*. 10 (1): 69-93.
2. Gile, D., Dam, H.V., Dubslaff, F., Martinsen, B. & Schjoldager, A. (Eds.).

2001. *Getting Started in Interpreting Research: Methodological Reflections, Personal Accounts and Advice for Beginners.* Amsterdam/Philadelphia: John Benjamins Publishing Company.

3. Moser-Mercer, B. 1994. Paradigms gained or the art of productive disagreement. In Lambert, S. & Moser-Mercer, B. (Eds.), *Bridging the Gap: Empirical Research in Simultaneous Interpretation.* Amsterdam/ Philadelphia: John Benjamins Publishing Company. 17-23.

4. Pöchhacker, F. 2004. *Introducing Interpreting Studies.* London/New York: Routledge.

5. Williams, J. & Chesterman, A. 2004. *The Map: A Beginner's Guide to Doing Research in Translation Studies.* Shanghai: Shanghai Foreign Language Education Press.

6. 风笑天. 2006. 人文社科研究方法. 北京: 高等教育出版社.

7. 桂诗春、宁春岩. 1997. 语言学方法论. 北京: 外语教学与研究出版社.

8. 韩宝成. 2000. 外语教学科研中的统计方法. 北京: 外语教学与研究出版社.

9. 刘润清. 1999. 外语教学中的科研方法. 北京: 外语教学与研究出版社.

第三部分

选题与方法

第五章
口译过程研究及研究方法

本章要点

- 口译过程研究的定义
- 口译过程研究的主题
- 口译过程研究的范式及模型
- 中国和西方的口译过程研究
- 口译过程研究的方法

第一节　口译过程研究总论

1. 口译过程研究的定义

《韦氏第三版新国际英语大辞典》（*Webster's Third New International Dictionary*）将"过程"定义为："持续向前的流程或进程，如一系列行为、所发生的事或经历正在继续；又如：一连串动作、事件或发展阶段持续不断地进行。"此外，"过程"还指事情进行或事物发展所经过的程序：认识过程、生产过程、适应过程等。

正如笔译过程一样，口译活动中从源语到目标语的加工过程（言语转换）表现为：把某种事物从一方转换到另一方的过程。考虑到口译和笔译实践本身所存在的特征差异，口译研究者更加突出"过程"的概念。"过程"可以说是当今口译研究领域里最具影响力的超级模因（memes）。(Pöchhacker, 2004) 但由于口译过程研究目前所涉及的内容过于宽泛，本章将把重点放在口译认知过程研究及方法上。

在口译认知过程的相关研究当中，主要关注点在对口译信息处理过程的研究上，即从源语输入（SL–Input）到目标语输出（TL–Output）的具体操作程序。图 5.1 展现了口译的这种过程。

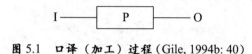

图 5.1　口译（加工）过程（Gile, 1994b: 40）

图中 I 代表输入（Input），P 代表（加工）过程（Process），O 代表输出（Output）。从源语到目标语的加工过程实际上是言语转换的过程，来自不同学科的研究者们已经对输入和输出的词法和结构对应、言语加工过程中译员的心理机制及表现（心理过程）等方面进行了测量和研究，本书将在后面的章节中结合研究方法作详细讨论。

2. 口译过程研究的主题

口译研究从一开始便具有"跨学科"的特点，这在口译过程研究中体现得尤为明显。跨学科研究意识和实证研究手段已经成为口译研究方法论的主流。（张威，2007）口译过程研究的相关学科主要包括认知心理学、心理语言学和神经生理学等。

根据对相关文献的梳理发现，在以往的口译研究中，研究者往往将口译过程研究理解为单纯的口译**认知心理**过程研究。实际上，随着人们对口译活动的深入了解，以及口译研究主题和研究方法的丰富，口译过程研究不再专指对口译**认知心理**过程的研究，而是涉及到口译实践活动过程当中的每一个阶段。目前口译过程研究文献中的主题包括：译前准备和背景知识、口译教学与培训过程、口译策略、口译中的记忆（以工作记忆为主）、信息加工处理（感知、接收、存储、理解和产出）、影响产出过程的因素（演讲者口音、源语语速、源语发言难度、译员产出策略和译员心理素质）等。因此，本书按照研究主题将口译过程研究分为：口译过程前阶段研究、中间阶段研究和后阶段研究。

口译过程**前阶段**研究包括：译前准备和背景知识（口译离线策略）

以及口译教学与培训过程等主题的研究；口译过程**中间阶段**研究包括：口译策略（包括口译笔记）、口译中的记忆和信息加工处理（感知、接收、存储、理解和产出）等主题的研究；口译过程**后阶段**研究主要是影响口译产出过程因素（演讲者口音、源语语速、源语发言难度、译员产出策略和译员心理素质）的研究。其中，中间阶段仍然是口译过程研究的重点。

3. 口译过程研究的范式及模型

范式（paradigm）由某一门学科所有成员都认同的基本假设、模型、价值观和标准方法所组成，是该学科领域中特定的学术偏好、规则和研究路径（Moser-Mercer, 1994a: 18）。根据波赫哈克（Pöchhacker, 2004）的总结，口译研究随其发展一共出现了五个主要的研究范式：释意研究范式（IT）、认知处理研究范式（CP）、话语互动研究范式（DI）、翻译理论研究范式（TT）和神经语言学研究范式（NL）。其中，口译过程研究主要运用了释意研究范式、认知处理研究范式、话语互动研究范式和神经语言学研究范式等四种。除了前面所提到的口译过程一般性模型（Gile, 1994a: 40）之外，还有来自各个不同学科的研究者为描述和解释口译过程及心理机制提出了自己的模型。下面我们具体考察口译过程研究中各种范式及研究方法的使用，并列举主要的口译过程模型。

3.1 释意理论研究范式

在 20 世纪 60 年代到 70 年代初期的实验心理学研究阶段，除了以格尔瓦为代表的心理学家和心理语言学家利用心理学和心理语言学的理论对口译认知问题进行研究之外，以塞莱斯科维奇和勒代雷为代表的巴黎学派及其主要理论"释意理论"逐渐形成，并发展成为释意理论研究范式。该范式以释意理论为中心，是口译研究初期最早形成的研究范式，也是口译研究进入学术圈的首次尝试。塞莱斯科维奇（Seleskovitch, 1975）构建了一个"口译三角模型"见（见图 2.1），强调译员在理解的过程中应"脱离源语外壳"，抓住"意义"（sense）。

该范式研究者强调，口译并非语言间的转换，而是以知识为基础的释意过程。勒代雷（Lederer, 1981）细分了同传的理解和产出过程，将同传中的语言理解划分为三个阶段：声音和词汇的识别；语法分析程序（parsing）；输入的信息结合背景知识形成意义单位。虽然塞莱斯科维奇和勒代雷均采用实验法获取数据，但是释意研究范式只提倡口译实践者从实践活动中获取真实语料，然后将录音进行转写及分析，认为科学的实验法不是口译研究必要的研究方法。除了研究方法上的局限之外，释意理论对口译过程，尤其是同声传译过程中间表征的阐述并不清晰，而同传的性质决定了我们需从认知的角度去分析译员在同传过程中是如何整合记忆及外围系统的。（Setton, 1999）

3.2 认知处理研究范式

20 世纪 70 年代末到 80 年代，以吉尔、莫瑟-梅瑟、麦金托什等为代表的口译研究者和具有研究意识的译员指出释意理论的不足，提倡更多地运用描述性和实证的方法来研究口译。认知处理研究范式是目前口译过程研究所使用的最主要范式。（Massaro, 1975; Gerver, 1976; Moser, 1978; Lambert, 1983; Paradis, 1994; Setton, 1999）需要注意的是，尽管认知处理范式内的研究都倾向于接受认知科学领域的研究方法和成果，口译研究学者们对于跨学科这一原则的接受程度却各不相同。（Pöchhacker, 2004）因此，认知处理范式分为两个流派：第一个流派由莫瑟-梅瑟等坚持使用跨学科研究方法的研究者组成，偏好运用心理认知科学家常用的实验方法来证明假设等；第二个流派则是由未受认知科学研究方法训练的实践型研究者组成，用较为保守的方式进行小规模的实证研究。

下面介绍认知处理研究范式中建立的主要口译过程模型。第一个是彼得·莫瑟（Moser, 1978）的同声传译过程模型（见图 5.2）。

彼得·莫瑟的同声传译过程模型建立在马萨罗（Massaro, 1975）对语言理解和格尔瓦（Gerver, 1976）对口译信息处理研究的基础上，以流程图的形式解释了同声传译理解、储存、处理和产出四个步骤的过程，展示了同声传译工作记忆与长时记忆的关系等。这样的线性分析虽然从时间流程上看十分清晰，但并未解释人脑在信息储存、提取和表达过程中出现的并行现象。

口译过程研究中具有很大影响力的第二个模型是吉尔的"口译认知负荷模型"。吉尔认为口译中有三个基本的认知负荷，分别为"听辨理

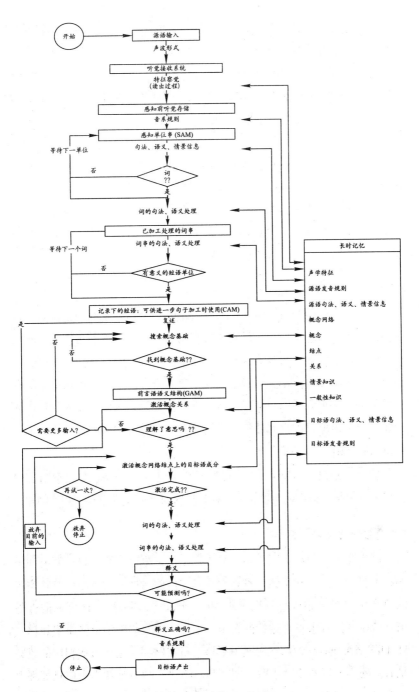

图 5.2 同声传译过程模型

解"(listening-L)、"口译产出"(production-P)和"记忆"(memory-M)。他最初将认知负荷模型应用在于同声传译的研究当中,借此证明人类大脑可供译员进行认知加工的"精力"(Capacity)是有限的,三种认知负荷的总和不能超过译员的精力承受范围。(Pöchhacker, 2004)

$$(L+P+M) < Capacity$$

之后,吉尔(Gile, 1997; 2002)将模式进一步完善,增加了"协调能力"一项,并总结得出同声传译的认知负荷模型和交替传译的认知负荷模型。吉尔通过一系列的公式来表达该模型中各个部分之间的关系。

最后是司徒罗宾(Setton, 1999)的同声传译加工模式。该模型的建立融入了一系列认知科学研究,很好地解释了同传过程中与理解、记忆和表达相关的各方面因素。详见图5.3。

3.3 话语互动研究范式

在认知处理范式的基础上,有学者结合社会语言学的相关问题,运用实证研究方法对真实口译录音进行定量分析,并采用了语篇分析的方法。值得注意的是,许多运用这一范式进行的研究是针对手语口译的。丹尼斯·科克利(Cokely, 1992)的口译社会语言意识过程模型展示了自上而下进行知识驱动的口译加工过程。该模型充分考虑了输入和输出的形式,即手语或口语。此外,该模型加入了口译过程中的社会语言、文化以及心理因素。(见图5.4)

话语互动研究范式在20世纪90年代逐步发展起来,在发展过程中出现了许多基于话语的实证研究,这与社区口译的发展是息息相关的。

3.4 神经语言学研究范式

的里雅斯特口译大会之后,越来越多的学者意识到,口译研究如果要走上科学的跨学科道路,必须要具有"可测量性"的特点,并在实验的过程中对实验条件进行严格把关。(Lambert, 1994)口译研究的神经语言学研究路径很符合这样的要求。于是,神经心理学家法布洛和格兰(Fabbro & Gran, 1994)率先提出了这一研究路径并逐步形成相应的研究范式。通常,用右手写字的人的左耳,相对于其右耳在言语信息处理上占有一定的优势。法布洛和格兰针对双语者和译员展示出的大脑功能侧

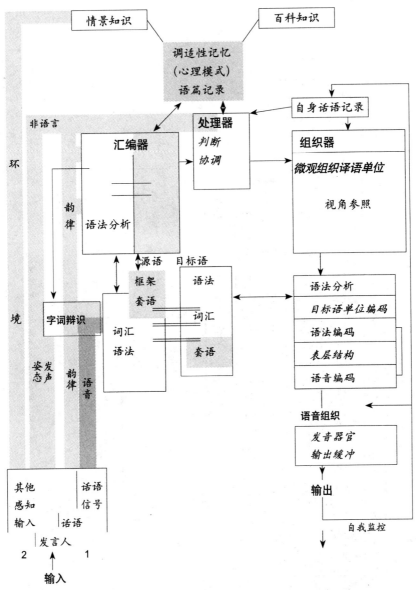

图 5.3　同声传译加工模型

化为假设，用实验法证明大脑内语言功能的分布是不对称的。此外，谢尔维·兰波特（Lambert, 1993）也通过实验证实，在同声传译过程中，译员对直接单耳输入的翻译信息的处理比双耳输入的更为有效。用右手写

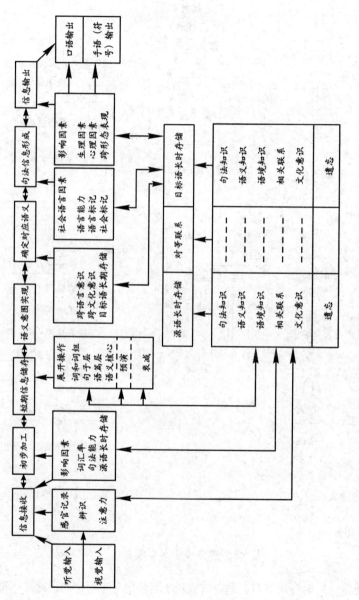

图 5.4 口译社会语言意识过程模型

字的译员，其左耳的听取效率更高。

第二节　口译过程研究综述

1. 西方的口译过程研究

如前文所述，本书按研究主题将口译过程研究分为口译过程前阶段研究、中间阶段研究和后阶段研究。其中，中间阶段的研究主题仍然是口译过程研究的重点。由于前阶段研究主题主要涉及口译教学（详见第九章），这里不再赘述。下面将对口译过程中间阶段和后阶段的国外相关研究进行介绍。

从心理学的角度来看，口译是一个信息处理过程。20 世纪 70 年代，以格尔瓦、彼得·莫瑟和马萨罗等人为代表的口译研究者以信息处理为中心进行了一系列的初期研究。译员的任务是一个"复杂的、包括语言信息的感知、储存、提取、转换和传送在内的信息处理任务"（Gerver, 1975）。与其他双语任务相比，口译活动的特殊性在于它要求译员对不同的共时信息进行并行处理（parallel processing），呈现出多任务的处理模式。在口译过程中，双重甚至多重任务的共时性（simultaneity）要求译员具备在同一时间内完成两个或多个任务的能力。心理学研究已经表明，同一时间完成两个共时任务是可能的，其相关技巧可以通过学习和实践获得。然而，对于介入信息并行处理的相关认知机制和它们的作用方式，学者中存在很大分歧。信息过滤理论的创始人唐纳德·布劳德本特（Broadbent, 1957）认为，两个共时输入的信息可以在非过滤状态下在所有感觉录入系统内得到处理。但在过滤过程中，为了避免有限的信息处理能力过载，两者将按序依次进行。心理词库的提出者安尼·特雷斯曼（Treisman, 1969）认为，两个共时信息只有在不依赖于同一个分析机制时才有可能被同步处理；当同一机制同时面对两个任务时，按序依次进行将是必然的。奈瑟（Neisser, 1966）与前两者不同，他认为信息的并行处理是在"预注意层面"（pre-attentive level）自动进行的。在这种自动态势下，信号的分析处理层次比较浅，所需的精力和注意力也较少，由此另一个共时信息的并行处理将成为可能。多伊奇（Deutsch, 1963）以及诺曼（Norman, 1968）都主张两个共时输入信息可以在所有的感知分析层面进行。但是，信息是否进入意识或筛选层面是由一个"瓶颈"来控制和决定的。信息的并行处理是口译认知过程模式化的困难之一。"所有的口译信息处理模式都必须预见一个能共时储存或者并行处理信息的特殊机制"（Lambert, 1989）。20 世纪 60 至 70 年代的口译研究基本以口译过程中信息处理的研究为主，前面提到的格尔瓦和彼得·莫瑟等人提出的口译模型都属于此范畴。

进入 20 世纪 80 年代之后，随着信息处理研究不断取得进展，对信息类型、信息处理深度和大脑侧化的研究也逐渐深入。吉尔（Gile, 1989）对不同口译交际环境下的信息类型进行了区分。他以信息的技术性能和信息量为参数来判断不同会议的信息难度，以信息的时间流动特征和互动性为标准来标识不同交际环境下信息流的特点。这种区分对于译员高效率完成翻译任务具有重要意义。译员可以根据不同口译环境下信息和信息流的特征进行有针对性的准备，以提高自己的现场口译技能。值得注意的一点是，在口译信息处理的研究当中，对口译过程中信息处理深度的研究逐步深入。克雷克和洛克哈特（Craik & Lockhart, 1988）两位心理学家认为，认知心理学所说的长期记忆和短期记忆应该是大脑认知机制对信息进行不同深度的编码处理的功能体现。也就是说，信息编码输入所要求的处理深度将决定此信息在大脑中的驻留时间。记忆时间越长，此信息输入所需要的语义、认知分析就越多。据此，兰波特（Lambert, 1988）将信息处理深度定义为"输入信息所经过的一系列等级式的处理阶段"。兰波特对口译信息处理深度的研究运用了实验法，比较了同声传译、交替传译、"影子练习"和"听"四种任务过后译员对信息的记忆能力。其实验结果显示，"听"之后的信息记忆效果最好，交替传译次之，同声传译再次之，"影子练习"排在最后。兰波特（Lambert, 1995）在前人提出的假设基础上通过实验进一步检验了集中注意力对同声传译的作用。他发现，对于职业译员来说，同声传译是由一系列不同任务构成的，且其中的大多数已经高度自动化，随意变换注意中心只能事倍功半。兰波特同时还发现，职业译员在语言输入过程中表现出来的左耳的优越性与注意机制的相关功能无关，而有可能和译员大脑左右两半球的功能侧化有关。除了兰波特的研究外，吉尔通过观察法和实验法分析了交替传译过程中记笔记与注意力的关系。他通过实验证实，"记笔记"会转移译员用来"听"的注意力，并导致译员听力质量的明显下降。吉尔（Gile，1991a）认为，记笔记需要消耗掉部分正常情况下用于"听"和"分析"的注意力，这将影响译员专心地听发言人的讲话。兰波特（Lambert，1989）通过实验发现，与正常的普通人话语处理所偏爱的"从右耳到左半脑"的规则相反，译员可能会利用人脑的右半球发展第二条途径，以便于成功地完成同声传译中同时存在的两个任务。他认为，译员利用左耳到右脑半球的途径（left-ear-to-right-hemisphere）来听取、理解和存储输入信息，而用右到左脑半球的途径监听、反馈自己的话语输出。口译信息处理方面的研究仍然有必要借鉴心理学及心理语言学等学科的实验方法进行深入研究。

在**跨学科**的口译过程研究进展方面，记忆和口译策略是重要的研究主题。心理学和神经心理学的不同研究已经表明，承载人类知识的记忆不是一个单一性的功能体系，而是由长期记忆和短期记忆两大体系构成的。鉴于临床数据证实，记忆两大体系之间存在着脱节，贝德利和希奇（Baddeley & Hitch，1994）提出了工作记忆的假设。贝德利（Baddeley，1994）随后还特别阐明了工作记忆的运作模式。该工作记忆机制由一个中央执行系统和两个子系统——视觉空间面板及音位圈构成。视觉空间面板负责图像的感知处理，音位圈负责听觉信息（包括话语）的感知处理。音位圈接收的话语信号会在1.2—2秒内消失，除非能够被一个"默读复述"程序更新。更新后，信号痕迹将会被返回到表述控制系统，并因此延长在短期记忆的驻留时间。在最新的研究中，克里斯托弗和德格鲁特等（Christoffels & De Groot, *et al.*, 2003）发现工作记忆的效率在相当程度上决定了同传译员的能力。工作记忆的相关研究一般集中于同声传译的研究，对交替传译的研究相对较少，研究采用实验法展开，运用E-Prime，DMDX等实验软件进行设计和分析。

在**口译过程后阶段**的研究中，有学者对影响口译产出过程因素（演讲者口音、源语语速、源语发言难度、译员产出策略和译员心理素质）等进行了考察。口译是一项高技能的职业活动。心理学研究表明，职业能力是可以通过学习、培训和实践获得的，职业能力的习得是一个认知发展过程。译员的基本能力通常由三部分组成：语言能力、交际能力和认知能力。吉尔（Gile, 1991b）认为，职业译员应该具备某些特殊的"心理特质"(mental aptitude)。译员应有出色地掌握和运用语言的能力、灵活控制和保持精力平衡的能力、充分调动丰富的术语储备和认知补充的能力，这种职业能力的获得依赖于科学、有效的译员培训方法。兰波特（Lambert, 1989）曾用观察法，通过"听"和"完形"来检验和锻炼译员的理解、记忆和推测能力。定义和解释译员职业能力的认知构成是现代口译认知研究的主要趋势之一，此类研究对提高译员培训水平和效率具有重大意义。到目前为止，该领域的系统研究相对来说还比较少。（许明，2008）

2. 我国的口译过程研究

虽然起步较晚，但随着口译职业和口译专业教学的发展，近年来我国（包括港澳台地区）的口译过程研究也有了一系列进展。从已有文献来看，我国的口译过程研究主要以运用人文主义研究方法为主，通过已有理论的运用对口译过程进行描述和观察，将交替传译和同声传译进行对比研究，或对已有过程理论进行推演和介绍。实证研究则相对较少，一般是通过口译测试、现场观察、录音文本分析等形式进行的小规模实证研究。

值得注意的是，近年来口译过程研究相关博士及硕士毕业论文的数量有了显著的增长，这说明我国口译过程研究的重要性在不断提高。蔡小红（2000）以交替传译为研究对象，借助心理语言学、认知心理学等跨学科的理论和实证研究方法，对交替传译的思维过程和特点等进行了研究。刘敏华（2001）通过实验法对同声传译中的工作记忆问题进行了研究，考察了专业译员在发展过程中的工作记忆对其口译产出的影响。陈菁（2005）运用理论推演的方法对口译过程中译员的感知、社会情境和不同顾客的质量期待等进行了研究。杨承淑（2006）在其博士论文中使用理论推演和实证研究相结合的方式对口译的信息处理过程进行了详细的讨论。张威（2007）在其博士论文中运用认知心理学和心理语言学的理论和实验研究方法对同声传译中的工作记忆进行了实验分析。高彬（2008）运用文献调查法对口译研究的历史进行了系统的梳理。王斌华（2009）在其博士论文中运用基于真实语料的描写性研究方法，对口译过程中的实际规范进行了详细和深入的考察。

此外，口译研究硕士论文中的口译过程研究论文数量也在不断上升。图 5.5 展现了近十年来，我国（不含港澳台地区）的口译研究硕士毕业论文概貌。

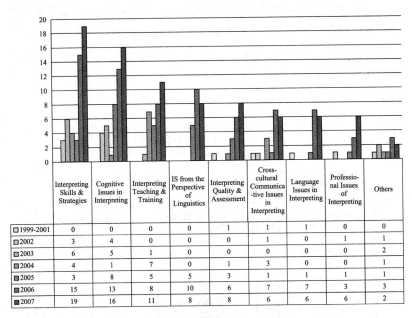

	Interpreting Skills & Strategies	Cognitive Issues in Interpreting	Interpreting Teaching & Training	IS from the Perspective of Linguistics	Interpreting Quality & Assessment	Cross-cultural Communica-tive Issues in Interpreting	Language Issues in Interpreting	Professio-nal Issues of Interpreting	Others
☐ 1999-2001	0	0	0	0	1	1	1	0	0
☐ 2002	3	4	0	0	0	1	0	1	1
☐ 2003	6	5	1	0	0	0	0	0	2
☐ 2004	4	1	7	0	1	3	0	0	1
☐ 2005	3	8	5	5	3	1	1	1	1
☐ 2006	15	13	8	10	6	7	7	3	3
☐ 2007	19	16	11	8	8	6	6	6	2

图 5.5 近十年我国口译研究硕士论文及研究主题（不含港澳台地区）

从论文的主题和数量上不难发现，口译认知过程、口译策略及相关口译过程研究的数量在总量中占据优势，并逐年递增。近年来的增速尤为明显，显示出越来越多的年轻学者对口译过程研究的青睐。

第三节　口译过程研究的方法

1. 口译过程研究方法概述

通过对已有的相关研究文献的考察和对口译过程研究具体方面的分析，可以看出：口译过程研究主要运用了实证主义研究方法，部分理论性研究运用了人文主义研究方法。实证研究主要集中在口译过程的中间阶段，即对口译在线策略（包括口译笔记）、口译中的记忆、信息加工处理（感知、接收、存储、理解和产出）等主题的研究方面。理论性研究主要集中于对口译教学、学科建设、语境和文化背景对口译过程的影响等。另外，还有对已有文献的计量研究。本章将重点讨论口译过程研究中所使用的实证研究方法。

由于研究者来自多个不同学科和领域，过程研究是口译研究诸多课题中最具有跨学科特点的研究方向。理论研究则主要集中在口译过程前阶段和后阶段，尤其是口译产出过程中译员所运用的口译技巧等，研究还包括口译过程模型的理论推导和综述类的研究。从前中后三阶段的角度来看，口译过程研究中使用的具体方法总结如下。

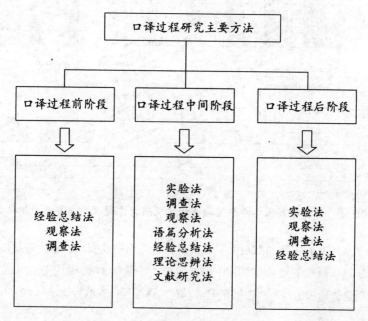

图 5.6   口译过程研究主要方法

为了便于读者了解口译实证研究中所使用的方法，本书将口译实证研究分为三类：行为研究、脑成像研究和语料库研究。由于语料库研究后面另有一章详细讨论，这里主要讲前面两种研究中所包含的具体研究方法。行为研究主要包括了实验法、观察法和问卷调查法等；脑成像研究则主要运用脑成像设备和技术，如功能性核磁共振（fMRI）等，直观地检验口译过程中人脑的反应。这类研究目前还不多，但近年来认知心理学、心理语言学等学科的发展也逐渐引入到了口译研究当中。

2. 行为研究

口译过程行为研究主要来自于认知心理学、心理语言学、神经语言学等领域，主要通过实验法、调查法等手段展开，有学者通过"自定步速阅读"、E-Prime、事件相关电位（ERP[1]）和眼动仪（eye tracking）等方式和工具观察口译的在线处理过程。在20世纪50年代，兰波特（Lambert, 1995）为了确定两种语言中任意一种的言语行为自动化程度，曾就双语者对单词翻译的反应时间（react time, RT）做过实验测量，区分了平衡双语者和不平衡双语者的概念。其中，大脑侧化研究和工作记忆对口译过程的影响尤为突出。

实验法是指实验设计经过论证之后，在实验室内借助实验仪器设备或软件，在有控制的条件下探索自变量和因变量之间关系的方法。实验法有利于我们严格控制变量，通过计算机和实验软件进行的实验和得出的数据一般具有较高的信度，通常多用于研究口译心理过程等方面的问题。这种方法的使用需要研究者有实验设计和研究设计的基础，实验设计往往需要反复论证，确定变量间的关系和实验目的，有时还需要运用实验软件（如E-prime，DMDX等）编写程序以便借助设备记录所需要的数据，实验完成之后研究者需要对数据进行整理，并能熟练掌握相应的统计方法。通常情况下，实验设计分为被试内（又称组内）和被试间（又称组间）两种。简单地说，被试内设计就是所有的被试接受所有的实验处理。被试间设计就是不同的被试接受不同的实验处理，两种设计方法各有利弊：

被试内设计和被试间设计的优缺点比较

	优点	缺点
被试内设计	排除了个体差异对实验结果的影响	不能排除练习效应和遗留效应，顺序效应（抵消平衡、随机化）和疲劳效应
被试间设计	排除了练习、遗留和疲劳效应	不能排除个体差异的影响，可以通过随机分配或匹配被试

---

1. 事件相关电位（event-related potentail, ERP）是一种特殊的脑诱发电位。它反映了认知过程中大脑的神经电生理变化，可以用其来记录当译员对源语进行认知加工时头颅表面的脑电位变化，并应用于口译研究。

　　具体使用哪种设计方法主要还是看研究目的。举例来说，如果我们想考察工作记忆对口译水平的影响，可以采取被试间设计，测试之后将被试分为高工作记忆和低工作记忆两个组，但这很难排除两个组之间语言水平的差异对口译水平的影响，而此时采取被试内设计则可以消除这一无关因素（即非实验考察因素）——同一批被试完成同一个口译任务，任务中前半部分包括大量数字和信息（此时需要的工作记忆多），后半部分为一般性简单口译（此时需要的工作记忆少），这样同一批被试的语言水平就得到了控制，通过被试内设计操纵任务难度来达到实验目的。

　　实验完成之后，研究者还需要根据不同的研究设计和数据类型进行统计，笔者试图总结了不同实验设计下所需要运用的统计方法，如下表。

不同实验设计所需的统计方法

目的	数据类型		
	数值（Gaussian population）	等级、分数或数值（non-Gaussian population）	二项式变数
描述单一组	均值，标准差	中数、四分位距	百分比（%）
比较单一组和假设观测值	单样本t检验	威氏检验	卡方检验，二项检验
比较两组独立样本	独立样本t检验	Mann-Whitney检验	Fisher检验
比较两组相关样本	非独立样本t检验	威氏符号秩次检验	McNemar检验
比较三组或三组以上样本	单因素方差分析	Kruskal-Wallis检验	卡方检验
比较两个变量间的关系	皮尔逊相关	斯皮尔曼相关	相依系数
由x预测y值	简单线性回归	非参数性回归	简单逻辑回归
由多个变量预测y值	多元回归		多元逻辑回归

　　该表仅代表一般情况下的统计方法选择，具体方法仍然有必要根据实验设计和目的论证决定。下面具体介绍运用实验法进行口译过程研究的两个案例。

　　张群星（2010）在其博士论文中对交替传译的脱离语言外壳的认知机制进行了实验研究。研究从语句、篇章两个层面对脱离语言外壳进行定义。在语句层面上，脱离语言外壳意味着，目标语的产出不受源语句法信息的干扰；而在篇章层面上，脱离语言外壳则意味着，篇章表征的建构过程及时整合了语境信息。在实验中，语句层面的实验材料是含有状语短语和状语从句的句子。这种句子的状语和主句的语序在英汉两种语言中存在差异，所以可能对口译过程形成干扰。篇章层面的实验材料则是包含不符合篇章语境的单词的句子，这些单词会造成篇章连贯的中断，因而能够探测语境信息的整合过程。为了保证实验材料的生态效应，所有实验句子都嵌入在叙述性篇章中，而非单独呈现。研究共设计了 3 个实验来考察英汉交替传译中语句和篇章层面上脱离语言外壳的机制。实验 1 考察了源语篇章的语速和难度这两个因素对脱离语言外壳的影响。实验 2 对被试的工作记忆广度和在交替传译任务中脱离语言外壳的程度进行相关研究。实验 3 通过对比脱离语言外壳和单语回述的理解及产出阶段的处理时间，考察了脱离语言外壳在理解阶段和产出阶段的处理过程。

　　这三个实验获得了下列结果：（1）加快语速及增加篇章难度对语句和篇章层面的脱离语言外壳都产生了显著的负面影响，由此可见，语速和篇章难度是脱离语言外壳的影响因素。（2）工作记忆和脱离语言外壳的语句层面的一个指标（状语从句）显著相关，但与其他两个指标的相关性不显著。由此推论，与篇章层面相比，工作记忆与脱离语言外壳的语句层面之间的相关性较大，但是工作记忆对语句层面的脱离语言外壳的贡献可能仍然比较有限。（3）与单语回述相比，语句层面的脱离语言外壳在理解阶段花费的时间相当或者更少，但在产出阶段花费的时间较多，篇章层面的脱离语言外壳在理解和产出阶段都需要花费更多时间。所以，脱离语言外壳的处理过程在语句和篇章两个层面可能存在差异。在语句层面，目标语的句法结构信息在理解阶段可能并没有被激活，但是，源语句法信息在产出阶段可能仍然有残留。在篇章层面，篇章表征建构的整合过程可能在理解阶段形成基于文本的表征之后马上就开始运行，然后一直持续到产出阶段。张群星的研究（2010）填补了中国口译研究中对脱离源语外壳实证研究的空白。

　　普洛夫比奥等（Proverbio, et al., 2004）运用 ERP 技术对多语同声传译员的语言转换机制进行了研究。首先，400 个短句通过视觉呈现的方式让被试阅读，其中有一半的句子在句末位置出现无关词语，通过产生一个语义不协调的情况来考察被试的语言转换情况。实验句为同一种语言、不同种语言或多语混合句。反应时间和脑电数据均表明同传译员在处理

L1 时的语言功能大脑侧化强于 L2，而这种 L1 和 L2 的处理并非由语言水平所导致。

3. 脑成像研究

脑成像的研究主要运用功能性磁共振成像（fMRI）展开。（参见 Rinne *et al.*, 2000）由于设备和实验的复杂性，这种方法在口译研究中虽不多见，但近年来却有上升的趋势。

克里克等（Krick, *et al.*, 2005）在萨尔大学和萨尔大学医院的合作项目中使用功能性磁共振成像研究了语言的代码转换。虽然研究的主要目的并不是口译中的大脑激活，但却将职业同传译员作为三组被试之一，考察具有高语言水平和转换能力的他们在重任务下的脑成像情况。另外两组被试为医学背景和外语学习背景的学生。所有被试在磁振造影仪下阅读一个双语文本，文本语言每 3 秒变化一次。实验结果发现：同传译员组在进行语言转换时，在大脑布罗德曼 46 区（BA46）呈现出比其他两组更高的活动，这说明同传训练和"转换技能"的学习改变了译员大脑的神经生理性和激活水平。克里克等的研究和前人的研究（Kraushaar & Lambert, 1987; Gran & Fabbro, 1988; Kurz, 1996)）有着很大的联系，填补了从神经生理角度研究口译的十几年的空白。从某种程度上，可以说是这些研究打开了口译研究的全新视角，对人类在多任务、高强度下的语言处理机制和大脑活动提供了新的研究前景。

第四节　口译过程研究及研究方法发展趋势

口译过程的系统阐释需要结合心理学、心理语言学、认知心理学、语言习得和神经学等多学科的研究结果，尤其是这些学科所阐明的相关认知机制和认知模式。（Shreve & Diamand, 1997）跨学科仍然是口译过程研究的主要发展趋势，不影响口译研究作为翻译学（子）学科的发展。研究口译过程中存在的认知问题的目的在于探索口译过程中认知机制的运作模式和规律，并将其用于指导口译教学，科学有效地提高初学译员的口译技能，指导他们将来的口译实践活动。

基于以上所述，接下来的研究可以集中在以下几个方面：口译的特殊交际环境以及此特殊环境对译员翻译效果的影响；专家级译员职业技能和技巧的构成；初级和专家级译员不同认知机制和认知过程的模式化；初级译员翻译能力的习得和自动化过程；口译认知理论在口译教学中的应用和验证等。

曾有一位教授总结做研究的三阶段为："守、破、离"，这对科研工作者有很好的启迪作用。研究在于创新，但是一开始就否定已有的理论和方法，多半会走弯路，或许应有的态度是："守"，先假设已有的理论、方法是正确的，谦虚地学习并掌握它们；"破"，发现已有理论、方法的问题缺点；"离"，建立自己的新理论、新方法，甚至是全新的理论和方法。笔者认为，适当学习掌握并吸收借鉴相关学科研究方法和理论不仅能极大地促进本学科的发展，丰富研究途径和主题，也是口译实践活动本身所涉及的各种问题和现象所决定的。口译实践充满活力和挑战的过程也必定为其他学科研究者带来前所未有的"惊喜"，在相关科研工作者们之间形成互动关系和双赢的学习与研究环境。

推荐阅读文献 ◐

1. Birgitta, E. D., *et al.*, 2011. *Methods and Strategies of Process Research: Integrative Approaches in Translation Studies*. Amsterdam/Philadelphia: John Benjamins Publishing Company.

2. Hansen, G., Chesterman, A. & Gerzymisch-Arbogast, H. 2009. *Efforts and Models in Interpreting and Translation Research: A Tribute to Daniel Gile*. Amsterdam/Philadelphia: John Benjamins Publishing Company.

3. Lambert, S. & Moser-Mercer, B. 1994. *Bridging the Gap: Empirical Research in Simultaneous Interpretation*. Amsterdam/Philadelphia: John Benjamins Publishing Company.

4. Paradis, M. 1994. Toward a neurolinguistic theory of simultaneous translation: The framework. *International Journal of Psycholinguistics*. 9(3).

5. Wadensjö, C. 1992. *Interpreting as Interaction: On Dialogue-Interpreting in Immigration Hearings and Medical Encounters*. (Doctoral dissertation). Linköping University.

第六章
口译产品研究及研究方法

本章要点

- 口译产品的定义、分类和特点
- 口译产品研究的领域
- 口译产品研究的方法

第一节　口译产品研究总论

1. 口译产品的定义

"产品"通常指"经由劳动或努力得到的成果"或"某种过程或行为的结果"。基于这一定义，我们可以将"口译产品"理解为"经由口译过程所得的成果"，它不仅包括语言层面的口头翻译内容，还包括其他层面的交际效果，以及职业规范、用户期待、译员角色等。口译产品是辅助人们在不同语言之间沟通交流的有机整体，是口译活动中各种因素相互作用的结果（图 6.1）。

因此，影响口译产品的因素并不仅仅局限于译员本身，也涉及口译这一社会交际活动的其他方面。例如，在宏观方面，社会语境中的伦理规范、权利关系、意识形态等对口译产品的制约和影响；在微观层面，口译员非语言行为对听众译文接受度的影响等。

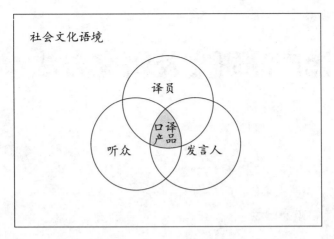

图 6.1　口译产品的影响因素

2. 口译产品的特征

菲利普·科特勒（2001：409）在其市场营销学著作中提出，产品既包括有形的实体，又包括无形的服务或利益。因此，他将产品分解为核心利益、有形产品、期待产品、延伸产品及潜在产品五个层次（图 6.2），称之"产品的整体概念"。

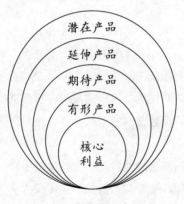

图 6.2　产品的五个层次

核心利益，或核心产品，是指能够满足顾客核心需求的效用或利益，是产品的实质。有形产品是核心利益借以实现的基本形式，如产品的包装、组件等。期待产品指购买者在购买产品时期待得到的属性。例如，在入住酒店时，顾客期待客房室内宽敞、窗明几净。延伸产品，也称附加产品，指产品满足以上三个层次的需求之后，提供给顾客的附加产品特性或利益，从而将自己与竞争者区分开来。例如，电子产品的商家会提供包括免费升级、在线进阶使用教程等各种售后服务。潜在产品，指产品特性的未来发展趋势。（菲利普·科特勒，2001）

　　作为无形的专业服务，口译产品符合以上定义范围。这一分类方法可以帮我们更加清晰地认识口译产品，从而明确口译产品的组成部分。鉴于口译产品作为语言服务的特殊性，我们可以借助这一分类方法，根据口译产品的特点将其划分为如下层次（图6.3）。

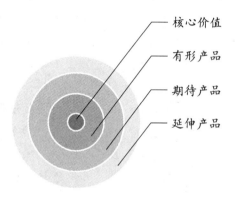

　　核心价值
　　有形产品
　　期待产品
　　延伸产品

图 6.3　口译产品的分类层次

　　口译产品的核心价值是口译活动满足用户的核心需求产生的效用，一般情况下是为了辅助用户进行"有效的多语言、跨文化交际沟通"[1]。在口译活动中，这一抽象的核心价值需要通过译员的具体语言和非语言行为等有形产品实现。例如，在语言层面，译员根据源语与目标语差异所做的增补删减以及译语所体现的文本性、连贯性；在非语言层面，译员在口译现场的手势、眼神、语音语调等。由于口译产品的形成过程常常同时涉及译员、讲话人、听众等多方互动，因此期待产品需要从两个视角来看。从用户的视角看，期待产品意味着用户所预期的口译产品属性。例如，用户对口译产品信息完整度、译员发音质量、表达流畅度的期待等。从译

---

1. 在某些特殊情况下（如外交场合），尽管双方都具备双语能力，但仍使用口译。这时，口译产品的核心价值除了沟通之外，可能还包含权利关系等的体现。

员的视角看，期待产品是译员根据职业规范等因素对自身口译表现的预期。口译延伸产品则从口译产品与社会文化关系的角度出发，包括口译产品对社会历史文化的影响作用、社会对译员职业的认可程度（译员社会文化地位）以及译员各自所持的不同身份认知及定位调整等。

3. 口译产品主要研究回顾

自 20 世纪 60、70 年代的"实验心理学研究阶段"（Gile, 1994b）起，口译研究者们开始通过实证研究的手段探讨口译产品的特征及成因。早期的相关研究大多集中在语言层面，以"源语—目标语"分类对比研究的途径描述口译中增补删减的情况。根据文献检索，最早的口译产品研究可以追溯到奥雷洪及南彭（Oléron & Nanpon, 1965）在《正常心理状态与病理学杂志》上发表的实证研究论文《同声传译研究》。文章中，两位研究者通过定量研究的手段，对同传译文中出现的增补、删减及错误情况进行了计量研究。格尔瓦（Gerver, 1969）同样用定量分析的手段展开实验，撰文探讨《源语速度对同传译员表现的影响》。他将同传译文的"省略、替换、修正"定义为"错误"及"不连续性"（discontinuities），并对其"从属形式"（subforms）作了进一步的分类。无独有偶，巴里克（Barik, 1971）在其博士学位论文中也探讨了口译产品的上述问题，并在《媒它》（Meta）上发表了其博士论文中的部分研究成果——《同声传译中多种省略、增补及错误的描写》。在这项研究中，巴里克转写了六名同传译员的译语录音（每人各译 8 篇，共 48 段录音），并针对译文中出现的省略、增补及错误进行了分类、对比和描述。他发现，资深译员在不同语言方向的口译中表现出程度类似的省略、增补及错误；生手或业余译员则在母语译向外语的时候相对表现更好，而在外语译向母语时出现较多严重的省略、增补及错误。

在 20 世纪 70 年代跨学科趋势的推动下，口译产品研究开始涉及社会文化层面的探索。1976 年，布鲁斯·W. 安德森（Anderson, 1976）撰文《译员角色面面观》，首次从跨文化交际及社会文化语境的角度探讨译员在口译活动中的角色。在该文中，安德森将口译活动视作一种社会文化交际，并通过研究译员在交际活动中所表现的行为、所面对的权利关系和所发挥的作用来建构译员的角色。他认为，译员在交际活动中的角色首先是一名双语者，其立场不一定完全中立，甚至会在交际中占据赋权的地位。在研究结论中，他认为，"任何具体的社会情境都可能对译员角色产生影响"，译员角色问题研究尚需大量的实验证明及理论推演。值得一提的是，1977 年，格尔瓦与辛乃科在意大利威尼斯联合组织召开了北约语言传译及交际研讨会。这是口译研究历史上第一次大规模跨学科的研讨会，会议主题就是"语言传译与交际"。会议上，来自不同学科领域的研究者就语言与交际的问题展开了交流探讨，寻求跨学科合作研究路径。其中，关于口译产品的探讨主要集中在"口译作为一种交际活动"和"译员的角色"问题上。例如，斯坦纳（Steiner, 1975）提出，作为"解码"（decoding）和"编码"（encoding）的口笔译行为是"交际的中心"。贝尔尼埃（Pergnier, 1978）指出，译员不仅是两种语言间的"协调者"（mediator），更是交际双方及其所代表的两种社区的"协调者"。伦尼尔·朗格（Lang, 1978）则以巴布亚新几内亚法庭联络口译为切入点，观察业余口译员的行为。朗格发现，"虽然译员的官方认定角色应当是被动参与者"，但译员在实际口译活动中是非常积极的参与者，其角色有时甚至是"调解人"（intermediary），译员在交际互动中的参与度取决于实际协商情况。基于研究发现，朗格提出有必要进行译员专业训练。除此之外，口译产品的非语言层面研究也引起了一些学者的注意。例如，布鲁斯·W. 安德森曾于 1979 年撰文介绍了一项非语言行为实验，以探索会议口译中的多渠道交际现象。继其实验之后，口译产品中的非语言行为研究不断深入。布勒尔（Bühler, 1982）在沃尔夫兰·威尔斯的论文集《符号学与翻译》（*Semiotik Und Uebersetzen*）中发表文章《翻译与非语言沟通》，从非语言交际的层面探讨其对口译效果的影响。两年后，马格列塔·伯文（Bowen，1984）在奥地利口笔译员协会刊物上撰文《非语言交际》，专题探讨非语言因素对口译产品的影响。此后，波雅托斯（Poyatos，1987）发表论文《同声传译及交替传译中的非语言交际：一个理论模式和新视角》，作为口译研究中最早的非语言模型，该模式"至今仍最能够全面涵盖（口译活动中）语言及情境的符号现象"（Pöchhacker & Shlesinger, 2002: 206）。

进入 80、90 年代的口译研究"新兴期"后，跨学科口译产品研究领域日趋多元化。以社区/对话口译为中心的译员角色研究成为热点之一，涉及语用、语义、语域、语篇等的话语研究成果快速增长，用户期待、口译规范、伦理道德等话题纷纷进入口译产品研究视野。在第十届世界翻译大会上，阿列谢娃（Alexieva, 1984）宣读其论文《同声传译文本的语义分析》，从语义学的角度分析同传译文中的话语，以探讨其对口译效果的影响。克纳普–波特霍夫（Knapp-Ponthoff, 1987）同样从话语分析入手，描述了非专业译员口译产品中的语言特征，探讨译员角色问题。这一时期，译员的角色研究吸引了众多学者的目光。1995 年，首届"关键链接"（*Critical Link*）国际社区口译研讨会在加拿大召开。会议以"社区中的口译员"为题，探讨了社区口译的内涵，交流了各国社区口译的现状以及关于社区口译的标准、评价方式、认证程序等方方面面的内容，社区译员的角色问题成为会上讨论的热门话题。该研讨会的论文集《社区中的口译员》（Silvana *et al.*, 1997）首次以全球的视野呈现出社区口译这一迅速发展的新兴职业的概况。在该论文集中，多篇文章涉及口译产品研究，如福勒（Fowler, 1997）在题为《法庭译员：完美者与入侵者？》的文章中，探讨了译员在法庭口译情境下的角色选择。而桑德拉·黑尔（Hale, 1997）则在其文章《庭审上的译员：法庭口译的语用学》中讨论了译员口译产品的语用效果。值得一提的是，与 1977 年威尼斯会议后续无声的遗憾不同，从 1995 年开始，"关键链接"国际社区口译研讨会每三年举行一次，并发行会议论文集，促进了全球社区口译的研究及实践。除此之外，口译产品的规范研究也日益得到重视。希莱辛格（Shlesinger, 1989）在《目标》第 2 卷第 1 期撰文《将笔译理论向口译延伸：以规范为例》，首次详细探讨了将笔译规范研究引入口译研究范畴的可行性，并提出了规范在口译活动中的形成和延伸。同年，库尔兹在美国翻译协会年会上首次系统地探讨了会议传译中的用户期待，提出口译产品研究的另一个视角。

20 世纪 90 年代后，口译产品研究领域及研究方法进一步多样化，成果数量与日俱增，涉及口译产品研究领域的论文、专著不胜枚举。例如，希莱辛格（Shlesinger, 1994）就"同声传译中的语调"展开实验，探讨听众对口译产品的接受程度。实验中，15 名被试需要听三段分别是同传译员的真实口译原声和由译员根据原音转写成译文朗读出来的录音。

实验结果显示，绝大多数被试更能够理解后者，而非带着"翻译语调"（interpretational intonation）的同传原声。海伦·塔伯（Tebble, 1999）基于 13 场真实医疗口译的语料库展开研究，分析出包括"介绍"、"陈述问题"、"陈述解决方案"等 11 种"类型元素"（genre elements），提出口译交际事件中的几个基本阶段，从而建构出医疗咨询中的事件结构（event structure）。2004 年，克劳迪亚·安吉莱丽（Angelelli, 2004）出版了专著《译员角色再探》（*Revisiting the Role of the Interpreter*）。作为首项跨国研究，作者通过调查、访谈、语料库等研究方法收集了来自加拿大、墨西哥及美国上百名译员的大量翔实的数据，描述了译员在各种口译场合所扮演的角色，展示了译员对职业身份的认知和自身口译行为的看法，证实了译员实际工作与职业理念之间的差距。蒙特斯德奥卡（Montesdeoca, 2006）以西班牙拉斯帕尔马斯的移民拘留中心为例，从符号学的角度探讨口译交际活动，反思权利关系在口译职业、法律、传译和交际层次给译员带来的情景约束。关于译员角色的思考依然是这一时期的研究热点之一。正如波赫哈克（Pöchhacker, 2006）所说，15 年前仍处于边缘地位的口译研究正经历着一场社会文化研究范式的新转变，越来越多的人从社会文化的角度入手探讨口译产品的各个层面。

　　与西方相比，中国的口译产品研究起步稍晚，初期主要是在口译教学研究中提及口译产品的特征，并以辅助教学为目的对其分析分类。（陈菁，1997）进入 21 世纪后，以口译产品为对象的研究逐渐增多。例如，芮敏（2001）从口译译文的"语言特色、语体类型及特征的把握和转换等方面"分析口译语体问题，建议译员提高语体意识以改善口译表现。刘林军（2004）从话语基调理论出发，结合实证研究和同声传译的特点，阐述了同传译员在传译过程中的角色定位，认为译员要依据交际双方的关系来定位自己的角色，并在把握发言主题和选用合适的表述方式传递信息方面发挥自己的作用。张威（2009c）则通过观察同传译文的省略现象，探讨认知记忆在同声传译实践中的作用。与西方一致的是，译员角色及用户期待也是中国口译产品研究的热点话题。朱耀华（2005）、张凤兰（2009）、张威（2009a; 2009b）等从不同角度入手，对此领域展开了研究。值得一提的是王斌华（2009）的博士论文《口译规范描写及其应用》。该论文首次通过系统性描写研究呈现出译员口译行为及活动中的

"实际规范"，并构建了以规范为基础的译员能力及口译质量评价模式。

第二节　口译产品研究领域

正如上文所提及，口译产品的核心即辅助用户进行"有效的多语言、跨文化交际沟通"，具体针对核心产品的研究大多涉及口译质量评估等内容。由于第七章将对该研究领域专门论述过，此处不再赘述。下面将仅就口译的有形产品研究、期待产品研究及延伸产品研究等几个层次展开，各层研究又将细分为不同的研究方向。

1. 口译的有形产品研究

口译的有形产品是口译核心产品的载体。在口译活动中，口译核心产品通过译员语言和非语言行为的形式实现。有形产品大多较为直观，如译员根据源语与目标语差异所做的增补删减、译语所体现的文本连贯性、译员在口译现场的手势、眼神和语音语调等。本类研究主要可以分为语言和非语言两个层面（非语言层面包括身势体语和副语言），这两个各自再进一步细分出不同的研究主题和方向（见图6.4）。需要指出的是，这些分项之间不是互相独立和唯一的，可以在研究中交叉探讨。

口译有形产品在语言层面的研究路径主要由语言学的各个方面组成，如源语与目标语的对应、词法、句法、语用、语义、文类、语域、篇章连贯等；研究方法多采用实证研究中的描写法、实验法、语料库研究方法等。早期的有形产品研究（Oléron & Nanpon, 1965; Gerver, 1969; Barik, 1971）主要针对译文中增补删减的情况进行计量、描写和解释，对口译产品文本的研究很大程度上受到以罗伯特·德·伯格兰德为主的文本语言学产品研究路径的影响。（Pöchhacker, 2004: 140）直到20世纪80、90年代，研究者开始从"社会文化交际"的角度研究口译有形产品的语言层面。1992年，波赫哈克提出会议口译的"文本性"（textuality）后，阿列谢娃（Alexieva, 1997）撰文《译员协调事件的类型》予以支持。该文从社会交际互动的角度将口译文本及事件的类型分成了六种参数，构建了译员在不同场合下的工作语境。除此之外，话语分析也是口译产品研究的常见路径之一。一般来说，话语分析主要应用于书面文本。事实上，口译产品研究中的"话语"不仅指交际中的"口头话语",也适用于转写的译文,甚至是口译的整个交际沟通过程。

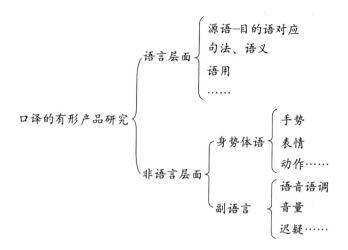

图 6.4 口译的有形产品研究主题

口译有形产品在非语言层面的研究属于口译跨学科研究视角之一,涉及心理学、社会学、社会语言学等学科理论及研究方法,主要研究对象有译员的身势体语、副语言两大方面,从而描述或解释译员与发言人或听众之间的非语言交际沟通。自 20 世纪 70、80 年代开始,口译研究者们就把目光投向了口译中的非语言行为,如布鲁斯·W. 安德森(Anderson, 1979)及巴尔扎尼(Balzani, 1988)的两项非语言行为实验,以及布勒尔(Bühler, 1985)及波雅托斯(Poyatos, 1987)对多渠道交际沟通的建构。20 世纪 90 年代以来,多位学者(Shlesinger, 1990/1994; Angela, 2002)针对该问题从用户期待、口译质量等角度展开过实验研究。随着口译研究的"社会转向",非语言层面的口译产品研究也进入了社区口译研究的视野,学者们通过观察描述不同社区口译场合中译员和用户的非语言行为探究口译活动的社会文化影响及作用。例如,巴哈迪亚(Bahadir, 2010)通过研究难民营、拘留所、监狱等口译员的眼神和声音后指出,译员在权利关系悬殊的口译场景下既需表达各方立场,又要协调双方沟通时所面临的角色挑战,提出了专业译员需要在口译活动中保持敏感，从而合理应对作为中间人和交际第三方所面对的风险和机遇。

2. 口译的期待产品研究

　　期待产品是口译产品整体概念的第三个层次，涉及到用户及译员对口译产品的预期属性或效果等方面。例如，用户期待译员能够保证译语信息完整、表达流畅、发音悦耳（张凤兰，2009）；而特定的一些用户则期待译员具备一定的专业知识，使用较为正确的科技术语等（张威，2009b）。

　　对用户期望的关注最早在艾赫贝尔的《口译须知》中就有所提及。塞莱斯科维奇（Seleskovitch, 1986）在其文章《谁应评价译员的表现？》（Who Should Assess an Interpreter's Performance?）中也提到口译效果应由听众评判。事实上，直到 1983 年才有学者（Stenzl, 1983）在其学位论文中首次提出用户期望研究的必要性。此后，自 1989 年库尔兹在美国翻译协会年会上就"会议口译—用户期望"为题的发言开始，用户期望研究得到了越来越多研究者的关注。库尔兹（Kurz, 1993a; 1993b）分别在《哲罗姆季刊》（The Jerome Quarterly）第二期和《口译员通讯》（The Interpreters' Newsletter）第五期撰文具体探讨不同用户群体对口译产品的期望。库尔兹得到了莫瑟–梅瑟（Moser-Mercer, 1996）及沃澳里柯斯基（Vuorikoski, 1998）等人的支持，他们分别撰文进一步分析用户期望，并从用户反馈的角度考察会议传译产品的质量评估及改善。马克和卡塔卢匹（Mack & Cattaruzza, 1995）则以用户问卷调查的方式了解用户眼中的同声传译质量。2001 年，库尔兹（Kurz, 2001）又以《会议传译：听众耳中的质量》为题撰文，通过调查研究的方式描述用户理想中"令人满意的会议传译"，提出应当在译员口译服务评估中加入用户期望指标。朱耀华（2005）通过分析客户期望指出客户单方面评价口译产品的局限性，提出"需要加强客户期望具体方面的专化研究"。关于口译用户期望的研究也涉及译员具体的口译表现，如张凤兰（2009）通过问卷调查法分别让台湾彰化师范大学 121 名学生听众和大陆东北大学 89 名学生就 4 位口译员的口译表现打分，调查结果显示"在译文内容无虞的情况下，口译员发音愈标准听众觉得愈专业，专业程度和听众的喜好程度呈现高度的正比关系。像播音员一样字正腔圆有加分作用，但并非必要"。而张威（2009b）则以科技口译为例，调查用户对口译产品的期望。研究发现，口译用户更重视科技口译的内容，而不太注重科技口译的形式。

除此之外，口译规范也是期待产品研究的另一个重要话题，该领域的研究自20世纪80年代末兴起。希莱辛格（Shlesinger, 1989）首次详细探讨了将笔译规范研究引入口译研究范畴的可行性，并提出规范在口译活动中的形成和延伸，并得到了布莱恩·哈里斯等学者的响应。（Harris, 1990; Schjoldager, 1995; Garzone, 2002）。施卓德杰（Schjoldager, 1995）也撰文《笔译规范引入同声传译的探索性研究：方法论反思》予以响应。基于国外口译规范研究的成果，中国学者王斌华以总理记者招待会交传语料为例，采用描写性研究方法，首次系统地呈现出会议口译产品"认定规范"与"实际规范"的关系，构建了以口译规范描写为手段的口译评估模式。

回顾关于口译期待产品的研究，不难发现，研究对象大多涉及用户期待、译员表现、口译规范及实际效果等方面。正如吉尔（Gile, 1989: 25）在其博士论文中所说，这些研究问题的症结归根结底在于"用户对于口译产品的需求和期待或许并不总是与译员自己所了解的一致"。因此，总结口译期待产品研究的方方面面，可以看到在产品输出过程中存在着许多层次的差距（图6.5）。

图6.5中所提及的三个主要差距导致了期待产品的差异。首先是译员和用户之间的认知差距，即译员不能总是正确地了解到用户的全部需求。其次，尽管译员能够尽可能正确地认识到用户的需求，仍然存在译员自己的期待产品与实际口译产品之间的差距，这里可能涉及到译员能力等问题。第三，用户期待与实际口译产品的差距，即用户对口译产品的接受度和感知度。例如，译员为了保持中立，交际沟通参与度较低，但用户误解为译员没有尽职工作。因此，在口译活动过程中，译员根据对各阶段差异的持续感知不断调整口译产品输出，以达到用户期待中最理想的口译产品效果。同时，用户也根据所接触到的实际口译产品不断调整自己的对口译的认知，并对口译产品的输出产生影响。

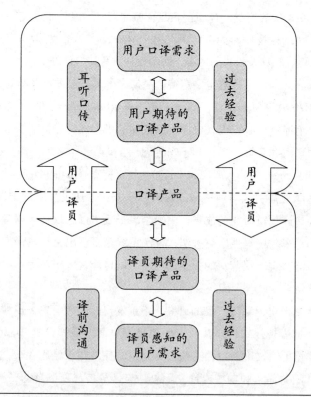

- 差距1：译员和用户之间的认知差距。译员不能总是正确地了解到用户的全部需要。
- 差距2：译员期待的口译产品与其所产出的实际口译产品之间的差距。
- 差距3：用户期待的口译产品与其所感知的实际口译产品之间的差距。

图 6.5　口译期待产品研究

3. 口译的延伸产品研究

延伸产品与期待产品息息相关，主要从口译产品与社会文化关系的角度出发，探讨译员及口译产品对社会文化的影响作用（如口译历史研究、口译社会文化研究等），从而得出社会对译员职业的认可程度（译员的社会文化地位）、译员自我身份认知、角色定位及权利关系调整等。这三者相互影响，互为因果（见图 6.6）。

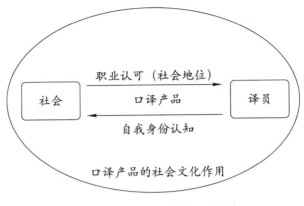

图 6.6　口译的延伸产品研究

　　尽管口译较笔译历史更为久远，但由于口译活动本身的特点，流传下来的相关文献史料并不丰富。因此，针对口译历史的研究至今相对较少。与史料研究相同，大多数的口译历史研究都旨在探讨口译产品的社会文化作用。根据文献检索分析，关于口译历史较早期的研究有伯文在 1984 年第 25 届美国翻译协会年会上发表的论文《会议传译简史》和 1985 年在《媒它》第一期上发表的《纽伦堡审判：经由翻译的沟通》。(Bowen, 1984; 1985) 中国学者黎难秋在其 1996 年出版的专著《中国口译史》中，则通过对文献的历时研究，系统介绍了中国历史上各领域的口译活动，探讨了口译在中国历史文化发展中所起的作用。弗兰西斯卡·盖巴的专著《同声传译的起源：纽伦堡审判》(Gaiba, 1998) 首次针对同声传译这一职业的发展源头进行了系统研究，通过史料收集和文献梳理描述了 1945—1946 两年间纽伦堡审判中的同传活动，不仅探讨了同传作为纽伦堡审判关键一环的历史作用，也填补了相关研究的史学空白。次年，威尔斯（Wills, 1999）出版专著《二十世纪的口笔译》一书，以德语翻译为例展开了一项涉及奥地利、瑞士及德国的口笔译史学调查，探究 1950 到 1995 年间的口笔译教学、实践及研究。通过描述性研究，威尔斯指出了口笔译在不同语言及文化沟通中不可或缺的社会作用。日本学者鸟饲 (Torikai, 2009) 在其专著《隐形的声音：二战后日本外交译员》中，通过访谈五位杰出译员，记录了他们在二战后日本担任译员时的口述历史。依据布尔迪厄的理论，作者讨论了战后日本社会文化语境下的译员角色、译员的自我身份认知及译员的（隐）显身性。在 2010 年出版的论文集《口笔译员职业群体（2）：角色及身份问题》中，鸟饲（Torikai, 2010）基于其上述研究撰文进一步探讨了二战后日本外交译员的文化意识，发现尽管五位受访译员均未意识到自己作为"文化中间人"的角色，但他们都在历史上的跨文化交流中起到了关键作用。

以上的口译产品历史研究大多证明了口译在社会文化发展中的重要作用。基于对这种作用的认同或否定，就有了人们对口译职业、口译活动或口译员的认知，从而决定了口译员的社会地位。相对地，这种社会地位的变迁和流动也在某种程度上影响了口译员对自我的身份认知和角色定位。因此，口译产品中的角色研究主要有两个视角，一是社会对译员的角色认知，二是译员对自我角色的定位。

译员角色研究最早的是布鲁斯·W. 安德森（Anderson, 1976）的《译员角色面面观》。该文首次从跨文化交际及社会文化语境的角度探讨了译员在口译活动中的角色。贝尔尼埃（Pergnier, 1978）指出译员不仅是两种语言间的"协调者"（mediator），更是交际双方及其所代表的两种社区的"协调者"。朗格（Lang, 1978）则以巴布亚新几内亚法庭联络口译为切入点，观察业余口译员的行为。朗格发现，"虽然译员的官方认定角色应当是被动参与者"，但译员在实际口译活动中是非常积极的参与者，其角色有时甚至是"调解人"（intermediaries），译员在交际互动中的参与度取决于实际协商情况。伯文（Bowen, 1987）在美国翻译协会年会上发表论文，指出会议口译译员在国际交流中的"咨询员"（consultant）角色及作用。詹尼特·阿尔特曼（Altman, 1989）也撰文探讨译员角色，通过调查研究的方式描述译员在交际过程中扮演的多种角色及其对口译质量的影响。自 20 世纪 90 年代起，以联络口译为主要形式的社区口译得到研究者越来越多的关注。以瓦登斯约（Wadensjö, 1992; 1993; 1995）为主的学者们从社区口译的各种形式入手，描述译员在真实工作现场扮演的角色。之后，越来越多的学者通过问卷、访谈、话语分析等渠道从不同视角构建译员角色，发现译员角色并非是"隐形"的，而是承担着可见的"交际协助"（communication facilitator）、信息解释等责任，属于对话中的一方。（Roy, 2002）除了从口译服务使用者的角度和研究者的第三方视角进行调查分析、观察描述外，研究者们也从译员本身入手，审视其对自身角色的认知。伊莱恩·谢（Hsieh, 2008）通过深度访谈和实地观察等方式调查了 26 名职业译员（涉及 17 种语言）发现，职业译员实际扮演的角色与口译课程中所学的不同。赫莱兹（Herráez, et al., 2009）等学者通过问卷调查和结构式访谈研究了西班牙社区口译员在医院、社会服务、突发事件、安全部门以及法庭等不同工作场景中对自身的认知，构建译员角色。该研究从语域、口译策略、客户关系等方面入手，发现虽然译员会根据不同机构的特点进行自我调整，但在大多数情况下，都会超越职业操守要求的角色范围，发挥更多的功能。

第三节 口译产品研究的方法

回顾口译产品研究的主要文献成果，可以发现不同的口译产品分类既有共通的研究方法，如观察法适用于大多数研究话题，也有各自的常用研究方法，如延伸产品研究中的口译历史研究多使用文献法等（图 6.7）。需要指出的是，没有任何一种研究方法是唯一的或排他的，研究者可根据实际情况选择合适的研究方法。

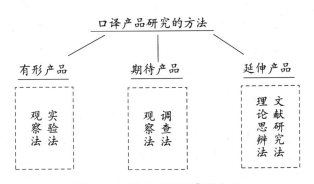

图 6.7 口译产品研究常用方法

1. 有形产品的实验法研究实例

随着口译研究跨学科的趋势不断增强，越来越多的研究者开始采用实证研究的路径探究口译问题及现象背后的原因。在口译产品研究中，实验法常常被采纳作为有形产品的研究方法。

彼得·米德（Mead, 2002）采用反省法展开实验，通过比较专业译员与学生译员的反省内容，了解口译产品中出现迟疑的原因。在研究初期，米德先通过前期测试，把停顿的解释原因分为五组，即：（1）遣词造句的困难（词法、语法）；（2）笔记造成的困难（无法辨识）；（3）逻辑疑问（这样表达是否合理）；（4）无特别原因；（5）其他原因。然后展开如下实验，对比了三组被试口译产品中的迟疑现象及原因。

口译产品迟疑现象研究实验表

文章题目	Exploring Hesitation in Consecutive Interpreting（Mead，2002）
研究方法	实验法
研究问题	比较专业译员与学生译员对迟疑的解释：(1) 不同训练阶段和经验间的差异；(2) 意大利语（母语）与英语（二语）间的差异。
研究目的	探寻译员眼中交传中出现迟疑的原因
研究对象	1. 被试数量：45 名被试（39 名女性；6 名男性）。 2. 被试分组：按照专业译员、低年级口译学生、高年级口译学生分成 3 组（每组 15 人）。 　*专业译员：10 年经验以上 10 人，2 人常年供职欧盟。 　*低年级口译学生：三年级。 　*高年级口译学生：四年级。 3. 语言组合：除一人是英意双语外，其余均为意大利语（母语）与英语（二语）。
口译材料	1. 材料内容 英—意：英国教授对学生谈英国对欧洲的态度。 意—英：意大利记者对工业家讲 1973 年石油危机的全球影响。 2. 材料难度 研究者做了如下对比后，确认难度合适并相当： a. 都是当代历史及时政。 b. 都不含特殊专业知识或针对特殊专业人士讲解（Gile, 1995a: 216）。 c. 都属于即兴演讲，没有讲稿或演示稿。 d. 长度一致（3 分 50 秒和 3 分 40 秒）。 e. 信息密度相当，内容都可分为 10 个得分点。 f. 均速相当（英—意：每分钟 127 词；意—英：每分钟 119 词）。
研究程序	1. 时间跨度：1999 年 1 月至 2000 年 2 月。 2. 每位被试均做"英—意"以及"意—英"口译，或同一场完成，或分开完成。 3. 考虑过使用观众，但因为如下原因没有采用： a. 录音地点不同，有时在被试家里，几乎不可能安排观众到每一个场景。 b. 在大学里，除招募译员之外，还招募观众的话，可能会减少受试译员的数量。 c. 如果不能保证观众全部一致，会影响数据结果的一致性。

（待续）

（续表）

文章题目	Exploring Hesitation in Consecutive Interpreting（Mead，2002）
研究程序	4．实验步骤 　a.介绍实验程序。 　b.口译材料背景：书面介绍 。 　c.被试先听源语并口译（研究者同时录音）。 　d.被试口译结束后，播放译语并评论主要停顿点或集中出现迟疑的地方。 　e.转写，并按照之前的试测将评论内容分类。 备注： 　A．由于交传基本上用时3—4分钟，而平均停顿点是每分钟25次，所以无法针对所有停顿点评论。因此，小于0.01秒的停顿一般不做评论。 　B．研究者尽量避免引导性的问题如"这里是否因为词汇问题出现迟疑？"，而应问"这里的迟疑是有什么特殊原因吗？"
研究结果	1．统计方法及目的 　方差分析：确认不同训练阶段和经验是否会带来差异。 　T-test：比较不同语言方向是否存在差异。 2．统计结果 　a.不同训练阶段和经验： 　*随着经验积累、训练增多、言外技巧和策略提升，结构方面的问题会减少。 　*专业译员比口译学生出现更多无法解释的迟疑，两种语言方向都是如此。 　b．不同语言方向： 　*只有三年级学生认为"意—英"口译存在比较多的语言困难。 　*"英—意"口译普遍存在较多非语言层面问题，比如逻辑、笔记等。
研究结论	1．证明了三位学者的观点（Weber, 1989: 163; Thiery, 1981: 100; Gile, 1995a: 97），即口译的产出过程并非完全自动化。 2．根据受试对于迟疑这种表达困难的解释，口译很大程度上也取决于译语和源语的非自动化处理过程。 3．语言层面和非语言层面的知识和技能达成口译过程的流利度同等重要。

2. 期待产品的调查法研究实例

在探求口译期待产品所涉及的各方观点的过程中，调查法是最经常使用的方法之一。到目前为止，已有许多口译产品研究采用问卷调查、焦点小组或个人采访等方式，从不同角度探究译员对自身职业的认知、用户对译员的期待、用户对质量的要求等。库尔兹通过会议听众开展问卷调查的形式，了解听众对口译质量各项指标的重视程度。在回顾前人研究的基础上，库尔兹（Kurz, 1989; 1993; 2001）采用了布勒尔（Bühler, 1986）提出的语音、语调、流利度、逻辑性、信息一致、信息完整度、语法及术语等八项指标，针对三组共 124 名会议口译听众展开调查，会议主题涉及医药、质控、国际政治等方面。在获取问卷数据后，库尔兹将统计结果分项计算并与前人研究进行对比，探讨了将不同听众放在各项指标上的权重及其原因。

3. 延伸产品的文献法研究实例

　　文献法通常用于梳理研究课题的历史研究进展，从史料或文献的收集过程中分析事务之间的关系，多见于口译延伸产品的研究中。例如，鸟饲（Torikai, 2009）通过口述历史的方式，收集五名口译员的生平纪实及相关文献资料，了解他们如何认知自身的译员角色，并借鉴社会学中的相关理论进行分析和分类，从而构建出二战后日本外交口译员的角色，探讨其隐/显身性，以及他们对语言、文化和交际的了解。

　　在龙惠珠（Lung, 2009）的研究中，研究者首先介绍了中国古代文化中的世界观，以及历代朝廷中的外事部门及职能，然后通过具体的史料归纳出梁朝、隋朝、唐朝等时期外事场合中译员所扮演的角色。在此基础上，研究者进一步梳理了大量历史记载和文献档案描述，并论证了中国古代历史上这些外事译员的口译笔记如何成为当时史书编纂的依据。

推荐阅读文献 ◐

1. Lambert, S., & Moser-Mercer, B. 1994. *Bridging The Gap: Empirical Research in Simultaneous Interpretation*. Amsterdam/Philadelphia: John Benjamins Publishing Company.

2. Wadensjö, C. 1992. *Interpreting as Interaction: On Dialogue-Interpreting in Immigration Hearings and Medical Encounters*. (Doctoral dissertation). Linköping University.

3. Pöchhacker, F. 2006. Going social?: On the pathways and paradigms in interpreting studies. In Pym, A. Shlesinger, M. & Jettmarová, Z. (Eds.), *Sociocultural Aspects of Translating and Interpreting*. Amsterdam/Philadelphia: John Benjamins Publishing Company. 215-232.

4. Sela-Sheffy, R., & Shlesinger, M. (Eds.), 2010. Profession, identity and status: Translators and interpreters as an occupational group. Special issue of *Translation and Interpreting Studies*. Amsterdam/Philadelphia: John Benjamins Publishing Company. 4(2):1-10.

5. Hansen, G. Chesterman, A. & Gerzymisch-Arbogast, H. 2009. *Efforts and Models in Interpreting and Translation Research: A Tribute to Daniel Gile*. Amsterdam/Philadelphia: John Benjamins Publishing Company.

第七章
口译质量评估研究及研究方法

本章要点

- 中国及西方口译质量评估研究概览
- 口译质量评估的研究方法
- 进一步研究建议

第一节　口译质量评估研究概论

自口译研究兴起以来，口译的质量或与质量相关的问题一直是口译研究领域的重要主题。口译作为一种产品，其质量的优劣一直是研究者、培训者、从业者及用户关注的重点与焦点。但是口译产出转瞬即逝、无固定形态的特性，给口译质量的观察、评价和测试带来了相当大的难度。因此，数十年来口译的研究者和从业者带着不同的研究视角和研究目的，从不同的领域对口译的质量问题进行了探索，试图把握这一转瞬即逝的活动的质量特征。格比奇在对口译质量研究进行梳理回顾之后，发现在前人眼中，口译的质量"可以被视为质量标准的完成（Déjean Le Féal, 1990: 155）、一个（充分）战略过程的结果（Kalina, 1998; Riccardi, 2003: 257）、某一遵循规范的行为（Shlesinger, 1997: 124; Garzone, 2002: 116）、伦理上的责任（Kurz, 1998: 392）、对顾客期望值的满足（Schmitt, 1998; Zauberga, 2001: 279）、实际服务与期望服务的平衡（Kurz, 2003: 17）、互动性的概念建构（Bot, 2003: 40）"（Grbić, 2008: 236）。这说明口译质量这一理念很难从单一视角去定义或解释，而目前学界对口译质量的概念尚无统一的定义与标准也限制了对口译质量及质量评估的进一步讨论。

　　20 世纪 50 年代西方出现了一些以经验总结和规范介绍为主的口译著作，其中艾赫贝尔的《口译须知》对译员口译产出规定性的介绍已经初步涉及到了口译质量评估的重要指标。随着口译研究在西方的逐步发展，在口译质量研究方面，研究者们或是对质量的各分项指标进行观察和测量（Barik, 1969; 1971），或是有意识地从整体角度探讨口译质量问题。到了 20 世纪 90 年代，莫瑟–梅瑟（Moser-Mercer, 1996）针对口译质量评估研究中的研究方法问题提出建议，认为口译质量评估的目的决定其评估模式，并将评估目的分为三大类，即面向口译职业实践（包括从用户角度出发和从雇主角度出发）的评估、面向口译教学的评估以及面向口译研究的评估，其相应的评估模式则分别为评价（即了解自然状态或口译现场的口译服务质量的手段）、评定（即在教学中了解学员对口译技能掌握情况的手段）以及测量（即分析语言实验室条件下口译成品以达到科研目的的手段）。

　　本章将从口译质量评估的三大目的出发，从面向口译职业实践的口译质量评估、面向口译教学的口译质量评估和面向口译研究的口译质量评估这三个方面对中西方口译质量评估的研究进行回顾与介绍，然后对口译质量评估研究的方法进行梳理与总结，最后给出进一步研究的建议。

第二节　面向职业实践的口译质量评估研究及其研究方法

1. 面向职业实践的口译质量评估：研究概览

　　1986 年，布勒尔（Bühler, 1986）就口译质量问题向国际会议口译员协会的会员发出问卷，试图从译员的角度推断出用户对会议口译质量的期望值。可以说，这是第一个从用户对口译质量期望值的角度来进行的实证研究。在研究中，布勒尔假设缺乏源语知识的译语用户更可能通过口音是否地道、声音是否悦耳、产出是否流畅等非内容性指标来判断译员的口译质量，要求受访的译员按照自己对用户质量期待的推断，按照"非常重要"、"重要"、"不那么重要"、"不相关"这由高到低四个标准对 16 项口译质量评估指标进行排序，排名前 9 位的依次是：（1）源语意思的转译；（2）译语前后一致；（3）翻译的完整性；（4）译语的语法正确；（5）译语与源语风格一致；(6) 术语准确；(7) 语音语调正确；(8) 翻译流畅；(9) 声音悦耳。虽然这项研究只收到了 41 名译员的回应，但是她的研究假设、研究对象和研究手法对后来的研究者有着深远的借鉴意义。

本着用户比译员就用户期望值更有发言权的想法，库尔兹（Kurz, 1989）使用布勒尔 16 项质量指标中的 8 项指标，在参加国际会议的代表中进行调查，进一步从用户对口译质量期望值的角度进行研究。这一研究中出现了一些有趣的现象：在涉及到内容的指标上，如译语意思正确与否、译语是否前后一致、术语准确与否等，用户与译员的看法是一致的，即都认为这些指标最为重要；而其他的指标，如语音语调、声音是否悦耳、语法是否正确等，口译用户却有着与布勒尔研究中受试译员们不同的看法。受到这一分歧的启发，在后续的研究中，库尔兹（Kurz, 1993; 2001）假设不同用户群体对口译质量要求不同，但是其研究结果仍然指向了 1989 年的研究发现：口译用户和口译员在逻辑连贯、术语准确性等指标上的看法一致；在其他口译质量指标的重要程度上存在不同意见，他们对口译产出的全面性仍然十分强调，但并不像译员那样重视声音是否悦耳、口音是否地道、译语产出是否流畅等指标。

阿尔特曼（Altman, 1990）开展了两次问卷调查，从口译从业者的角度了解其对决定译员角色及交流效果因素的看法。第一次调查面向在布鲁塞尔工作的 40 名欧共体译员，第二次面向国际会议口译员协会会员。两次调查的受试者认为，如果国际会议上译员未有效传达某一信息点，则极有可能影响交流的顺利进行；此外，出于怕丢面子或其他原因，会议代表有时会将自己疏忽造成的失误归咎于译员，使译员成为替罪羊。在发现自己的工作伙伴出现错误时，两组受试者都表示不会进行干预，以维持友好的工作氛围，避免工作关系紧张给自己造成心理压力。在语言方面，受试者对自己在交传中润色源语发言的能力信心十足，但由于担心超越自身角色，往往不会这样去做。受试者对接力口译的交流效果基本持负面看法，不仅表示自己不愿意使用接力口译，而且认为其对自己的口译表现有负面影响。在被问到影响译员跨越交流障碍的因素时，受试者列出了 11 个因素，其中排前两位的是主题知识和输入声音的音质。

米克（Meak, 1990）向参加过国际会议的 10 位专业领域不尽相同的意大利医生进行了问卷调查。问卷包括九个问题，涉及到口译的不同方面。米克的研究表明，同一用户组的不同个体对口译质量指标的侧重也不尽相同，但在涉及主题知识和术语方面同一用户组的不同个体基本态度一致。

同年，吉尔（Gile, 1990）在用户期望值的个案研究中向参加一场使用英法同传的医学会议的代表发放问卷，要求他们用 5 个等级（很差、差、一般、好、很好）来评价整体质量、语言产出质量、术语使用、忠实度、声音质量和流畅性这几项指标。调查结果与以往的研究结果类似，用户大多认为与内容相关的指标最为重要，流畅性的重要程度次之。研究中有趣的地方是，不同国籍的评估者对译员产出的整体评价也有所不同。次年，吉尔（Gile, 1991）提出，口译用户对口译质量的评价取决于其当时当地的具体需求，虽然存在着普遍适用的质量指标，但对译员口译质量的整体评价往往受到其具体需求的差异影响而体现出较大差别。

吴碧琴（Ng, B. C., 1992）假设在会议口译工作中，选用合适的话语级别（speech level）对英日同传十分重要。在研究中，10 位可能会采用会议口译服务、母语为日语的人士被邀作为评估者（5 名男性、5 名女性，都是在澳大利亚的日本人，且具有一定的英语知识）。研究要求他们观摩学生的口译录像，并对口译表现进行主观评价。整个研究分两个阶段进行，第一阶段着眼于受试者的直接主观感受，第二阶段侧重于了解受试者对一些细节性问题的回答。所有的受试者都看重译语是否容易理解，并期待译员详细解释源语里的模糊性内容。在语言方面，受试者对不断出现的选词不当以及过多补白十分反感。在其他的语言指标上，女性受试者对语法错误和使用不当的话语较为敏感，而男性受访者在语言方面的评价主要集中在选词和口译产出的流畅性等指标上。此外，受试者普遍觉得话语级别对会议口译与商业口译的重要性比对社区口译的重要性要大。

马龙（Marrone, 1993）的个案研究从用户对口译的期望值及其评价这两个方面对一场使用德—意交传服务会议的 87 名用户进行调查，要求受试者回答关于其个人偏好、单次口译时长、译语语速等涉及口译质量指标的问题。其研究表明，用户对涉及内容的指标如译文的完整性、忠实度以及术语的准确性最为看重，其次才是与声音相关的质量。

受到布勒尔、库尔兹和吉尔研究的启发，安德泽伊·科普钦斯基（Kopczynski, 1994）向波兰的 57 名会议口译参加者（发言人、听众）进行了一项调查，旨在了解他们对会议口译的态度及期望值。受试者按照职业被分成人文组、科技组、外交组三组。调查表明，全部受试小组更倾向于认为内容而不是形式是口译的主要功能，而且尤其重视内容的细节程度以及术语的准确程度；认为最难以接受的是术语使用不当；都更加偏向于译员的影子角色（ghost role），但同时也赞成译员有时应采取适当干预。

国际会议口译员协会 1995 年发布了针对会议口译用户进行的一项调研，旨在了解这些用户对口译的期望值。这一调研假设不同用户对口译质量可能会有不同的期望值，对技术含量较高、专业性较强的会议尤其如此。基于这些假设，该调研提出的研究问题包括：（1）从用户角度来看，好的口译要具备哪些因素？能否从受访者的回答中推断出好的口译必须具备的因素？（2）用户对口译质量的各项标准如何排序？这一排序是否可靠？（3）用户的期望值是否会受到不同环境（如不同会议类型）的影响？或者是不论何种会议类型的用户都会有一些基本通用的期望值？为了回答这些问题，从 1993 年秋至 1994 年春，94 位译员在世界各地的 84 场会议上进行了 200 多次访谈。访谈对象均为与会代表，在代表身份（听众或发言人）、会议口译熟悉程度（首次使用、偶尔使用还是经常使用）、性别与年龄结构、参加会议多样性（形式、规模、主题、互动程度等方面的多样性）等方面均存在很大差异。根据会议的不同类型，受访者被分为五个不同小组。在期望值方面，几乎所有受访者主动提到的前四项最重要的因素分别为内容准确性、同步性、修辞技巧和声音质量。但是在排序方面，较大差异显示在用户对口译的熟悉度上：初次使用会议口译服务的用户最为重视修辞技巧，其次才是内容的准确性。此外，调研还了解了用户对口译其他问题的看法。

加拿大"伦敦文化口译中心"（London Cultural Interpretation Service）的内森·嘉宝和莫菲特—林德斯（Garber & Mauffette-Leenders, 1995）介绍了该机构就译员的口译准确度、干预合适度以及道德水准等质量指标向用户进行了一项调查，目的是了解非英语口译服务用户是否能够提供有意义的评估反馈。调查采取问卷形式，调查对象既包括非英语口译服务用户也包括译员。调查的结果显示，用户反馈所反映的多为消费者的满意度而不是译员的能力。因此，对译员能力的衡量只能通过语言和口译相关的测试。

阿道夫·詹蒂尔（Gentile, 1995）认为，不论是社区口译还是其他形式的口译，都应该采用同样的标准；不论处在何种场景之下，译员的功能就是协助交际中语言不通的交际者交换信息。关于社区口译标准方面的主要问题在于社区口译员工作的私密性以及缺乏培训。他还认为，社区口译认证的难度在于多种语言之间认证标准的可比性、认证专家组的稳定性以及认证标准的操作性。

莫瑟–梅瑟等（Moser-Mercer et al., 1998）从口译质量的定义入手探讨了口译质量问题。她认为，职业口译的最优标准意味着议员要提供完整、准确的译文，不扭曲原意，并试图捕捉发言人在某种外部条件限制之下传递的任何或全部言外信息。口译的服务对象是不懂源语的人士，因此不能从狭隘、抽象的意义上将质量理解为源语信息固有的内容。1998年，莫瑟–梅瑟等人探寻了同传时间延长对口译质量及译员生理、心理压力的影响，认为译员工作超过 30 分钟就可能面临由生理、心理压力增大所造成的质量下降的风险。她据此研究结果提出，在标准工作条件下，同传每轮工作时长不超过 30 分钟的建议。

希莱辛格等（Shlesinger et al., 1997）总结了在一次口译研究工作小组会议上关于同声传译质量研究方面争议最大的两个问题：(1) 口译质量是对谁而言？是否包括那些有译员出现的交际场合的参与者，而这些参与者最终将会对口译质量进行评判？(2) 方法论问题，即研究口译质量问题的最佳方法是什么？关于第一个问题，代表们的意见不一，有的继续提出会议代表的不同国籍和不同身份会影响其对质量的评判；有的提出同声传译的不同使用场合（如电视口译）也会影响用户对质量的评价；有的提出不仅应该从听众的角度来考量同传的质量问题，还要从发言人的角度来考虑，因为听众不但可能存在着无法理解源语的缺陷，而且在源语发言本身存在缺点的情况下，听众有可能误认为缺点来自于译员的口译。在质量研究方法论方面，代表们一致同意不应只接受主观性过强的质量评估，而且在评估时也应将会议类型、场合特点等因素纳入考虑范围之内。译员的译语也应从三个层面来加以分析：(1) 源语与译语的对比；(2) 译语作为一个完整的口译产品，其自身的听觉、语言和逻辑特征；(3) 译语是否具有有用性和可理解性。在同声传译质量评估方面，最常见的研究方法是问卷调查。这是被视为收集用户对质量看法最直接的科学方法，是机构和学者经常使用的研究手段。此外，其他的质量测试法，如瑞典政府翻译资格考试中使用的意义承载单位（Meaning Carrying Elements，MCEs，即实际文本中传达信息的字词数）理念、基于对认知结果的调查、译员的自我监控与自我分析等。

水野彰等（Snelling, Martinsen, Mizuno, *et al.*, 1997）指出，在日本的媒体机构每天都有 200 多名译员在做口译工作，仅在日本广播协会（NHK）每天就有 80 名译员在做口译，其中英日口译比重占到 80%。由于大多节目都采用录播形式，因此译员有充分时间进行译前准备，对一些重大国际时事、重要的记者招待会或媒体访谈则会采用同声传译。在日本，对媒体口译员的基本要求包括：听起来应便于理解；遵循广播用语规则；在源语播音结束的同时完成口译，如有时间差也不应相隔太远；对每个源语段落与译语发言进行同步化处理；具备符合或接近广播标准的音质、语音语调和发音。水野彰认为上述要求中最为重要的是第一项，即译员的口译产出必须便于听懂。由于媒体口译的服务对象是普通观众，其职业背景、教育背景、所处年龄段相差各异，而且媒体译员也面临着特殊的限制条件。

加拿大渥太华大学的罗达·罗伯茨（Roberts, 1998）从测试目标、地区要求、资源、测试内容、覆盖语种、评估步骤与标准等方面比较并分析了加拿大两个区域性社区口译评估工具（CILISAT 测试与 Surrey Delta 测试）的异同点。在此基础之上，罗伯茨提出了准备测试工具（包括目的、内容、步骤、试点测试、开发时间等）和适用于不同变量的基本规则。

艾斯（Aís, 1998）设计了一项实验来评估语音语调、译语与源语信息一致性这两个口译质量指标。实验中使用了一段原文的三个不同版本的译语录音。42 名法律专家作为受试者被分为 14 个小组对 14 项内容（对口译的整体评价、口音是否地道、声音悦耳程度、口译产出的流畅程度、逻辑衔接、意义连贯、译语与源语信息一致性、完整性、术语正确率、文体、语音语调、措词、职业性、可靠性、对源语的评价）进行评估。研究结果表明，实际的口译质量与用户感受到的口译质量差别明显，用户"不是合适的质量评判者。原因很简单，因为他们不适合承担这项任务。"（Collados, 2002: 336）对比实验前期对译语质量的测量结果和用户对译语的评估结果可以发现，用户期望值与质量的概念有关联，但与对质量或成功的实际感知无关联，而且用户对某些指标权重的判定也具有一定的隐含意义。有时候，用户期待译员对过于单调的语音语调给予适度干预和调整，期待译员充当有意识的职业交流者，超越所谓的"影子角色"。

国际会议口译员协会于 2001 年底完成了一项针对译员工作负荷的调查。调查以描述译员工作中的压力来源及其正面特征、了解译员工作环境中的物理压力、验证工作特征与译员生活质量及口译表现之间的关联性、为译员工作环境的改善提供可靠依据等为研究目标，通过对物理参数（口译箱内的空气质量、温度、湿度等）的测量、向会员进行问卷调查或要求其提供自我分析报告、记录译员的生理参数（包括心率、血压）及其 24 小时内不同时段的卡的松指数、对一天中不同时段译员的表现进行抽样分析等研究手段，对译员心理、生理、物理（工作场所条件）和表现这四组参数之间的关系进行分析。

黑尔（Hale, 2007）面向译员进行了调查，了解他们对准确性、中立性以及译员角色这三项标准的看法，并将译员的看法与道德准则的规定进行了比较。黑尔发现：（1）所有涉及准确性标准的道德准则只是规定性地列出了对译员的最高道德标准要求，并没有提到译员在试图达到这些标准时所遭遇的困难；（2）译员们对于准确性的理解大体一致，在给出的四个关于准确性解释的备选项中，仅有极少数受试者将准确性等同于逐字逐句对应的翻译，绝大部分受试者认为准确的翻译要"考虑到整个语篇并且再现源语的目的及影响"。

张威与柯飞（2008）于 2004—2005 年度对在北京举办的四场国际研讨会共 214 位代表发放了 130 份问卷，了解其对口译质量因素的评价情况。问卷设计参考了布勒尔和库尔兹研究的主要口译质量因素，选用了信息完整、表达流畅、逻辑条理、专业术语、语法准确、语音语调、声音悦耳和翻译风格等八项因素。此外，他们还对 53 名代表（口译用户）进行了访谈，以进一步了解其对口译质量的看法。研究者将受访者按照交际目的、知识背景、外语水平和口译使用经验分成不同类别，分别将其对八项质量因素的反馈数据用 SPSS 软件进行统计分析。分析结果显示，各类用户将内容性因素（信息完整、表达逻辑、术语等）放在首位，将形式性因素（语法、语音、声音质量等）放在相对次要的位置；而用户的不同目的、不同知识背景、外语水平以及口译使用经验都或多或少影响其对口译质量因素的评价。随后，张威（2008d）又于2006—2007年度向在北京参加国际会议的164名代表进行了问卷调查，了解口译用户对口译质量的期待与要求，并按照与上一研究相同的口译质量评价标准和口译用户分类方法来收集数据，并对数据进行SPSS统计分析，数据分析的结果也指向了基本相同的研究结论。

美国手语翻译注册中心（The Registry of Interpreters for the Deaf）从20世纪80年代开始致力于改善其认证考试制度，试图确立"优秀手语翻译"的标准。在一次代表大会上，手语译员监理中心引入了"最低技能标准"（minimal skill level）这一理念，即认证译员应达到的最低标准。随后，代表们观看了不同技能水平的手语译员对同一源语段落的手语翻译录像，并根据他们对手语译员标准的理解进行投票，选出符合形象要求的手语译员。对手语译员的评判是建立在格式塔的基础之上，即手语译员表现的总体可接受性。（Shlesinger *et al.*, 1997: 130）

迈克尔·斯特朗与史蒂文·弗里奇·卢德塞尔（Strong & Rudser, 1985）提出了手语翻译质量评估的模式。他们将口译产出分成不同的语段，并就每一个语段提出一系列问题，要求评估者作答。第一个问题要求评估者判断陈述的整体准确性，按照准确、不准确、有所修改以及缺失这四个等级来衡量陈述的语义内容；第二个问题要求评估者找出陈述中有多少个错误，即增添、省略、替代或表达方面问题的数量；第三个问题要求评估者判断译员是否根据失聪或听力受损用户的实际情况在翻译时进行了文化调整；第四个问题要求评估者确认目标语（比如，是美国手语、手势英语，还是口头英语）；最后一个问题要求评估者确认陈述中用手势表示的内容的数量。斯特朗和卢德塞尔（Strong & Rudser, 1992）在另一项研究中试图将这一客观性的文本测评与主观性较强的译员表现评价结合起来，邀请了6位失聪人士以及6位听力正常人士对25名手语译员的翻译录像评分，评分表上既包括"不喜欢"、"一般"、"喜欢"这样的总体评价值，也有需评估者给出从1到5具体分数的三大指标："手语能力强/弱"、"易于/难以理解"、"手势看起来舒服/不舒服"。研究结果显示，主观评价的可靠性要明显低于客观文本测评的可靠性。因此，虽然主观评价可以为口译评估提供有趣的视角和有用的维度，但不能替代合理的客观测评。

2. 面向职业实践的口译质量评估研究方法

不论是来自高校或口译服务使用机构的个人，还是不同类型和性质的机构，在进行面向口译职业实践的实证研究中，为尽可能多地获得关于口译服务质量的信息，采用的方法多为现场观察法和调查法。此类研究的思路常如下表所示。

面向职业实践的口译质量评估研究方法

确定研究目的	
了解整体口译服务质量	了解个别口译质量指标完成情况

选择研究视角			
用户角度	雇主角度	译员角度	其他角度

选定研究方法开展研究	
观察法	调查法
1. 明确观察对象（观察频率、会议主题、译员特征、语言组合、工作模式等） 2. 挑选观察工具（录音、录像、观察屏等） 3. 收集分析语料（语料长度、话语级别、内容技术难度、信息密度、译前准备程度等） 4. 总结观察情况（语料转写、特征分析）	1. 问卷或访谈问题设计 2. 确定调查范围（用户：用户类别、身份、口译熟悉度、语言能力等；译员：口译场次、语言组合、话题熟悉度、准备程度等） 3. 发放问卷、开展访谈 4. 分析数据（选择合适分析工具） 5. 形成调查报告

此外，也有研究者（Aís, 1998; Oléron & Nanpon, 1965）采用观察法与实验法相结合的方法。在此类研究中，观察成为实验的一个部分或某个环节，观察的结果和情况服务于实验假设和实验设计。

第三节　面向教学的口译质量评估研究及其研究方法

1. 面向教学的口译质量评估：研究概览

艾赫贝尔（Herbert, 1952: 4）在《口译员须知》中对译员的工作进行了如下规定性阐述：译员要将发言人的信息完整、忠实地传达给对方。该书有一部分专门阐释了口译产出（delivery）的相关指标，包括呼吸及声音（breath and voice）、姿势与口音（gestures and accent）、演讲技能（the interpreter as public speaker）、译员使用的语言（the language spoken by the interpreter）、文体考虑（stylistic considerations）、人称问题（first or third person singular）、地方口音与用语习惯（local accentuation and phraseology）、停顿与未完成的句子（pauses and unfinished sentences）、译语时长（length of interpretation）、译员的疑问（interpreter's doubts）、不可译的内容（the untranslatable）以及译员的错误（interpreter's mistakes），并就这些指标的理想情况进行了规定性的说明。这些指标大部分与三十年后相关学者进行质量评估研究时使用的指标一致。在译员的错误部分，艾赫贝尔（Herbert, 1952: 72–73）认为，译员应始终牢记口译的目的是提供准确的译文以使对方了解发言人的意思，并给出了在错误发生时，译员自身、同行译员以及口译用户可能采取的策略及其应对措施。虽然艾赫贝尔（Herbert, 1952: 82）在此部分没有使用任何"评估"、"测量"的字眼，但是从其规定性建议中不难看出，他认为口译产出的质量是处于多方（包括译员、同行及用户等）监控之下的，而译员肩负着自我识别和自我纠正的职能。在该书"适应现场环境"一部分中，艾赫贝尔指出了不同主题的会议的不同侧重点及其对译员表现的不同要求，这与后来学者从用户角度来评估译员表现的出发点是一致的。

塞莱斯科维奇的释意理论一经提出便占据了当时口译研究理论的统治性地位。（Pöchhacker, 1995）释意理论中的"释意模式"强调"翻译的过程是从源语的表达形式中汲取其所指的、但并未包含其中的意思，然后再用译语把它表达出来。""在源语与译语之间，存在着一种脱离源语的意思，一旦有意识地把它抓住就能用任何语言把它表达出来。"（塞莱斯科维奇、勒代雷，1990：132）由此，对源语的准确释意也成为了口译质量评估的重要指标。另外，在谈论同声传译成功的条件及其失败的原因时，两人提出了进一步改善同声传译贡献的三大条件：(1) 必须更好地感知人们对于同声传译可能提出的要求；(2) 必须承认由多语种产生的种种制约；(3) 必须确保译员的专业能力。关于译员的知识结构，两人认为，译员单凭语言知识不能胜任翻译，还必须具备相应的主题知识，并且认真准备每场会议的专业术语。此外，两人也提到了外部因素（如会议材料、发言人照稿宣读还是自由发言的口头表达方式等）对口译效果的影响。关于谁应该来评估译员的表现，塞莱斯科维奇（Seleskovitch, 1986）认为，同声传译的交流过程不应到同传箱即停止，译员的表现应该由听众来判断。

在后来的著作《释意学派口笔译理论》中，勒代雷（2001: 35）认为成功的翻译是"翻译中既没有语言错误，也没有方法错误；每个人都清楚什么是语言错误，至于方法错误，主要指过分的语言对应翻译。""若想翻译成功，就必须寻求原文与译文的总体意义对等，词语对应只能满足临时需要，因此，一味使用词汇对应不可能帮助完成意义对等的翻译。将两种语言成分的含义逐一翻译出来不能产生优秀翻译的理由很难讲明，但这类恶劣的翻译却比比皆是。"（勒代雷，2001：36）

沙伦·纽曼·索洛（Solow, 1981）在一本关于手语翻译的教科书中用电话来描述手语译员，认为译员将交际各方连接起来，其所扮演的恰好是电话联通交际双方的角色。他还指出，为保证翻译产出的质量，译员应具备以下素质：(1) 灵活性，以便随时适应不同场合、不同性质的活动，以及不同用户的不同需要；(2) 客观性，以避免个人情绪的介入从而影响翻译产出；(3) 自律性，即能在无监控的情况下维持工作水准。

莫瑟-梅瑟（Moser-Mercer, 1985）介绍了一门为期 10 周的单语引导课程，并将这门课程用作筛选研究生阶段会议口译学员的依据。该课程只用英语教授包括影子练习、双任务训练或记忆练习、源语解释练习、数字处理练习等四项任务。在课程结束以后，教师对照学生的进展和表现以及开始同声传译学习需要达到的水平给予三种不同等级的推荐（推荐、合格推荐、不推荐）。其他依据包括：英语水平、语音语调、抗压能力、自信程度、抗疲劳能力以及麦克风使用技巧。

施卓德杰（Schjoldager, 1995）提出了口译课堂上使用的质量评价模型。她提出了四大问题，包括：(1) 听众是否能够理解并且愿意听译员的口译；(2) 译员使用的语言是否合适；(3) 译员的译语产出是否恰当；(4) 译员是否是一个忠实的交际者。基于这些问题，施卓德杰将口译中应该摒弃的质量产出的特征逐项列出，并对照这些特征来评判学生的口译产出。学生如果想要获得正面的质量评价，就必须按照这些指标来改进自己的口译。

吉尔（Gile, 1995）在英法交传课堂上进行了一项关于口译忠实度的试验。试验选择了翻译学院 12 名还未接受过交传训练的一年级学生和 1 名二年级口译学员为受试对象。母语为法语的学生以法语作演讲，由母语为英语的学生将其译成英语。随后，发言人与另外 11 名学生按照"差"、"勉强可以接受"、"一般"、"好"、"非常好"五档标准来评价译员的口译忠实度，并将在译语中缺失、增补（即源语中没有）、理解失误的源语信息书面记录下来。这一研究的发现有两点：(1) 受试者不能发现全部的口译失误。他们平均找到的失误不到译员实际失误量的 50%，而且有时对失误类型的判断也不当；(2) 报告的失误数量似乎与受试者对译员口译忠实度的实际评价没有明确关联。

杨承淑（2000）界定了口译专业考试中"量化"与"质化"的评估项目，认为两者应为口译评估时所采取的分析概念，而非实际评定时所采用的评分方法；两者在信度与效度方面出现相互验证的互补作用。杨承淑进一步列明了视译、一般交传、技术性交传、无稿同传和有稿同传在忠实、表达、语言等方面的具体量化与质化指标及其权重（忠实 50%、表达 30%、语言 20%、时间控制视时间比在总分基础上加或扣 2 分）。此外，她认为，虽然口译的成败高下应视口译的针对性、艺术性与技术性而定，但由于口译考试提供的情境只是接近真实，且学生尚无现场口译经验，因此技术性（即语言、知识与技巧的相互融合与均衡发展）应成为口译考核的重点。

陈菁（2002）以巴赫曼交际法语言测试的三原则为指导，根据口译交际能力的基本含义，认为口译测试中口译能力的内容包括知识能力、技能能力和心理能力三大方面；口译测试的过程必须遵循真实性原则，即源语材料须适合真实口译场合使用、测试方式接近真实交际场景。在此基础上，陈菁列出了内容详细的口译量化评估表，对三大测试内容及其所含指标的权重和评估级别逐一进行了说明。

　　李游子（2003）在陈菁的基础之上对 72 名三年级英语专业学生进行了口译测试方面的定量和定性研究。定量研究中用到的三个测量工具分别是学习者差别问卷、英汉口译试题和英语专业四级考试分数，定性研究中主要使用了访谈的方式收集并分析数据。据此研究结果，李游子认为有必要按学习成绩和表现将学生分成不同类别然后具体分析。

　　大卫·B.索亚（Sawyer, 2004）针对译员表现测试这一专题，指出了评定（assessment）与评价（evaluation）的区别，认为有必要区分对质量的评价以及对表现的评价，即质量是相对于产品而言的，而表现是相对于过程而言的。索亚接着探讨了口译教学测试中的效度、信度、主客观测试、测量范围等基本概念，比较了入学测试、期中测试与期末测试的异同点，并就口译测试实现标准化进行了分析与建议。

　　米德（Mead, 2005）提出了对口译质量评估指标"流畅性"进行评估的方法。他对学生从 B 语（意大利语）到 A 语（英语）的交传录音进行了听写处理，根据语料分析了相关的时间变量，包括语速（speech rate，每分钟单词数/音节数）、停顿时长（pause duration）、发声时比（phonation/time ratio，实际说话时间与发言总时间之比，是相对于停顿时长的指标）、发音速度（articulation rate，每分钟单词数/音节数，停顿时长不计入发音时间内）、平均连长（mean length of run，停顿之间单词数/音节数平均值）。分析语料时，米德选用的音频编辑软件（SndSampler 3.7.1™）使他能够以 10 毫秒为单位来标记时间变量的长度。

　　叶舒白与刘敏华（2006）探讨了以量表对口译进行评测的可能性。他们梳理了口译测试常见做法的复杂性和困难程度，借鉴了机器翻译评价方面的理论成果，提出了以下研究问题：以量表作为口译测试评分工具是否可行；口译评估中"忠实"和"通顺"是否可以作为两项独立的标准；是否可以由两组不同的评价者分别负责评分；对照原文或参考译文来衡量口译中的忠实度是否可行；是否可以不采取全文评价的方式；是否可以将口译测试与评价分成两个独立环节分开进行。为了回答上述问题，叶舒白与刘敏华挑选了六段篇章（中文和英文材料各三篇）对 11 名受试者（分为大四学生组和研一学生组）进行了英汉及汉英交替传译测试，并组织了两个评分小组以段落为评价单位分别针对"忠实"与"通顺"这两个指标进行评价。其中，"忠实"指标被进一步细化为"忠实单语"和"忠实双语",前者比照参考译文进行评价,后者比照源语材料进行评价。通过对测试评价结果的分析发现,在信度方面,无论是中译英还是英译中,两个评分小组在忠实度两个分项指标的表现呈高度相关,但就"通顺"与"忠实"的关系而言,英译中组的测试结果显示"通顺"与"忠实"是两个不同的概念,需要分开独立评分,而中译英组的测试结果说明这两个概念高度相关,所以虽然分开独立评价,但有重叠判断的可能性。在效度方面,无论是英译中还是中译英,研一学生组的表现都要优秀于大四学生组,且"忠实"比"通顺"更能区分两组受试人员的表现。

2. 面向教学的口译质量评估研究方法

在口译研究的初期,针对口译质量的系统性、科学性的研究尚未出现,口译质量更多的是作为一个子项目出现在口译教科书或培训材料中。(Herbert, 1952)在这类教材中,作者多是通过经验总结法对口译实践进行分析、归纳,从中概括出关于口译质量的规定性说明。这种对口译质量的规定性说明,提出了相当于最优质量(optimum quality)的概念,为口译质量概念后来的明确与细化奠定了必要的基础。

此外,理论思辨法也是面向口译教学口译质量评估研究中较为常见的方法,如以塞莱斯科维奇和勒代雷为代表的巴黎学派就常采用此法。研究者从观察入手,对现象进行概括,形成初步理论,推导出相关命题,并通过后期资料分析对理论进行评价。

另外较为常见的是文献研究法,即利用已有文献发现问题或得出一般结论。

除上述较多使用的人文主义研究方法外,面向教学的口译质量评估研究者们也常使用实验法开展研究。不同于上述方法中研究者们对口译质量更为全面的探讨和考量的是,实验法常针对口译质量的某一具体指标或参数展开研究,如吉尔研究了口译忠实度以及米德探讨了口译流畅性,其原因可能是为了便于操作,减少由变量过多带来的失误可能性。

第四节　面向研究的口译质量评估研究及其研究方法

1. 面向研究的口译质量评估：研究概览

　　1965 年，奥雷洪及南彭（Oléron & Nanpon, 1965）对同声传译进行了一项实证研究。这是第一个针对同声传译设计并实施的科学性研究，因此具有极大的开创意义。奥雷洪和南彭在此项研究中通过在联合国教科文组织的会议现场对口译进行录音以及在实验室进行实验以获得口译材料的方式来收集语料。在两种不同情况下获得的语料被用来测量同声传译中的听说时间差。研究结果表明，译员对词语的反应速度约为 1 至 1.2秒，对篇章的反应速度则长短不等（2 秒至最长 10 秒）。在听说时间差如何影响译员的表现方面，奥雷洪和南彭认为，时间差超过一定长度就会带来问题，给正常的口译活动带来干扰；发言语速过快等情况给译员带来时间上的巨大压力，在这种极端情况下译员有时不得不采取一些妥协性策略来维持口译的进程。听说时间差后来成为研究者们经常测量的一个研究对象，其本身也成为反映口译流畅性与译员大脑负荷的重要参照。

　　格尔瓦（Gerver, 1967）的实验表明，同声传译译员的口译表现受到源语速度的影响：当语速超过每秒钟 120 词，听说时间差就会越长，译员犯错误的机率也会越大。此外，格尔瓦还针对语音语调、重音、噪音等因素对译员表现或短时记忆的影响进行了实验。

　　巴里克（Barik, 1969）在其博士论文中对同声传译进行了研究，写出了非译员研究同声传译的第一篇博士论文。随后，巴里克（Barik, 1971; 1975）对同声传译中的省略、增添以及翻译失误等偏离源语的现象进行探讨，并分门别类分析其原因，并指出译语产出的总词数相对于源语产出总词数的比率可以作为评估译员表现的重要手段。

　　弗莉达·戈德曼-艾斯勒（Goldman-Eisler, 1972）通过对比同声传译源语和译语录音，分析了听说时间差的长度、语言要求、断句、意义单位等因素，认为各种较长的听说时间差及以高频率出现于句末的长时间差与声像记忆（echoic memory）和任务难度成反比，与断句能力和口译质量成正比。

　　苏联学者切尔诺夫（Chernov, 1973）找到了一个衡量口译质量的客观、独立的参数，认为其合理性正是建立在说话人口头发言存在犹豫、延迟等成分的基础之上，即停顿时长相对实际发言时长比（pause length/speech length, P/S）。如果译员的 P/S 比超过了发言人的 P/S 比的 0.8，则口译的质量达到满意水平或以上；不足 0.8，说明口译质量有待改进。十几年后，切尔诺夫（Chernov, 1992）又预计到信息技术今后在同声传译领域的应用，提出了电脑辅助同传间的概念。按照这一设想，电脑辅助同传间不仅可以提供会议流程相关词汇、会议主题相关术语以及会议基本背景材料，而且由于其本身可以自动记录停顿和发言时长等参数，因此根据对不同 P/S 水平的设定可以监控口译质量并发出不同信号提示译员。

李越然（1987）在一篇口译的介绍性文章中提出口译质量的标准应为准确、通顺、及时。这一标准建立在中国译界长期认可的"信"、"达"、"雅"翻译标准基础之上，并根据口译活动受时间限制的特点着重强调了及时性。

胡庚申（1988）提出了口译效果评估的构想，其中包括了八种口译效果的评估方法（包括现场观察法、自我鉴定法、采访征询法、记录检测法、回译对比法、模拟实验法、考核评定法、信任模型法），并在此基础上设计了 CREDIT 模型，明确并定义了影响和决定口译效果的主要因素，并根据这些因素的重要程度确定不同权重，最后以加总求和法计算出口译效果所处的数值区间。

钱炜（1996）将口译的灵活度分为灵活适当和灵活不当两类。其中，前者又可分为低度灵活、中度灵活和高度灵活，后者可分为灵活不足和灵活过度。他认为，译员对口译处理的灵活度与交际场合、交际对象密切相关，译员应参照源语意图、交际环境、交际反应方面的沟通效果等因素来把握口译处理的灵活程度。

比尔吉特·斯特罗兹（Strolz, 1997）对媒体翻译的质量问题进行了案例研究。其研究对比了不同工作情况下同一源语段落的两段译语，分别考察了两段译语中的话语冗余和停顿类别现象。研究发现，两段译语在这两个口译质量指标上存在明显差别，从而提出了两者可以由自觉注意质量问题的译员进行操控，即修辞性冗余（rhetorical redundancy）可以被转化为故意冗余（intentional redundancy），而音调、语流方面的停顿类别可以避免给听众造成话语急促、信息过密的印象。

安吉莱丽（Angelelli, 2000）从海姆斯的交际学观点出发，分析了会议口译与社区口译的质量问题。她从 400 场口译活动中选择了两个口译（会议口译、社区口译）场景，从背景、场合、交际各方、目的与结果（目标）、信息形式、信息内容、语气、语言形式、语篇类型、交际渠道、交际规范、口译规范等角度逐一对比分析。她认为，根据海姆斯的交际理论，由于交际场景千差万别，对译员的要求也相应地有所区别，因此无法用单一标准去衡量口译质量。

波赫哈克（Pöchhacker, 2001）对会议口译与社区口译质量评估的研究进行了回顾，从评估的不同视角（面向产品的评估和面向交流过程的评估）、口译产品和服务的多重质量标准（源语意思的准确传译、译语表达的充分程度、目标效果的对等、交际互动的成功）、多样性的研究方法（面向译员、用户、客户或基于的案例调查研究，以及包括测量表现、以质量为输入变量、基于语料库的观察、案例分析等实验研究）出发，指出众多研究均认可的一项事实，即口译作为不同交际主体、交际语言和文化背景之下进行的一项调节型交际任务（a task of mediating communication），是为了满足某一需要而进行的服务性活动。译员在提供口译服务时，"实际上是提供了一个文本产品，在听众的社会文化空间范围内以有意义、有效果的方式将发言人的源语信息传达出来"。（Pöchhacker, 2001: 421）

韩国汉阳大学的李泰衡（Lee, 2001）探讨了听说时间差对口译质量的影响。他选择了 30 个英语（源语）发言的录像材料和 30 位韩国职业同传译员的录音中的 814 句源语和译语句子进行电脑分析，发现听说时间差的平均长度为 3 秒。进一步的分析表明，发言人相关变量如源语句长、每秒单词数、停顿等都会影响听说时间差，而听说时间差的长短反过来也会影响译员。具体表现是，听说时间差短，则句子处理效果就好，听说时间差长，不仅会影响某一个句子的处理，而且有可能会牺牲后续句子的质量。

意大利米兰大学的吉尤里安娜·嘉松（Garzone, 2002）认为口译质量的问题涉及到不同方面、不同主体及不同视角，而且同一小组对质量的不同指标也不尽相同。在此基础之上，嘉松将图里的翻译规范概念应用到口译研究之中，认为口译中的规范可以被视为"内在的行为限制，这种限制在不同的背景下控制译员的各种操作，其目的在于达到与社会文化语境紧密联系的、基于规范的质量标准"。(Garzone, 2002: 110) 根据其提出的口译规范，嘉松进一步认为口译质量可以被定义为"包含口译规范在内的一种构想，这些口译规范能有效保证某一特定社会、文化、历史环境下理想口译效果应该具备的内在及外在特征"。(Garzone, 2002: 110)

德国科隆大学的希尔维亚·卡琳娜（Kalina, 2002）将口译视为互动性的交际过程，因此试图提出一个影响口译质量的各种因素的框架。卡琳娜认为，口译质量受到三方面因素的影响：语义内容（连贯性、逻辑衔接、完整性、准确性、非模棱两可性、清晰度、可靠性）、语言表现（语法正确性、遵循源语规范、可理解性、文体充分性、术语充分性、谨慎程度、无干扰性内容）、表现力（声音质量、吐词发音、演讲技能、纪律性、同步性、技术熟悉程度、行为举止）。卡琳娜按照时间顺序将口译质量影响因素分为四组，分别为过程前的必要条件（pre-process prerequisites）、临近过程的条件（peri-process conditions）、过程中的需要（in-process requirements）以及过程后的努力（post-process efforts）。她认为，这一可扩展和修改的框架可作为一个参考性框架来确定某一口译活动可能达到的质量水平。

刘和平（2002）探讨了科技口译与一般性会议口译的差别、发言人的言语计划、目标语听众的言语期待，指出"忠实"、"准确"是科技口译最基本的两个标准。由此出发，刘和平提出了评价科技口译质量的计分表，其内容和权重如下：信息转达准确（内容完整、逻辑性强、风格、口吻和语气恰当），占80%；翻译表达的准确和流畅程度（衔接速度、停顿、重复和卡壳数量、译员"读笔记"的次数、口头禅的数量），占10%；满足听众的期待（体裁与听众期待一致、重点和非重点、简略程度与听众要求相吻合、译语能产生与源语一致的内容和情感效果），占10%。

蔡小红和方凡泉（2003）从口译的性质、口译质量评估的类别、标准、目的和方式、口译任务、译员素质、口译效果等方面全面分析了口译质量与效果评估的问题。在其著作《口译评估》中，蔡小红（2006）全面、详细地回顾了口译质量评估研究，回答了口译质量评估中定义、参数、方法等基本问题，并分别探讨了职业口译评估、口译教学培训评估和口译研究评估三大领域的基本问题。

鲍刚（2005）在《口译理论概述》一书中提出了他认为较为适合中国国情的口译标准，即"全面、准确、通畅"，并给出了详细的解释："'全面'指源语所谓'纯'信息领域中内容要点的全面，以及重要的源语意象和源语内涵意义的全面；'准确'主要指的是关键的内涵意义的准确，以及重要的术语、数字等代码转换的准确，而非所有词汇层次上的'准确'；'通畅'一词则主要指双语的通达、流畅性，以及译员其他相关的译语表达技术的完善，如语音、语调、语气及其他副语言信息技术和反馈等技术的完善——而这些准则的目的，则是为了保证双语交际的良好效果"（鲍刚，2005：267）。鲍刚在自己提出的口译标准基础上，还设计了一张译语评估参值表，包括内容、隐含意义、数字、专有名词和头衔、译语表达、沟通效果等栏目，并按照该表格设计出一套口译评分体系，满分100。其中，内容占50分，关键信息传译占15分，译语表达占18分，沟通效果占9分，其他占8分。

赫勒·V. 达姆和简·恩伯格（Dam & Engberg, 2006）为了研究译员笔记对口译产出的有效性测量了口译的准确性这一指标。值得一提的是，他们明确了口译质量评估研究的目的（科学研究）和范围（部分研究，而非整体性质量评估），并明确了译语准确性（target-text accuracy）（因变量）与译员笔记质量（自变量）的关系。研究从两个层面对来自语料库的西班牙语–丹麦语模拟会议交传语料进行源语–译语比对分析。其中，第一层是直觉分析（intuitive analysis），第二层是语义网络分析（semantic network analysis），直觉分析的结果再用于语义网络分析。直觉分析由七名口译学员完成，他们将转写成文字的译语与源语进行比对，按照吉尔1999年研究中采用的五级分类法对译语的准确性进行评价，1分为非常不准确，5分为非常准确。然后，再分别对得1分和得5分的译语段落进行语义网络分析，对比其与源语段落语义网络的异同。研究结果显示，如果只需要了解准确程度，则直觉分析和语义网络分析的结果具有相同的参考价值；但如果希望进一步了解准确的影响因素，如省略、重组、增添三大问题，则语义网络分析可以得出更加形象的表现，而直觉分析只能给出量化的结果。

基利安·G. 席伯和克里斯蒂安·泽尔格（Seeber & zelger, 2007）从伦理的角度探讨了同声传译中准确的标准，认为所谓准确或真实的同声传译必须包括声音、语义和意图这三个方面意思的传达。

张威（2008a）认为口译交际中的跨文化性因素主要包括社会语言行为、文化模式、价值概念、表达方式等，而口译跨文化交际能力既包括语言层面的技术性转换，又包括文化意蕴与交际效果层面的功能性调整。他指出，口译标准以及对口译质量的评价不应仅仅体现在由保持源语信息与译语表达两者所构建的口译评价内部体系和由影响口译质量的外部相关因素（交际者身份、地位、期待、关系、译员工作环境和工作方式等）构成的口译评价外部体系上，还要体现在译员连接两个系统的跨文化意识与能力上。

蒂塞利乌斯（Tiselius, 2009）讨论了将帕特里克·J. 卡罗尔开发的机器翻译评价工具应用于评价英–瑞同传译员产出的适用性，以期找到一个适用非专业评价人士的口译质量评价工具。蒂塞利乌斯将九名受试译员分为无经验、少量经验和丰富经验三个级别，要求他们对十分钟长度的材料进行同传测试，然后将受试的译语转写成文字稿，由两组评价人员（译员组与非译员组）针对"易懂性"（intelligibility）和"信息性"（informativeness）这两项指标进行评分。由此得出的初步数据表明，专业人士（译员组）与非专业人士（非译员组）在评价同传表现方面没有显著差异。

2. 面向研究的口译质量评估研究方法

中国学者在此类口译质量评估研究中偏向使用人文主义的**经验总结法**（如李越然、胡庚申、钱炜）和**理论思辨法**（如鲍刚、刘和平、蔡小红及方凡泉、张威），而国外学者则较多地选用**科学实验法**（如巴利克、戈德曼–艾斯勒、切尔诺夫、斯特罗兹、李泰衡、达姆、恩伯格、蒂塞利乌斯等）来探讨口译质量的相关问题。中国学者更倾向于从整体角度来说明口译质量问题（如胡庚申、鲍刚、刘和平、蔡小红及方凡泉），一般以解释口译质量标准为多；而采用实验法的国外研究者更多的是从口译评估的影响因素（如戈德曼–艾斯勒、斯特罗兹、李泰衡、达姆、恩伯格、蒂塞利乌斯等）以微观视角来探讨质量问题，采用理论思辩法的国外研究者（如安吉莱丽、波赫哈克、嘉松、卡琳娜等）大多试图在定义口译活动性质的基础上从不同视角、不同维度来分析口译质量的意义，较少单纯地以标准去衡量口译质量。

第五节　小结与进一步研究的建议

本章主要对中西方在口译质量评估方面具有代表性的研究进行了基本回顾，梳理了各种用于口译质量评估的研究方法。根据前两节的介绍与分析，不难发现口译质量评估研究的发展同样经历了从经验到科学、由单一到多元的发展过程。

以西方的口译研究为例，在 20 世纪 50 年代，即口译研究的研究前阶段（the pre-research period），涉及口译质量评估的内容只是作为译员培训教材或手册的部分出现，并非独立成篇；口译质量只是众多介绍性内容之一，其本身并非研究的主题或关键。(Herbert, 1952) 从 20 世纪 60 年代到 70 年代，即口译研究的实验心理学阶段（the experimental psychology period），出现了一些口译质量评估相关因素的研究（Oléron & Nanpon, 1965; Goldman-Eisler, 1972; Barik, 1969; 1971)，研究者们提出了许多基本性的研究假设，但研究者和研究成果的数量均不多，而且部分研究的代表性和效度也遭到了质疑。巴里克关于口译错误类型的划分就被认为过于主观，而且他的研究设计也由于实验对象数量过少、口译水平参差不齐而饱受争议。从 20 世纪 70 年代早期到 80 年代中期，即口译从业者研究阶段（the practitioners' period），以塞莱斯科维奇和勒代雷为首的巴黎学派在研究中涉及到了口译质量评估的内容。同一时期，社区口译研究逐步兴起，译员角色、译员要求和口译质量等基础性问题在当时出现的手语翻译的教科书中有所涉及。(Solow, 1981) 自 20 世纪 80 年代起的口译研究复兴阶段（the "renaissance" period），大量专门探讨口译质量评估的研究不断涌现，研究方法多以实证研究为主，并且注重从不同学科的多视角探讨问题，研究范围涵盖了口译质量评估的各个方面，许多课题非常精细，且研究也有一定深度。(Gile, et al., 2001) 进入 21 世纪，口译研究也出现了"文化转向"潮流，研究者从社会价值、文化功能等视角探讨口译忠实度、口译质量、译员角色等问题（Cronin, 2002），思路新颖，具有很大的启发意义。

与之相比，中国的口译研究起步较晚，涉及口译质量因素的文章到20世纪80年代才出现（李越然，1981），在其后相当长一段时间里，关于口译质量的研究大都为经验式、随感式文章，注重综合论述或定性论证，少有逻辑分析与定量证明（张威，2008b）；近年来，国内已出现关于口译质量评估的实证研究，但研究使用的关键指标和研究方法多来自于西方同类研究，部分研究缺乏充分的理论指导，实验的设计与手段存在缺陷，使得研究结果的信度与效度令人质疑；研究领域仍然较为狭窄，大多集中在会议口译领域，对社区口译、法庭口译、电视口译、手语翻译等领域鲜有涉及。

在国内，一提到口译质量，人们会立刻想到质量评估的各项标准及其权重，很少在明确标准之前对有待评估的口译活动进行准确的描述和清晰的定位。如果不能回答口译质量的相关基本问题，评估其质量又何从谈起呢？为了有效说明口译活动的动态性、多面性，嘉松（Garzone, 2002）在借鉴图里翻译规范概念的基础上提出了"口译中的规范"这一概念（norms in interpretation），认为口译质量范畴应包含口译规范。这种动态的、宏观的视角为今后的口译质量评估研究提供了非常开阔的思路。

近年来，在全球化背景下出现了较大规模、较为系统的口译质量评估研究，蔡小红（2006）认为其原因有二：一是国际社会对职业口译标准化、规范化、高质量服务的迫切要求，促使了相应研究的蓬勃发展；二是上一阶段口译研究对基础性问题的探索任务完成，口译特点、口译思维过程、口译认知、口译技能等课题的研究成果丰硕，为下一阶段过渡到更高起点、更高水准的口译质量研究做了很好的铺垫。

为了提高口译质量评估研究水平，口译质量评估研究者应提高科学研究方法论意识，以更加系统的理论架构指导实证研究，完善研究设计，深化研究层次，拓宽研究范围，加强横向联合与合作，以实现多领域、宽视野、高水准的口译质量评估研究。

推荐阅读文献 📎

1. Angelleli, C. *et al.* (Eds.). 2009. *Testing and Assessment in Translation and Interpreting Studies: A Call for Dialogue Between Research and Practice.* Amsterdam/Philadelphia: John Benjamins Publishing Company.

2. Garzone, G. & Viezzi, M. (Eds.). 2002. *Interpreting in the 21st Century: Challenges and Opportunities.* Amsterdam/Philadelphia: John Benjamins Publishing Company.

3. Gyte, H., Chesterman, A., Gerzymisch-Arbogast, H. (Eds.). 2009. *Efforts and Models in Interpreting and Translation Research: A Tribute to Daniel Gile.* Amsterdam/Philadelphia: John Benjamins Publishing Company.

4. Pöchhacker, F. & Shlesinger, M. (Eds.). 2002. *The Interpreting Studies Reader.* London/New York: Routledge.

5. Sandra Beatriz H., Ozolins, U. Stern, L. (Eds.). 2009. *The Critical Link 5: Quality in Interpreting: A Shared Responsibility.* Amsterdam/Philadelphia: John Benjamins Publishing Company.

6. Gambier, Y., Gile, D. & Taylor, C. (Eds.). 1997. *Conference Interpreting: Current Trends in Research.* Amsterdam/Philadelphia: John Benjamins Publishing Company.

7. 蔡小红. 2006. 口译评估. 北京：中国对外翻译出版公司.

第八章
口译职业活动研究及研究方法

本章要点

- 口译史研究及其方法
- 口译的职业规范研究及其方法
- 口译社会学研究及其方法

第一节 口译史研究及其方法

1. 中国口译史简述

口译这项人类语言文化符号转换活动古已有之，伴随着不同语言和文化之间交流的需要而产生，其历史可谓源远流长，在人类社会发展的过程中起着不可替代的作用。"古时，从事口译职业的人被称之为'译'、'寄'、'象'、'狄银'、'通事'或'通译'。《礼记·王制》中记载：'五方之民言语不通，嗜欲不同。达其志，通其欲，东方曰寄，南方曰象，西方曰狄鞮，北方曰译。'《癸幸杂识后集·译者》作了这样的解释：'译，陈也；陈说内外之言。皆立此传语之人，以通其志，今北方谓之通事。'《后汉·和帝纪》提到了当时对译者的需求：'都护西指，则通译四万'。"（赵军峰、陈林汉，2003：4）张骞出使西域，唐玄奘西游取经，鉴真东渡日本，郑和下西洋，明清传教士游历华夏，再到清末民初的诸多富国强兵以及西学东渐的文化运动，在这些科技、文化、政治交流活动中，口译活动的存在和作用不言自明。但是，由于翻译（口译和笔译）长期以来都被人们认为是一种次要、低等的技能，其活动细节、作用、影响也难以被中外史官所重视，能幸存下来的记录不仅寥寥无几，而且大多零星散落于各类史书之中。在笔译方面（文学翻译），后来者还可以从古人留下的译作中去追寻翻译的历史碎片，但由于口译的即时性，根本无法留下任何蛛丝马迹以供研究，因此要在口译史方面有所突破，可谓是一项"几乎不可能的任务"。难能可贵的是，翻译史学者黎难秋把残存在各个时期史书上关于口译活动的记载分门别类地整理出来，编成《中国口译史》一书，内容翔实，角度新颖，填补了我国口译研究在史学领域的空白。

鉴于此，本章很难在此基础上作出多少有益的增减，只能根据《中国口译史》和相关资料做一些梳理和总结，尽量以简短的篇幅为读者呈现一幅中国口译的谱系图。除此之外，黎难秋在另一本力作《中国科学翻译史》中也对我国口译史进行了较为翔实的论述。

在清末以前，我国历朝历代并没有专门培养译员的大规模机构，很多译员都是通晓汉语的外籍人士。秦汉以前，从事口译的人员主要是一些经常来往中原和西域之间的商人和长期居住在边境上的居民，以及一些已经在中原定居的外籍人士的后裔。丝绸之路开通后，一些到中国进行传教活动的传教士也经常担任口译工作。汉代以降，中国作为一个世界强国与周边国家的经济、政治、文化交流日益增多，各个邻国也愿意与中国修好，进而派遣王子来中国学习中原的礼仪文化，这些王子被称为质子。在后来的国际交往中，这些质子经常兼职译员这一角色。

到了唐、宋、元时期，中国对外贸易空前发达，各大沿海港口中外商贾云集，部分外国商人进而聚居下来。那些通晓汉语的商人通常会从事各种口译工作。到了明清时期，最著名的一批口译人员应该是西方的传教士。这些传教士不仅在当时的朝廷担任重要行政职务，而且与中国学者一起积极合作，引入西方的科学著作，为中西科技文化交流作出了巨大贡献。这种合作大多是以"外籍人士口译，中国学者笔述"的形式完成，如明朝时期的利玛窦、明末清初的汤诺望和南怀仁。

清朝末年，清朝统治者为了维护自己的统治掀起了以"中学为体，西学为用"为指导思想的洋务运动，从西方引进先进的科学技术以达到富国强兵的目的。而洋务运动首先要解决的问题就是翻译（当然也包括口译）。当时，精通外语的中国译员可谓少之又少，而大部分外籍翻译人士又只是略通中文，因此很多情况下都是外国人口译，中国人抄录并加以修改润色。例如，韦烈亚力和李善兰合译的《几何原本》后九卷和《代微积拾级》以及他与王韬合译的《重学浅说》。京师同文馆建立后，培养了大批翻译人才，但大多数情况下还是外国老师口译，中国学生笔述。其中，同文馆的总教习丁韪良的口译角色在其负责的典籍翻译中起到了重要作用，如《万国公法》。19世纪后半叶，我国科技书籍翻译活动的一个明显特点也是由外国人口译，中国人笔述。因此，口译在由中外协作到独立翻译这个过程中起到了承上启下的作用。

到了20世纪初，随着大批在欧美留学的中国学生归国和国内译员培训的进步，中国人在笔译中基本上可以独立翻译，在口译活动中也开始崭露头角。在诸多中国官员访问外国或外国人访问中国的活动中，中国口译员已经登上了历史的舞台。例如，在1905年的五大臣考察欧美的活动中，部分随行官员曾留学欧美，自然也就承担了口译的任务。再到后来，一些外国著名人士访问中国时，大部分口译人员已经是中国近代史上的风云人物了，如为泰戈尔做口译的徐志摩、为杜威做口译的胡适和刘伯明，以及为罗素做口译的杨端六和赵元任等。

20世纪上半叶，由于中国共产党和苏俄以及共产国际的关系，出现了一批中俄口译员。在中国共产党建立前，负责中方和俄方的口译是俄籍华侨杨明斋，之后中国在苏联的留学生也在不同场合做过口译，如王明（陈绍禹）和博古（秦邦宪），而长期为中苏双方做口译的则是师哲。

2. 西方口译史简述

在西方，口译这项活动同样历史悠久，数千年来也有不少从事口译的人员，但是大部分译员都是临时的兼职人员。时至今日，我们已经不可能找到那些关于这些个体的口译历史记录，这对于口译史研究来讲，难免有些遗憾。但是在古代，口译始终是一种临时性的、松散的、偶发的、大多局限于个体之间的语言交流活动，既没有成规模的职业译员群体，更没有形成一种产业，因此古代口译记录的缺失并不影响我们对口译史的研究，也更不能成为我们放弃口译史研究的借口。口译正式登上历史舞台并载入史册和法庭审判密不可分，正是涉及到多语言参与的法庭审判凸显了口译的重要性。李克兴与张新红在《法律文本与法律翻译》一书中简要提到过西方的法庭口译史。有记录的法庭口译活动"可以追溯到 17 世纪南非的殖民时期。科林和莫里斯则比较详细地记录了 1682 年和 1820 年在英国进行的有口译服务的庭审。1682 年的那次庭审涉及一宗凶杀案，诉讼各方有多种语言背景。当时，法庭在决定哪一方诉讼人有权享有法庭口译服务时，依据的不是各方的语言需求而是阶级，即说英语的贵族才有权享有口译服务。1820 年的庭审则是一场涉及卡罗琳王后的通奸案。该案的庭审口译不仅翻译了证人证言的语言内容，而且还解释了其中的文化差异。"（李克兴、张颖江，2006：428）

杰苏斯·伯格里·亚龙所写的《联合国译员史》（*Interpreters at the United Nations: A History*）一书则对二战后联合国口译的发展史进行了梳理，其中包括不少译员前辈在口译工作中的诸多细节。作者之所以将其命名为"A History"而不是"The History"，就是因为作者自己也认为对其研究还是相当有限的，难以反映其历史的全貌。尽管如此，本书认为作者能把自二战后联合国译员在国际交往中所凸显的作用充分展现出来已实属不易。

口译这门职业在国际上被广泛认可，主要是因为口译在两次世界大战后的诸多国际会议和战争审判中发挥了巨大的作用。第一次世界大战结束后，巴黎和会为了满足世界各国和谈的需要，特地招募了一批专业口译人员为会谈做交替传译。从此，口译作为一门职业开始在历史舞台上崭露头角，一些相关的口译方法和训练也受到各国和国际组织的重视。第二次世界大战过后，在德国纽伦堡的战争法庭上，同声传译才真正被广泛采纳。这轮针对二战德国战犯的审讯，以英语、法语、俄语和德语四种语言进行。同声传译的采用大大提高了审判的效率。

联合国成立后，《联合国宪章》规定，联合国的官方语言为汉语、法语、俄语、英语和西班牙语（后来增加了阿拉伯语），所有官方语言都具有同等的法律效力，由此形成了联合国的多语环境。1947 年，联合国通过 152 号决议，把同声传译正式确立为联合国的一项永久性会议服务，这对联合国的口译工作产生了巨大冲击。因为当时口译的主要形式还是交替传译，于是联合国内部展开了一场交替传译和同声传译谁优谁劣的论战——以乔治斯·马蒂厄为首的一派赞成交替传译，以多斯特尔特上校为首的一派赞成同声传译。马蒂厄认为同声传译有太多缺点而拒绝接受，而多斯特尔特则认为同声传译完全可以取代交替传译。实际上，反对同声传译的真正原因是同声传译动摇了交替传译译员在法庭中所处的重要位置和形象。交替传译译员工作时是直接面对听众"表演"，他们同讲话人处于同样显赫的位置，而同声传译则要求他们坐在小工作间里，默默无闻地工作。多斯特尔特曾组织了纽伦堡审判的同声传译工作，深知同声传译能大大节约会议的时间和经费，应大力提倡。

联合国的首批译员有着多语文化背景，经过短期有针对性的训练后就进入了实战。自 1960 年至 1980 年，译员的来源发生了很大变化，大多译员有着大学语言相关专业背景或是来自专门的口译培训机构。除了语言要求之外，当时对译员的其他要求包括：出色的瞬间记忆能力、精神高度集中的能力、良好的教育背景，以及广博的政治、经济、历史等方面的知识。

通过以上对中西方口译史的简要回顾，可以发现，中国口译员大多是留学欧美的学者，只是在国际交往中充当临时的口译员，而西方的口译员往往有着双语或多语背景。更重要的是，由于当时西方是世界的经济、政治、文化中心，也是各类国际组织及其分支机构的所在地，译员经常有机会参与口译活动，从而形成了一种稳定的职业。

3. 口译史研究方法

对于某一项历史活动或者历史事件而言，要研究其历史，最普遍、最直接的方法就是搜集史料和考订史料（考据法）。在这一基本方法指导下的史学研究，又可分为编年史、人物史、专门史。虽然其侧重点各有不同，但却能从不同侧面凸显某一现象的特点以及同其他历史要素之间的关系。口译史也可以根据其具体情况用以上三种方法进行研究。

编年史： 顾名思义，就是以时间为经、以事件为纬来记载历史事件，是研究历史最普遍、最基本的方法。这种方法有利于按照事件发展的先后顺序研究历史事件间的相互联系，但是不便于集中描述人物、事件，因为一个人物、事件往往分散在不同的年代，不易了解其全貌。黎难秋的《中国科学翻译史》就是一本典型的以历史时期为纲，系统研究中华人民共和国成立前的中国科学口译史与笔译史的专著。

专门史：专门史研究的是某一特定问题、现象或学科在历史上的发展状况，如经济史、文化史、军事史等，即对一门学科的历史演变发展过程进行研究。当然，这里所说的口译史已经是一门专门史了。黎难秋的《中国口译史》就属于这一类型。此外，口译的专门史还可以根据口译活动的特点细分为科学口译史、文学口译史、外交口译史等。

人物史：准确地说，这类史学研究借鉴的是中国传统的史学研究方法：纪传体史。其突出特点是以大量人物传记为中心内容，是记言、记事的进一步结合。但由于口译员在交流活动中的"隐形"，其历史记载远远比不上历史上的重要人物，甚至比不上文学翻译译者，因此从人物史的角度来研究口译史就显得尤为困难，以至于目前还没有一本关于口译员的人物史。如果口译史要以译员为中心来研究，那么就必须存在一个完全以口译为职业的译员群体。目前看来，这个群体的发展并不成熟，但并不意味着以译员为中心的口译史研究完全没有可能。《联合国译员史》尽管不是一本人物史，但是却记载了不少译员的口译活动，特别是在纽伦堡审判时期某些资深译员对联合国活动的巨大影响。更值得我们注意的是，2005 年美国上映了一部以一位联合国译员为主角的电影《翻译风波》(*The Interpreter*)；2009 年英国小说家约翰·勒卡雷创作了小说《伦敦口译员》(*The Mission Song*)。尽管这两部文艺作品的主角并不是真实的译员，但是却生动形象地反映了一个现象：一位全职的译员绝非仅仅是一个转换语言符号的传音筒，也不是一个可以忽略的"透明人"，而是一个同周围环境有密切关联，甚至影响交流双方沟通的协调者——这种关系既微妙又复杂，而且将一直存在于语言交流活动之中。

第二节　口译的职业规范研究及其方法

1. 行业标准研究

1.1 我国的口译行业标准

一般说来，行业标准是指在国家的某个行业通过并公开发布的标准。

对我国而言，行业标准是对没有国家标准而又需要在全国某个行业范围内统一的技术要求所制定的标准。

　　无以规矩，不成方圆，行业标准的重要性不言而喻。翻译（特别是口译）已经成为当今世界最热门的新兴产业之一。但长期以来我国的口译行业标准始终处于一个失位状态，从而导致译员水平参差不齐，行业运行混乱不堪。上海外国语大学高级翻译学院院长柴明颎曾表示，"随译"现象是目前口译服务中存在的最大问题。现在很多译员都认为在同传中译出原意的30%已经足够，但按职业化标准，应达到98%以上才能保证信息的基本完整。国家标准化管理委员会于2006年9月正式批准颁布了《翻译服务规范 第2部分：口译》，主要涵盖了口译标准的适用范围、规范性引用、术语、定义与要求。该标准的制定对整个口译服务行业起到一个规范作用，使整个行业在一定程度上有章可循。该标准是我国第一个统一的口译行业标准，尽管内容简略，有待完善，但是对于这个新兴的产业有着里程碑式的意义。

1.2 西方的口译行业标准

　　由于历史和现实的原因，多数西方国家在不同程度上有着多元语言文化的移民背景，如美国、加拿大、澳大利亚等，甚至英国和法国也是如此，所以口译在西方国家生活的方方面面都扮演着不可替代的重要角色，其行业标准相对完善。除此之外，西方国家相关法律法规的完善也为口译的行业标准提供了可靠的法律依据以及有力的补充和支持。因此，西方的口译行业标准无论是在国际上的认可程度还是在内容方面的系统程度，都远远高于中国的口译行业标准。例如，由美国材料与试验协会（American Society for Testing and Materials, ASTM）起草并实施的《语言口译服务标准指导》（*Standard Guide for Language Interpretation Service*，以下简称《指导》）明确地规定了适用范围（scope）、专业评判警告（professional judgment caveat）、口译定义（definitions of interpretation）、引用文件（referenced documents）、术语（terminology）、标准指导综述（summary of guide）、意义与应用（significance and use）、译员资格（interpreter qualifications）、工作条件分析（needs analysis）、口译常见问题（elements common to all interpreted events）、工作环境（settings）、技术要求（technological requirements）、伦理与职业行为规范（code of ethics and professional conduct）、主办方责任（responsibilities of providers）及客户责任（responsibilities of clients）。如果把该标准视为口译行业的一个总纲，那么以下几个具体的行业标准可谓是对社区、法律、医疗等领域口译标准的细化和具体化。

相对于《指导》而言，《加利福尼亚州医疗口译标准》（*California Standards for Healthcare Interpreters*，CHIA）更加明确地规定了医疗口译员的伦理道德标准、在医疗前后和过程中的口译规范，以及译员的待遇、译员的角色和干预指导等。

国际医疗口译员协会（International Medical Interpreters Association, IMIA）制定的《医疗口译实践标准》（*Medical Interpreting Standards of Practice*）除了对口译本身和译员伦理作出规范之外，还提出译员应当扮演一个文化接口的角色。

加拿大医疗口译系统（Healthcare Interpretation Network, HIN）制定的《社区口译服务国家标准指导》（*National Standard Guide for Community Interpreting Services*）引用了不少《指导》中规定的相关口译术语，可见《指导》在国际口译行业标准中的主导地位。

1.3 中西口译行业标准的差异

从中西口译行业标准的发展来看，两者有很大的不同。首先，从行业标准的历史来看，西方口译行业标准的建立远远早于我国，并且在标准的细化程度和覆盖领域上也远远超过我国。尽管中国口译行业标准也基本涵盖了大部分口译术语，但仅限于罗列各个要素，缺乏详尽的阐释。从两者的规范性引用文件来看，西方的口译行业标准可以从其他行业规范中获得支持，以美国材料与试验协会的《指导》为例，其引用的文件不仅包括了该协会的其他行业标准，还包含了国际标准化组织（ISO）和国际电工委员会（IEC）关于会议系统和同传设备的行业标准，以及美国的《残疾人法案》、《人权法案》、《联邦法庭口译法案》等其中共 12 条法律规范。中国的口译行业标准仅仅采用了三条相关规范来补充、支持其标准。因此可以看出，行业标准的完善不仅仅需要对本行业各个方面进行考量，还需要其他相关规范的支持。

目前，中国内地的口译行业标准只有一个总纲性质的指导性文件，还没有更为专业化的行业标准，如涉及到法律口译、医疗口译等的标准。这里面既有历史的原因，也有现实的原因。从历史上来讲，西方国家在不同程度上都属于移民国家，特别是加拿大、美国和澳大利亚。在这些国家中存在着几种语言并用的情况，如法语、西班牙语、汉语、德语等。多种语言的运用就自然渗透到了各个领域，而法律和医疗又是非常重要的两个领域。相比之下，我国改革开放三十多年来，尽管有大量的跨国企业进入，但是外籍人员并没有融入社区，而是仅限于商业活动，相关的专业口译需求相对较小。但是，这并不能说明没有必要规范法律和医疗领域的口译行业标准。

由于口译行业的特殊性，西方在口译行业标准中往往会明确规定译员的职业行为和伦理守则，而在像《加利福尼亚医疗口译标准》和国际医疗口译员协会制定的《医疗口译实践标准》等这样的行业标准中，除了规定一般意义上的职业行为和伦理守则，还要求译员根据实际情况在文化方面进行"调和"和"干预"。我国的口译行业标准只是出台了一份总纲领性质的行业标准，还未涉及这些细节问题。

1.4 口译行业标准的研究方法

横向对比法：通过比较中西方口译行业标准的制定背景、内容范围，找出我国口译行业标准的不足，由此可以借鉴西方口译行业标准，并根据我国国情来不断完善。

问卷调查法：研究口译行业标准的原因就在于该标准对口译活动的指导作用，可以对可能会使用到该标准的各方进行问卷调查，包括行业标准发布机构、译员、口译服务提供方、客户，以及资格认证机构。根据具体情况，可以对以上各方提出以下问题：

(1) 该标准是否能为在口译过程出现的各种问题提供仲裁标准？

(2) 该标准是否能保证各方利益、权利以及明确其责任和义务？

(3) 如果要进入该行业，资格认证的标准是什么？

(4) 该标准是否和现行的相关法律法规相冲突？

(5) 该标准需要在哪些方面加以改进？

2. 职业伦理道德研究

毋庸置疑，口译是广义上的翻译（口译和笔译）中的一种，翻译的伦理自然也就包含了口译的伦理。虽然口译有其自身的特殊性，然而口译和笔译在诸多概念层面上存在着共性，如"对等"、"忠实"、"叛逆"、"创造性"等。在这些问题上，翻译理论家们已经进行了广泛而深入的探讨。

德国翻译家弗里德里希·施莱尔马赫是第一个把笔译和口译明确区分并加以论述的学者。他认为，笔译主要集中于科学和艺术翻译而口译主要集中于商业翻译。更为重要的是，他曾经提出过两种翻译的方法：一种是尽可能地不打扰原作者的安宁，让读者去接近作者；另一种是尽可能地不打扰读者的安宁，让作者去接近读者。很显然，第一种翻译方法更忠实于原作，第二种更忠实于读者。尽管施莱尔马赫并未提及直译和意译这两个概念，更没有提出归化翻译和异化翻译，但却启发了后来的两位翻译理论家：法国翻译学者安托尼·伯曼和意大利裔美国学者劳伦斯·韦努蒂。伯曼于 1984 年首次正式提出了"翻译伦理"的概念，相对于西方翻译界长期奉为圭臬的"意义传达"标准，这一概论开辟一个新的翻译学研究方向：翻译伦理。对此，韦努蒂、安东尼·皮姆以及安德鲁·切斯特曼分别从不同角度、不同层面深入地阐释了各自对这一概念的看法。

作为特邀编辑的皮姆（Pym, 2001）在《译者：跨文化交际研究》期刊的《回归伦理》专刊中呼吁翻译理论家应该回归到伦理问题上来。皮姆（Pym, 1997）早就指出，翻译是一项交际行为，是为某一客户提供的、针对既定接受者的一项职业性服务，而"译者处于两种文化的交界处，他并不仅仅属于其中的任何一个文化社群"。

皮姆指出，翻译中的伦理已经突破传统忠实角度的伦理走向了文化交际角度。他认为，"忠实"这一概念已经过时，要打破旧有的忠实观，认为"忠实"并不涉及到与译者伦理关系最密切的内容。皮姆试图避开抽象的翻译伦理的讨论，如伯曼提出的"应该怎样翻译"。皮姆的以上观点说明了他既不主张"忠实"的异化翻译，也不主张"通顺"的归化翻译，而是从文化交际是否能成功的角度出发，认为译者的伦理应当随着客户的需要、译者的行业规范以及源语和目标语文化中的规范的变化而变化。这样一来，译者的角色和地位就被推向了前台，但这又和韦努蒂主张译者应该通过"异化"翻译来"自我显身"有所不同。皮姆考虑的是，译者始终应当把交际的最终效果和译者的责任放在首位，奉行一种以不变应万变，以客户需要、翻译目的、行业规范为指导的功利主义翻译伦理观，而不再纠缠于异化和归化、忠实与叛逆。根据这一指导思想：皮姆提出了以下五项原则：(1)译者从开始承担翻译任务起，就要对其负责到底；翻译伦理的首要问题不是"应该怎样翻译"，而是"应不应该翻译"。(2)译者只对其翻译负责，只须遵守职业规则和程序规范。(3)翻译不能沦为对方文化的工具，译者应归属于"交互文化空间"，不能使自己的翻译行为仅仅服从于某一个单一文化的标准。(4)翻译所产生的交易成本不能超过改善两种文化之间关系所带来的收益，否则不如不译。(5)译者的工作应该促进两种文化之间长期稳定的合作。

而切斯特曼在皮姆的"文化间性"(interculture)基础上，总结出了四种伦理模式：再现模式、服务模式、交际模式、规范模式，提出了更为系统和详细的翻译伦理。

再现模式： 在该模式下，译文应准确忠实地再现原文的意义和作者的意图，特别是对异域文化和他者的再现。这一模式并无多大创新之处，从某种程度上看，就是对传统"忠实"和"对等"原则的再阐释，或者是对韦努蒂的"异化"翻译的再次强调，对翻译实践也无多大指导意义。这是因为要做到译文的作者意图、风格、笔调和原文丝毫不差是无论如何也不可能的。因此，切斯特曼把这种模式纳入伦理行为中讨论，只是在完善翻译伦理的抽象意义的完整性。

服务模式： 该模式把翻译行为视为为客户提供的一种商业服务。这一模式是对皮姆的翻译伦理的继承和发扬，同时又和诺德的功能理论不谋而合。翻译功能学派认为，翻译行为体现的不是译文与原文之间的忠实关系，而是译者对客户和目标语读者的人与人之间的忠诚关系。这种忠诚关系的实现与传统意义上的文本对等和忠实没有多大关系，而是取决于是否能根据翻译客户（发起人）委托给译者的一份翻译纲要完成翻译任务。该翻译纲要应该包括翻译目的、目标对象、时间、地点、媒介以及译文的预期功能。只要译者能根据该纲要完成翻译任务，这种翻译行为就是一种忠诚的行为。

交际模式： 在该模式下，翻译行为不再是一种准确忠实地再现异域文化和原文的符号转换行为，而是一种以交际为目的的跨语言文化行为。皮姆的"文化间性"理论就是这一模式的体现。译者既不忠于原文，也不迁就读者或目标语文化，而是始终处于一个文化协调者的地位，帮助化解源语和目标语之间的障碍和矛盾，从而达成两种语言使用者之间的理解，实现合作并从中获益。

规范模式： 这一模式来源于图里描写的翻译研究和规范理论。前者主要考察规范如何影响翻译的过程和接受，后者则说明什么是可接受的翻译产品，也就是译文如何符合特定时期的目标语文化和读者的期待。该模式的核心是"信任"。

切斯特曼认为这四种模式并不全面，每种模式只涉及到译者伦理的某一个层面或者某一个角度。他根据玛丽亚·提莫志克的"翻译是一种委托行为"的观点，提出了第五种模式："承诺伦理"。其实，这也是上述四种模式的综合体现：承诺、忠诚、理解、真实、清楚、信赖、正义和对卓越的追求。总的看来，切斯特曼的这种模式并非完全意义上的独创，而是博采众长、扬长避短，将传统的"忠实"和"对等"原则、皮姆的"文化间性"、诺德的功能理论以及描述翻译学与翻译伦理相结合，并加以分析和阐释，系统总结出了第五种伦理模式。这种模式不仅从不同角度、不同层面阐释了不同语境下的翻译伦理，更为重要的是非常翔实地为译者提供了规范性的指导。

相比较而言，皮姆和切斯特曼把伦理的重心转移到了译者身上，既不是以源语为标准的伦理取向，也不是以目标语为标准的取向，而是彻底摒弃了传统的"非此即彼"的一元标准。因此，皮姆和切斯特曼在翻译伦理上的观点显然更适用于口译职业的伦理，因为口译和笔译尽管都属于翻译，有着密不可分的共性，但口译也有其特殊性：第一，口译具有不可预测性（这种不可预测性是相对于笔译而言的）。无论译员如何进行事前准备，还是难免百密一疏。特别是在商业谈判中，谈判双方针锋相对，话题千变万化，任何领域都有可能突然牵涉其中。第二，口译是一项个体性操作很强的活动。译员在口译过程中往往处于一种独立而即时的工作状态，既没有条件也没有可能借助任何外来的帮助。即使是在一个同传小组中，这种协助也是相当有限的。因此，译员必须在重压之下随时随地应对可能出现的任何问题。第三，现场的压力也是口译的特点之一。相比而言，笔译往往可以慢条斯理、字斟句酌地反复推敲，没有太多的时间限制，而需要口译服务的场合往往是国际交流活动，如国际会议、商务谈判等，气氛较为紧张。以上诸多特点均是在笔译中不存在的，因此伯曼和韦努蒂对于翻译伦理的阐述只是在宏观上适用于口译。皮姆和切斯特曼突出译者伦理，对于身处紧张气氛、责任重大、独立性强的译员来说，其实际意义尤为重要。

3. 行业资格认证研究及其研究方法

口译（特别是同声传译）越来越广泛地被应用于各个领域和行业的国际交流当中，逐渐成为一个比较成熟的产业，同时也造就了一批以口译为职业的专业口译人员。由于职业口译要求译员不仅要精通两门或两门以上的语言及文化，还要具备丰富的百科知识以及优秀的心理素质和身体素质，一种专门针对职业口译的准入测试应运而生。

3.1 我国的口译资格认证

目前，在我国有三种被广泛认可的翻译资格认证考试（包含口译和笔译）：(1) 国家人力资源和社会保障部委托中国外文出版发行事业局负责实施与管理的国家级职业资格考试"全国翻译专业资格（水平）考试"(China Aptitude Test for Translators and Interpreters, CATTI)；(2) 教育部考试中心和北京外国语大学联合举办的"全国外语翻译证书考试"(National Accreditation Examinations for Translators and Interpreters, NAETI)；(3) 由上海市委组织部、市人事局、市教委、市成教委举办的"上海外语口译证书考试"。详情请见下表。

国内口译资格认证对照表

考试名称	全国翻译专业资格（水平）考试[1]	全国外语翻译证书考试[2]	上海外语口译证书考试[3]
考试设立机构	国家人力资源和社会保障部	教育部	上海市委组织部、市人事局、市教委、市成教委
首次考试时间	2003 年 12 月	2008 年 10 月	1995 年 6 月
考试主办机构	国家人力资源、社会保障部和中国外文出版发行事业局	教育部考试中心、北京外国语大学联合举办	上海市委组织部、市人事部、市教委、市成教委
测试语种	英语、日语、俄语、德语、法、西班牙语、阿拉伯语	英语、日语	英语、日语
证书作用	翻译专业资格（水平）证书取代传统的翻译专业技术职务评审	自身语言运用能力的证明	地方执业资格证书
证书有效范围	全国以及与我国签署相互认证协议的地区和国家	全国	上海及其周边地区
考试等级及能力描述	资深翻译：具有广博的科学文化知识和国内领先水平的双语互译能力，在理论和实践上对翻译事业和人才培养作出重大贡献；一级口译：能胜任重要国际会议的口译或译文定稿工作；二级口译：胜任一定范围、一定难度的翻译工作；三级口译：胜任一般翻译工作。	初级口译证书：能承担一般性会谈或外宾日常生活的口译工作；中级口译证书：能胜任一般性正式会议、技术或商务谈判以及外事活动的专业口译工作；高级口译证书：能胜任国际会议的口译工作。	英语高级口译证书：能胜任各类涉外项目谈判、高层次会晤、新闻发布会、记者招待会以及国际研讨会的翻译；英语中级口译证书：能胜任陪同翻译、涉外导游以及外事接待、外贸业务洽谈等工作。
对考生的要求	无	无	英语高级口译：大学英语六级；英语中级口译：大学英语四级。

　　"全国外语翻译证书考试"是由教育部考试中心与北京外国语大学联合举办，在全国实施的面向社会的非学历证书考试，主要测试应试者的外语笔译和口译能力，并向应试者提供翻译资格的权威认证。该项考试

---

1. 此处参考了 http://www.catti.cn/。

2. 此处参考了 http://baike.baidu.com/view/2669499.htm?fr=ala0_1_1。

3. 此处参考了 http://web.shwyky.net/index.htm。

参考了包括美国、加拿大、欧盟、澳大利亚等国家和地区的翻译资格认证标准，是一项具有国际水准的认证考试。"上海外语口译证书考试"针对上海地区口译人才紧缺而设立，其语种只包含了英语和日语，其等级设立了高级和中级两种，相对而言其认可范围（仅限上海地区）以及考试门类都略逊于"全国翻译专业资格（水平）考试"。就其对考生的要求而言，"全国翻译专业资格（水平）考试"和"全国外语翻译证书考试"没有任何学历限制，面向全社会，而"上海外语口译证书考试"明确要求考生要有相关语言等级证书。除此之外，前两者在全国大部分高校或考试机构均有考点，而后者仅限于上海及其周边地区。前两者考试等级更为细化（包括初级、中级和高级三个级别），利于全国各高校、各地区水平差异较大的考生参加，逐步提高翻译水平，而上海地区的口译考试只针对英语水平相对较高的考生。

3.2 西方国家的口译资格认证

"其实，在美国、加拿大、澳大利亚和欧洲一些拥有多元文化特点以及较多移民的国家，口笔译水平考试和资格认证已有二三十年的发展历史，业已形成较为成熟规范的体制。就口译来讲，既有不涉及具体专业领域、在全国范围内接受和认可的职业口译考试和认证……也有只适用于某一专业领域或是国内某些地区自行制定的考评制度。"[1] 以下是西方国家的主要口译认证：

国际会议口译员协会的会员身份被广泛认为是会议口译员的最高专业认证。对此，国际会议口译员协会是这样规定：

"国际会议口译员协会不认为入会过程是一种'测试'，其会员资格亦非严格意义上的'认证'。但是，本协会始终以吸纳具备专业能力的职业口译员为目标。对申请人有具备一定会议口译工作日的基本要求，实际上是要求申请人通过职业口译场合的'测试'。"要求与申请人合作过并监听过其口译的国际会议口译员协会成员进行推荐，实际上体现了本协会对现场口译表现的重视。成员的推荐并非轻易之举。同意推荐一个

---

1. 任文. 2008. 联络口译中译员的主体性意识研究. 四川大学博士论文.

申请人，意味着该成员对申请人的专业能力及其职业道德的认可。"[1]

　　因此，要获得国际会议口译员协会的会员身份，最为重要的是资深同行对申请人的口译水平和职业道德的认同。

　　欧盟口译总署（Directorate General for Interpretation），其前身为欧盟口译司（Joint Interpreting and Conference Service, SCIC），是一个专门为欧盟提供口译服务和会议组织的机构。目前该机构有 500 名正式译员，在世界范围内签订合作协议并通过欧盟认证（Inter-institution EU Accreditation）的自由译员超过 2,800 名，是目前拥有译员数量最多的口译服务机构。要成为欧盟的签约自由译员不仅要获得会议口译学位或者其他学位（但是必须拥有口译活动的记录证明），还要通过欧盟的口译认证测试。[2]

　　澳大利亚国家翻译资格认证管理局（National Accreditation Authority for Translators & Interpreters Ltd., NAATI）建立于 1977 年，是国际公认的口译及笔译资格认证机构，也是澳大利亚唯一的翻译专业认证机构。澳大利亚的笔译员和口译员分为四个等级：助理口译员和助理笔译员、笔译员和口译员、高级笔译员和高级会议口译员、资深高级笔译员和资深高级会议口译员。其规定参加资格考试的基本条件为：口译人员必须有大学毕业文凭，笔译人员必须是大学毕业或具有由雇主出具的相应工作经历的证明或拥有翻译专业的高等教育学历。各语种翻译人员可以由下列三种途径获得相应的口、笔译认证：参加 NAATI 组织的考试；完成 NAATI 批准的某个澳大利亚大学翻译课程的学习；取得 NAATI 承认的澳大利亚以外的大学翻译专业的毕业证。[3]

　　其他认证包括：加拿大翻译工作者协会（Canadian Translators, Terminologists and Interpreters Council, CTTIC）的会议口译以及法庭口译认证、美国的医疗口译认证委员会（Certification Commission for Healthcare Interpreters, CCHI）的认证、美国联邦法庭口译证书考试

---

1. 参见 http://www.aiic.net/ViewPage.cfm/article118.htm。

2. 参见 http://scic.ec.europa.eu/europa/jcms/j_8/home。

3. 参见 http://www.naati.com.au/。

（Federal Court Interpreter Certification Exam）、美国麻省医学口译协会证书委员会（Massachusetts Medical Interpreting Association Certification Committee, MMIA）的认证、加拿大的渥太华卡尔顿社区口译服务局（Community Interpreting Services of Ottawa-Carleton, CISOC）组织的"社区口译语言与技能测试"(Cultural Interpreter Language and Interpreting Skills Assessment Tool, CILISAT）等。

不难看出，仅仅从国外口译认证考试的名称便可以看出，其认证体系不仅仅涉及一般的口译能力和水平认证，也涉及到专业化程度较高的口译认证（尤其是法律和医学）。直至今日，由于历史和现实的原因，国际交流的主要舞台还是在欧美等发达国家和地区。无论是译员的数量与质量，以及口译的理论研究与译员培训的方法，还是语种的覆盖面及专业化程度，西方的口译产业比中国的口译产业更为规范和成熟。

3.3 口译资格认证研究方法

研究资格认证的意义在于不断增强测试形式的科学性以及测试内容的针对性，从而能够更加科学有效地指导考生进行相关口译训练，提高译员的口译水平，其研究方法大致可以分为对比研究和问卷调查研究两种。

对比研究　通过对比可以找出不同口译资格认证考试的适用范围、不足与缺点。资格认证对比既可以是国内三种资格认证之间的对比，也可以是国内与国外资格认证的对比。如果把研究范围延伸开来，可以进一步探讨为什么一些国家（如美国）的口译认证在某些地区不仅种类繁多，而且有异于其他同类口译认证，以及这种地方性的口译认证为何往往会上升成为一种全国性的口译认证等。这对我国口译认证体系建设有很好启发的意义。

问卷调查研究　一般而言，可以从测试的内容、形式、难度、适用对象等方面进行研究，通过对考生、客户、考官进行问卷调查，找出被调查的认证考试的优缺点。例如，对考生可进行以下问卷调查：

（1）客户在多大程度上认可该资格认证？

（2）客户对自己的表现满意程度如何？

（3）考生对考试形式、内容、难度的满意程度如何？

（4）该资格认证考试在多大程度上提高了自己的口译水平？

(5) 对该资格认证考试有什么建议（该考试的优缺点）？

同样，对客户也可进行类似的问卷调查：

(1) 译员在口译工作中的职业道德如何？

(2) 是否认可译员的口译质量？

(3) 译员的口译资格认证等级是否和其口译质量相符合？

除此之外，还可以对资格认证的考官进行问卷调查：

(1) 口试的内容和形式在多大程度上能反映口译实践的情形？

(2) 口试的内容和形式在多大程度上能测试出考生的水平？

(3) 未能通过口试的考生的主要问题是什么？

第三节　口译社会学研究及其方法

1. 口译的工作条件

在皮埃尔·布迪厄的社会学框架之下，口译活动被视为一项社会活动。口译的社会学研究目的在于探究各种社会因素（包括社会发展和变革）与口译活动中各个要素之间的相互影响和制约。社会的发展既包括科学技术的发展，也包括社会形态、政治经济的变化。具体到口译行业，与之息息相关的因素有通讯设施、交通工具、城市建设（硬件）、全球化、市场需求、法律法规、行业标准等。以上各个方面构成了除口译现场以外的众多外部社会因素，进而形成了一个更为广泛的口译行业大环境。这些因素的变化同时也会影响口译行业的发展。研究这些大环境的意义就在于通过改善这些环境的不利因素为口译行业的发展和完善提供一个更好的外部环境。

1.1 全球化与口译

全球化以及由此带来的政治、科技、文化的国际交流达到了一个前所未有的高度，当今这个时代比历史上任何一个时期都更需要口译。我们无法想象一个没有口译存在的国际交流。一个最明显的例子就是第二次世界大战后的欧洲一体化逐步发展，形成了欧盟这样一个政治经济实体。这是一个远远超越了一般意义上的政治经济组织，拥有统一的宪法、中央银行、货币、市场等。但是各个成员国的利益又不尽相同，因此各个成员国之间利益和权力矛盾的协调只能通过国际会议来实现。为了体现欧盟成员国之间的平等地位，与会国必须使用本国语言，通过同声传译把各成员国的语言翻译出来。在这一点上即使是联合国的口译也难以望其项背。目前，联合国共有 193 个成员国，所涉及的语言超过百种，不管译出语是哪一种语言，最终只提供中文、法语、俄语、英语、西班牙语与阿拉伯语六种工作语言的口译服务，这也就大大限制了译员的数量。正是频繁的欧盟内部会议和多种语言的使用使得欧盟口译总署成为了世界上规模最大、最稳定的口译服务组织。就欧盟内部的口译活动来看，口译要成为一项在全世界范围内成熟的产业（仅从从业人员数量和稳定性来看），必须具备两个条件：第一，频繁的国际交流。不管是东南亚联盟，还是非洲联盟，或是世界上其他国际组织，其一体化程度及相互交流的频繁程度都远远不及欧盟。第二，在这个国际组织中，各个国家被要求使用本国语言，并且对每种语言都提供口译服务。

1.2 社会科学技术的发展与口译

从同声传译的角度而言，其存在和发展的前提是大型会展中心的普及以及相应同传设备的安装。其次，大型的国际交流活动大多在发达国家的经济或政治中心举办。对于一些专职译员来说，很难在某一城市或区域长期进行口译工作，大部分的口译工作需要译员往返于世界各大主要城市，或是通过电话、网络视频进行。因此，交通网络、通讯技术以及网络技术的发展为口译活动提供了坚实的物质基础。就目前来看，这些技术设备基本可以满足口译行业的需要，问题在于相关机构或译员如何利用这些技术设备最大程度地发挥口译的作用。

1.3 行业标准、相关法律法规与口译

口译行业标准的制定很大程度上改善了口译工作条件。首先，口译行业标准不仅规定了译员的行为和伦理规范，而且也明确了客户和口译服务提供商的责任和义务。然而，虽然行业标准的普及为译员带来了不少的利益，但是这些行业标准大部分还是在强调译员的资质、责任以及伦理规范，可谓事无巨细、面面俱到。即使在客户和口译服务提供商的

责任条款中，大部分也只涉及译员问题。

在本章第二节中的第一小节"行业标准研究"中可以看到，欧美国家的行业标准的完善程度远远高于我国。究其原因，这是因为其既有现实的需要，也有相关法律的支持。例如，在美国的法庭口译中，"口译人员使用的依据有《联邦刑事诉讼程序法规》（Federal Rules of Criminal Procedure）第 28(b) 条、《联邦证据法规》（Federal Rules of Evidence）第 604 条、《刑事审判法》（Criminal Justice Act 1964）以及《联邦民事诉讼程序法规》（Federal Rules of Civil Procedure）第 43（f）条等，其中以前两者为主。1978 年又制定了《庭审口译员法案》，其深远的影响在于 1980 年开发并实施的'联邦法庭口译员资格考试'（The Federal Court Interpreter Certification Examination, FCICE)"[1]。由于法律有着不可挑战的权威性和强制性，各种法庭口译的行业标准和认证也就随之出台。可见，在口译领域的立法对推动口译行业标准和认证有着巨大的作用。相比之下，我国的相关法律法规主要规定了译员作为诉讼参与人的义务，但对如何选择和聘请翻译人员、翻译人员应当具有的资格、翻译性质、翻译操作过程等并没有相关规定。由此可见，相关法律法规的缺失也导致了中国法庭口译的随意性。随着全球化的进一步深入，尤其是在经济合作和贸易交往日益频繁的背景之下，商业法律诉讼难以避免。因此，加强我国相关法律法规的建设势在必行。

2. 译员社会地位研究

当前，国际社会译员的总体情况是：口译工作不稳定，收入参差不齐。除了极少部分国际机构的译员为全职译员以外，大部分的译员都是兼职，即使一些翻译公司的译员也是外聘的兼职译员。很少人以口译为全职，更不用说终身职业。他们的身份往往以高校教师、国际企业管理人员、政府的外事人员为主。由于全职译员数量较少，其力量和影响力不大，难以引起社会的关注，因此很难和其他行业从业人员一样，享有平等的地位。

---

1. 李克兴、张新红. 2006. 法律文本与法律翻译. 北京：中国对外翻译出版公司.

2.1 传统观点的影响

从传统的观点来看，由于大部分客户往往会想当然地认为只要会外语就会口译，而且不少会外语的人也往往自诩为译员，造成了有多少外语专业的毕业生或教师就有多少译员的假象。大量参差不齐的"译员"充斥着整个口译市场，扰乱了正常的供求关系，自然也就无法体现译员应有的价值。除此之外，口译还常常被认为只是转述别人的语言而已，是一个传声筒，并没有什么技术含量。

2.2 现实的原因

第一个现实原因是，大部分资深译员往往拥有双重身份，他们作为译员的身份是临时的、隐形的，相反他们被社会各界认可的身份是高校教师或政府人员。他们真正依托的实体是高校或政府，而不是松散的翻译组织协会。例如，在我国，活跃在北京、上海、广州的同声传译员中，相当一部分就是这些地区的高校口译教师。这种双重身份也是造成译员地位不高的原因之一，因为这部分优秀的兼职译员在大部分时间里拥有的是大学讲师或教授的身份，甚至是政府人员的身份，在这个身份里，他们能得到社会足够的尊重和物质待遇。而在译员这个身份中，虽然难免遇到"冷遇"或是不被理解的情况，但这只是临时的。因此，即使这些资深译员偶尔"地位不高"，也不会影响他们的"总体社会地位"。第二个现实原因是，那些真正地位不高、待遇不好的译员是那些从事着层次不高、难度不大、规模较小的口译活动且能力较弱的译员。鉴于此，把译员培训纳入资格认证就显得更为必要了。第三个现实原因是，每个长期从事口译工作的译员都能体会到的：要达到"全职"的标准，作为一个职业译员其工作范围肯定是遍及世界各大会议中心，需要长年奔波，并且工作强度高、心理压力大，无论对身体素质对心理素质都有极高的要求。从某种程度上讲，口译也是一碗"青春饭"，不可能像有些行业的职业寿命长达五六十年。

2.3 口译工作的特点

相比之下，笔译总能留下无数经典译作，经受历史的考验，无论是对于专业人士还是普通民众而言都是看得见、摸得着的成果。口译工作不仅有时间的限制，还受空间的限制（受众极少），往往留不下什么记录。即使在大型会议中能够留下录音，也很少有专业人士会去欣赏他们当时高超的技巧，更不用提普通民众了。即时性以及狭小的受众范围使得口译很难引起社会关注。

2.4 口译工作的性质

译员地位不高和这个行业的性质和服务对象有关系。口译本身就是一个服务性行业，接受口译服务的大都是层次和地位较高的机构或个人。在他们看来，口译只是毫无创意地用一门语言来复制另一门语言，因此要从他们那里获取社会地位的提升，难度显而易见。然而，对口译（特别是同声传译）充满好奇的普通民众却很难有机会接受口译服务，更不可能参与重要的国际会议，因此无论是高端客户还是普通民众对口译的艰巨性和重要性的认识并不清晰。

2.5 口译学科建设的滞后

在布迪厄看来，社会是由各种不同的"场域"构成的，如政治场域、艺术场域、经济场域、学术场域等。这些场域还可以根据具体情况分成无数个相互独立而又紧密联系的"子场域"，而社会就是这些"子场域"的"总场域"。资本是各个场域间斗争的根本原因。作为社会中的一个"子场域"，口译领域的资本又是什么呢？具体而言，就是与其他主流学科同等的学科地位、学科建设所需的资金和技术支持。在口译学科这个场域里的具体行动者，大多是翻译学院里的人员，他们势必会为了生存和发展争夺更多的资本。从实际情况来看，口译水平高的译员并不一定有很强的理论水平，但这并不意味着高校的口译学科建设、口译理论研究跟实际的口译工作没有关系。实际上，无论在国内还是国外，大部分兼职口译员（特别是优秀的同传译员）都在各大高校任职。但是从目前来看，高校中设立的独立的翻译学院或口译系相对于其他主流学科或院系来说，在数量上处于绝对的劣势。即使在美国这样一个教育发达的国家，能够开设口译专业的高校也并不多见，目前只有美国纽约大学、纽约州立大学宾汉普顿分校、肯特州立大学、蒙特雷国际研究院、乔治敦大学等开设有相关口译专业。尽管美国拥有众多经济政治中心，又是一个多元文化的国家，口译活动相当频繁，但口译只是一种职业，谈不上学科建设，于是就出现了口译行业相当规范但学科建设弱的特点。可以说，译员地位不高也和其学科背景有相当大的关系。学科建设可以为高校的口译专业争取更多的资金和政策支持，甚至是更多的社会关注。这不仅可以为高校师生提供更好的语言设备和高素质的师资，而且可以让社会更了解口译这项工作的艰巨性和重要性。事实证明，有强大学术背景支持的职业，就会获得更多的社会认同和更高的社会地位，更能得到相应的支持。而这种支持，不仅仅是人员的流动，还涉及到整个学科体系和该产业在人才、技术、资源等方面的全面合作。

那么又该如何提高译员的地位呢？

首先，需要一支以此为生的职业队伍，这就要求在国际市场上有足够的口译工作需求。虽然当前全球化的进程已是如火如荼，各个领域的国际交流日益频繁，但是口译还并没有像其他成熟的产业那样可以随时随地落地生根，开花结果。尽管口译行业译员缺口很大，高素质的译员更是凤毛麟角，但这种缺口是相对的。也就是说，口译产业还不能为译员提供足够维持其生存和发展的机会和条件，这有待于全球化的进一步发展。因此，译员地位的提高还存在着一个时机的问题。

其次，就是口译学科的建设问题。根据对口译地位不高的原因的分析，可以看到在全球范围内，从事口译研究的机构和人员几乎是门可罗雀（尽管英国、法国有一定规模）。与此形成对比的是，从事口译技能培训的机构却是数量众多。而口译学科的建设和口译行业的地位又有着密不可分的关系。在美国、加拿大、澳大利亚这些口译不可或缺的多元文化国家，大多只是注重口译培训，而非口译研究。在我国，随着翻译硕士专业学位（MTI）的设立，不论是学术研究还是译员培训都有了长足的进步，但是和英法等国家比起来还是有一定的差距。由于口译的特殊性，对师资、设备、生源有着很高的要求，不能像外语专业那样可以在各个高校普遍开设，纯粹依靠扩大规模来加强口译学科的学术研究。

3. 译员工作条件和社会地位研究方法

对译员工作条件和社会地位的研究可以采用系统方法、调查法及现场观察法。

系统方法是社会学的一个基本研究方法。之所以尝试把这种方法运用于口译活动的研究，是因为口译活动包含了很多既相互区别又相互联系、既相互分离又相互制约的实际社会因素。它们以自身特有的方式存在于当下的社会环境中，并以不同的发展速度变化着，其中任意一个因素的变化，都有可能为口译活动带来巨大的变化。研究的主要内容包括：社会认知、社会需求、社会支持、社会批评等关于口译社会性的环节，以及这些不同的社会性环节之间是如何互相影响、互相制约、互相联系的。

调查法所调查的对象包括译员（译员的从业人数、译员身份的多样性、译员的福利待遇等）、客户（译员在国际交流的重要性、译员对口译活动难易的认识程度等）、社会（口译学科与口译行业的关系等）。

现场观察法是通过对译员工作的现场进行观察，也是研究译员工作条件和地位的有效方法之一。

推荐阅读文献 ◐

1. Baigorri-Jalón, J. 2004. *Interpreters at the United Nations: A History*. Translated from Spanish by Anne Barr. Salamanca: Ediciones Universidad de Salamanca.

2. Gaiba, F. 1998. *The Origins of Simultaneous Interpretation: The Nuremberg Trial*. Ottawa: University of Ottawa Press.

3. 黎难秋. 2002. 中国口译史. 青岛：青岛出版社.

第九章
口译教学研究及研究方法

 本章要点

- 口译教学研究的基本情况
- 口译教学研究的核心领域
- 口译教学研究的重点成果
- 口译教学研究的主要方法

第一节　口译教学及研究总论

有口译活动和工作，就必然有相应的口译教学和培训。按照刘和平（2001）的定义，口译教学是训练学员通过分析、综合、推理和联想等方法学会在听辨源语语音的同时借助主题和认知知识进行分析、综合、推理，达到正确理解听到的信息，并利用笔记帮助记忆理解语篇意义，在讲话人完成一段讲话后迅速、准确、完整地用译入语表达源语信息。口译教学不是语言教学的继续，而是在大量口译训练实践中认识翻译的性质、对象、原则、方法，并初步掌握翻译技能。

西方的专业化口译教学于 20 世纪 20 年代出现在联合国国际劳工组织。1930 年，德国曼海姆出现了第一所译员培训学校；及至 50 年代欧洲口译教学"学院化"，以及日内瓦、巴黎、海德堡、的里雅斯特、维也纳等地的高级翻译学校纷纷成立，引发了口译教学实践和研究的热潮。（Pöchhacker, 2004）

口译教学在我国的历史并不短暂。根据穆雷（1999）的调查，1865

年 10 月同文馆的第一次考试就有口译的内容，把汉语译成外语，但没有具体口译教学方法的记录。延安时期的口译只是作为一门技巧教授，相当于高级口语课。到了 20 世纪 70 年代初期，香港中文大学成立翻译系，随后香港其他大学设立翻译专业，体系才逐渐完善。

1979 年，当时的北京外国语学院受联合国总部和中国政府的委托，创办联合国译员训练部，为联合国培养中英文口笔译人才。中国台湾地区在 20 世纪 80 年代末先后成立了台湾私立辅仁大学外国语学院翻译研究所和台湾师范大学翻译研究所。厦门大学在 20 世纪 80 年代中期开设口译课，并于 1994 年和英国威斯敏斯特大学语言学系合办口笔译试点班。广州外国语学院（今广东外语外贸大学）从 1978 年开始专业口译教学，并于 1997 年建立了中国第一个翻译系。

从 1979 年第一届联合国译员训练班在北京外国语学院开办，到 2008 年翻译硕士专业学位（MTI）正式招生，尤其是近年来随着各个高校设立翻译专业或开设翻译课程后，在短短 30 年的时间里，口译教学取得了长足、快速的发展。伴随着翻译学成为一门独立的二级学科，我国的口译教学获得迅猛发展，出现了很多新变化，口译教学实践和研究在近年来也受到越来越多的关注。

波赫哈克（2010）指出，从 20 世纪 50 年代以来，在有关口译的著述中对口译教学多有涉及，许多文献都有如何教授口译和培养专业化口译人才的内容。在其专著《口译研究概论》中，他归纳了 50 余年来口译教学研究涉及到的一些领域，主要有以下三个方面。

教学大纲和教学方法　口译教学最初表现为"师傅带徒弟"的形式。20 世纪 50、60 年代期间欧洲系统化的口译人才培养，特别是在以巴黎学派为主导的国际会议口译员协会的规范下，仍然延续了依托高校的口译教学传统。但从 20 世纪 80 年代起，这种经验式的教学方法受到了挑战，认知处理范式的口译研究学者开始呼吁更为科学的和基于实证的口译教学大纲与教学方法。

教学理念和教学内容　在以欧洲为主导的西方口译教学实践中，口译一直是作为一种专业化技能被传授；在口译教学的内容方面，西方从传统的关注语言和交际基本概念、语言提高、术语、专门知识和技能与职业素养训练等，逐渐拓展到关注文化、口译环境和人际关系。在我国，口译长期以来是外语语言教学的一个组成部分，对于口译教学理念的探讨伴随着翻译学科的发展而得到广泛的开展。

学员选拔和教学测试　这方面的研究主要集中在对译员能力范畴的探讨以及如何为专业化口译课程或培训项目挑选合适的学员，并在口译课程结束之后，如何检测教学的效果，包括以何种形式，什么内容，设定怎样的参数和标准来进行测评等。在这方面，也出现了一些实证研究，试图证明学员的性格特点、心理素质等和学习效果之间的关系。（Pöchhacker, 2004）

第二节　口译教学理念与原则研究

口译教学理念与原则研究是口译研究中比较具有中国特色的一个子领域。口译作为一项教学内容，在西方从一开始就被打上了清晰的专业化和职业化的烙印。西方所进行的口译教学一般被称为"interpreter training"，是独立于外语教学的一项专门活动，且设置在研究生层次或者作为非学历教育培训开展。其目的不是巩固和提高学员的外语水平，而是训练他们从事专业化口译工作的能力和素质。因此，西方学术界对教学理念和原则此类宏观的教学问题，从一开始就没有将其视为学术研究的范畴，也几乎没有开展过具有方法学意义的研究。

在我国，研究者，特别是从事口译教学的一线教师，却对"口译教学如何定位"、"口译究竟应该怎样教"、"口译课程到底是语言提高课程还是技能训练课程"等问题，表现出极大的兴趣，也开展了长期的探讨和研究。在教学实践中，口译课长期以来都是大学外语专业高年级开设的一门专业课程。根据相关教学大纲的规定，翻译课既是高等外语院校大三或大四阶段一门独立的专业课，又是学生听、说、读、写基本技能的综合体现。《高等学校英语专业英语教学大纲》对口译教学模块进行了如下描述和规定：

口译课是为高年级学生开设的英语基本技能课程。通过讲授口译基本理论、口译背景知识和训练口译的基本技巧，使学生掌握口译的基本理论和专题交替传译的技能，初步学会口译记忆方法、口头概述、口译笔记以及公众演讲技巧，以求学生能较准确、流畅地进行英汉互译。

　　大纲将口译课定位为英语基本技能课程。长期以来，翻译教学一直被视为外语教学的一部分，而口译教学又被看作翻译教学的一部分。因此，口译课一直处于一种不为学校和老师重视的科目，被看作提高学生语言能力的一门辅助课程。这种认识严重阻碍了口译课程的发展与口译教学的进行。口译教学作为高校外语教学的组成部分，并未受到应有的重视。有些高校虽然在外语专业高年级阶段开设了口译课，却将口译课上成了高级口语课或者口头笔译课。还有部分高校干脆不开设口译课程。

　　进入 21 世纪，随着翻译学科的发展，在一批致力于翻译教学研究的学者的努力下，口译教学得到了越来越多的重视。学者们结合中国的实际教学情况对口译教学理念和体系开展了广泛的研究和探讨，产生了非常积极的效应。

　　仲伟合和穆雷两位教授在这个领域所开展的研究具有代表性，其研究成果也广为国内学者引用。他们针对口译教学的宏观问题进行了应用研究，重点在解决"教什么"、"如何教"、"谁来教"、"教何人"等问题。他们结合翻译学理论，在梳理和总结广东外语外贸大学多年口译教学理念和实践的基础上，结合理论思辨和经验总结，对口译教学的现象开展了描述性研究并进行了归纳和提炼，然后从实践中提炼出规律性的理念和原则，上升到指导与规定的层面，由此提出了口译专业人才的培养模式。两位研究者还进行了大量共时和历时的比较。其中，共时比较包括中国和国外，以及内地和港澳台地区的翻译教学情况对比，国内不同院校和不同层次的翻译教学的对比等；历时比较包括我国自 1978 年以来不同时期翻译教学的比较。这样的比较研究方法使得他们能够清晰地呈现出一幅完整、全面的翻译教学概貌，极大地加深了我国翻译研究人员对翻译教学实践的认识。他们在研究中指出，培养翻译专业人才，首先要正确认识翻译专业人才与传统的外语人才之间的区别，并从学科定位、培养目标、指导思想、教学目的、交流目的、翻译标准、教师要求、语言要求、教学体系、教学重点、使用工具和培养意识等方面对教学翻译和翻译教学进行了厘清。相关的研究成果主要表现在《专业口译课程体系的改革与建设》（仲伟合，2005）和《翻译专业人才培养模式探索与实践》（仲伟合，2009）。

　　在我国传统的大学外语专业口译课堂上，或者由于师资缺乏，或者由于老师不具备口译的实践经验，口译课经常被上成高级口语课。课上教师只是给学生提供相关话题，然后由学生准备后进行发言或简单背诵。只有分清口译教学与口语教学的区别，才能够真正理解口译教学的性质，进而促进口译教学的开展。

参考仲伟合和穆雷（2008）对于教学翻译和翻译教学所作的区分，研究者可以对口语教学和口译教学进行横向的对比，从教学目的、交流目的、语言要求和教师要求等方面进行比较，进而厘清口译教学的对象和主体。

口语教学是一种针对语言能力的教学，目的是通过教学习得而熟练掌握外语。学生需要作为独立的讲话人，控制自己的表达，阐述自己的思想、看法、观点。语言方面，口语教学强调外语语言应用能力，教师自身应有较强的语言运用能力。而口译教学是一种针对翻译能力的教学，目的是通过教学使学生接受口译技能训练以及相关的职业知识，从而能够发挥好从属于讲话人的服务角色，传译讲话人的思想、观点等，传达讲话人的意图和想法。

作为翻译教学范畴组成部分的口译教学，也有必要与"教学口译"进行严格的区分。基于对口译教学理念的认识，国内学者结合西方传统和我国特色，对口译教学的原则进行了探究。刘和平（2001：30）对口译课堂教学进行了大量的观察，并对口译教学行为开展调查，继而归纳出旨在培养口译技能的"口译教学"原则："讲解口译程序，通过推理训练方法让学员在实践中不断增强口译技能意识，掌握口译技能"。刘和平（2005）认为，外语教学是帮助学生获得外语听说和读写的语言交际能力，而口译教学应该是利用学生已经获得的语言交际能力帮助他们掌握双语思维的转换和交流技能。

仲伟合提出口译教学的四原则是其中比较有代表性的成果。通过多年的研究和完善，仲伟合（2007）将国内口译教学的原则归纳总结为以下四条。

技能性原则：在口译训练与教学中应该以向学生传授"口译技能"为主要训练原则，辅以不同题材的语篇来强化口译技能的习得。

实践性原则：口译技能获得的最基本原则。

理论性原则：包括基础理论和基本技能训练两个方面。前者富有指导性，后者具有实践意义。

阶段性原则：技能训练的多项内容循序渐进，符合科学规律。

以仲伟合为核心的广东外语外贸大学口译教学团队在长期教学实践中总结出口译教学的"八化"方针：（1）课程立体化，即口译技巧型课程与口译专题型课程相结合；（2）内容系统化，即专业知识的传授与专业词汇的介绍相结合；（3）练习真实化，即仿真的口译活动与真实的口译实践相结合；（4）学生中心化，即学生的口译操练与教师的口译示范相结合；（5）教材多元化，即口译的文字材料与口译的音像视频相结合；（6）技巧全面化，即交替传译的训练与同声传译的训练相结合；（7）教师精英化，即口译训练、口译实践、口译研究的相结合；（8）目标职业化，即教学翻译与翻译教学相区别，培养真正意义上的职业口译人员。[1]

上述学者在进行口译教学理念和原则的研究时，多采用比较法、归纳法和规定法，即从不同的教学实践环节中发现问题、描述现象并加以比较和总结，然后从大量的实践中提炼出可以上升为具有一定指导性的原则，并加以阐释，以此规范和指导口译教学活动。

第三节　口译教学体系和内容研究

根据上述口译教学的理念和原则，我国的口译研究者们认为应该区别口译教学的不同层次，在每个层次上采用相应的方法和手段来达成不同的教学目标。

大学外语口译教学：在高年级阶段开设口译课程，可以作为选修课，使学生巩固其外语口语能力，并了解口译的原理和工作常识，能从事一般的联络口译工作。

外语专业口译教学：在高年级阶段开设口译课程，不应只作为提高学生语言能力的辅助课程，而应该成为提高学生口译能力的一门实践课程。使学生在训练后可以掌握基本口译理论和技巧，能胜任一般场合的交替传译工作。

翻译专业口译教学：在入学时考核学生的英语基础和相关能力，在

---

1. 引自 2005 年广东省高等教育省级教学成果"口译专业课程体系改革与建设"成果报告书。

初级阶段让学生了解并理解口译职业与要求，在中期开设不同主题的口译课程和相关的文化课程和训练课程，使其在毕业时基本可以胜任各种场合的一般水平口译工作。

翻译专业（或方向）研究生口译教学：旨在培养实用型口译人才，在学员完成本科阶段学习，语言能力与相关知识都已基本具备的基础上，经过两到三年的培养，使其可以胜任不同场合的高水平口译工作。

在上述口译教学体系中，构成口译教学的几个元素是：（1）教师——具有口译工作经验的专兼职师资；（2）学员——"外语水平达到理解不存在问题，表达基本自如，并具备译员的反应速度、分析综合能力、记忆能力和知识"（刘和平、鲍刚，1994：20）；（3）教材——真实的会议发言文字和录音；（4）教法——教授能使学生成为译员的方法和原则，而不是语言知识（塞莱斯科维奇、勒代雷，1990）。

虽然各个层次的教学重点不同，但口译教学的重点是培养学生的口译技能。翻译的技能意识，指翻译者能够或力求以翻译理论（包括方法论）指导自己的翻译实践的自觉性，能够或力求以翻译理论的准绳（常表现为某种技能规范）自觉地指导或检查自己的译作及整个过程。（刘宓庆，1999）注重学生技能意识的培养，也体现了口译教学目标从外语水平到口译能力的根本转变。

近十年来，从事口译教学实践的学者们对口译教学体系内的具体课程内容有许多有价值的论述。仲伟合（2001）将口译分为交替传译和同声传译，列出了具体而详细的课堂教学内容；刘和平（2005）也在释意派理论框架下总结了口译教学的"思维训练"模式和内容。比较和参考国内比较具有代表性的论述，可以将目前我国口译教学的内容总结为七大项：理解语言与理解信息、记忆语言与记忆信息、多任务协调与处理、口译笔记与解读、口译技巧与知识、肢体技能与表现、语言表达与信息表达。

仲伟合（2003）提出译员的知识结构由三大板块构成：语言知识板块、百科知识板块和技能板块，并提出公式 KI = KL + EK + S (P +AP)。根据上述公式，仲伟合提出专业口译教学体系应开设三大板块课程：语言技能与语言知识课程、百科知识课程和口译技能课程。课程的安排可以以内容专题为主线，也可以以口译技能为主线。最理想的是两种方式结合，以"技能主线"作为口译技能的训练，以"内容主线"作为口译技能的强化。

在口译教学的原则基础上，结合口译教学的内容，具体课程设计也呈现了完整的系列。广东外语外贸大学口译教学团队的"英语口译（课程系列）"于 2007 年申报获评为国内第一个口译类国家级精品课程。该口译课程体系比较具有代表性，如图 9.1 所示。

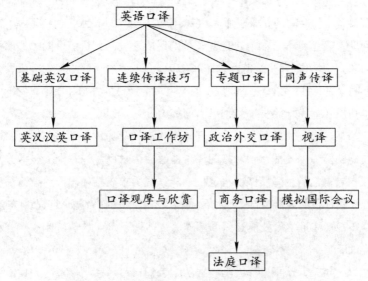

图 9.1　广东外语外贸大学英语口译课程体系 [1]

作为早期较为科学的、以理论为指导的口译人才培养范式的提倡者，曾霭缇对于口译教学体系的研究更早于我国的口译学者。在其研究（Arjona-Tseng, 1978; 1984）中，曾霭缇既运用了心理语言学和认知心理学来探索口译过程，又运用了教育学理论来讨论课程问题。1990 年，曾霭缇完成了以课程决策为主题的博士论文。该项博士课题研究以我国台湾地区的人种学案例研究为基础，阐释了社会文化、政治和机构方面的局限性如何影响到课程设置和具体实施。

索亚的研究（Sawyer, 2001）重点则更为具体，他以蒙特雷高翻学院

---

1. 来源：国家级精品课程"英语口译（课程系列）"教学网站。

的课程设置和评估为主题，采用了具体的案例研究方法，衡量了课程理论的进展。他根据定量的实证数据，试图解决研究性课程应在口译课程中占有多大比重的问题。在这项研究中，索亚得出了以下结论：人文主义的课程设置方法与以认知处理技巧和专业技能阶段为核心的科学方法结合在一起，可以在个体和社会的层面上凸显教学互动的效果，并使学生经过社会化过程而进入到"职业实践群体"。

第四节　口译教学大纲研究

完整的教学大纲通常包括课程设置、教学对象、课程类型、教学目标、教材、内容、授课计划、考核标准和阅读书目等。我国在高等教育本科阶段仅有英语专业教学大纲，翻译专业的教学大纲尚在论证之中。已有学者针对我国日趋发展的专业化口译教学，提出应该制定统编口译教学大纲，这项工作已由教育部高等学校翻译专业教学协作组开展。

刘和平教授在其 2001 年出版的《口译技巧——思维科学与口译推理教学法》一书中提出了交替传译的统一教学大纲。采用归纳法和规定法的研究方法，刘和平从自身的口译教学实践出发，归纳总结出适用于高校翻译专业（或方向）研究生或本科三、四年级学生的口译教学大纲，对教学对象、教学目标、教师、训练理念等进行了说明，并且从学员要求、入学水平测试、教学内容和授课安排、教材选用与结业水平测试五个方面进行了详细的规定。其中，入学水平测试包括：语言水平测试、理解和重新表述能力测试、智力和心理测试；教学内容包括：译前准备、介绍讲解翻译程序、主题准备、术语准备与翻译、交传笔记技术，以及交传综合训练。

刘和平教授所提出的这个交替传译教学大纲是国内最早的相关研究。随后，她于 2002 在《中国翻译》上发表《对口译教学统一纲要的理论思考》，并在 2005 年出版的《口译理论与教学》一书中详细阐述了制定口译统一教学大纲的可能性与必要性。

翻译的性质、对象和任务决定了口译教学统一大纲的可能性和必要性——翻译是用一种语言理解原篇章的意义然后用另一语言表达理解了的篇章意义。对职业口译的研究和分析表明，翻译的性质不会因语言的改变而改变，翻译的对象也不会因语言的改变而成为其他内容，翻译更不会因语言的改变而成为非交际行为。无论是哪两种语言的互译，翻译的主要目的（除纯粹的语言研究外）永远是交流信息和思想，这是制定统一口译教学大纲的基础之一。

（刘和平，2005：107）

翻译的过程、双语思维的特点及方法决定了口译教学统一大纲的可能性和必要性：首先，大脑记忆的不是语言、而是意义。翻译过程是传达意义的过程，而不是两种语言之间简单的形式上的变化过程。无论是哪两种语言间的互译，基本的思维过程是一致的，只是复杂程度层面的细微差别。其次，译员的口译模式和精力分配模式具有共性。基于吉尔的精力分配模式与安德森的能力发展模式，无论是何种语言出现在工作中，译员的听、分析、记忆储存的模式没有差异，精力分配模式也不会改变，过程相同。再次，译员的思维模式具有共性。口译的理解过程是分析、综合的过程，可以分为语音听辨、语法层次分析、语义和篇章分析、文体修辞分析、文化分析、社会心理分析、意义推断和综合。翻译的过程是译员思维的过程，译员思维的特点主要表现在灵活性、逻辑性和敏感性上，而这些特点只是因人而异而不是因语言而异。最后，译员的知识图式具有共性。刘和平（2005）引用王立弟、鲍刚和谭载喜几位学者的观点，指出无论是哪两种语言的转换，翻译的过程没有特殊变化，译员听到有声语链时会努力在大脑的知识系统中搜寻相关的交流信息。在这一意义上，口译工作中无论工作语言如何，译员所需的知识结构要求基本一致。

杨承淑（2005）也进行了大量针对口译教学大纲的研究，主要是教案和核心课程设置。杨承淑认为，教案的设计应该根据学习需求与教学资源来决定，完整的教案应该包括教学目标（含学生动机与水平）、教学资源和条件、教学内容与进度、教材运用方式与考评。可见，杨承淑所指的"教案"和刘和平研究的"教学大纲"基本上属于同一事物。杨承淑使用观察法，以外语系的口译课程或大学翻译系的口译课程为对象，对教案进行了提炼和总结，从以上几个方面对教学大纲进行了讨论。

西方的口译研究中，索亚（Sawyer, 2004）对蒙特雷高翻学院教学大纲进行的深入研究较有代表性。索亚提出了以下研究问题：（1）蒙特雷高翻学院的教学大纲设计是否合理？口译学位课程中的翻译教学作用是否得到应有的体现？（2）能否以教学大纲理论和语言测试概念作为基础，来研究蒙特雷高翻学院的情况，回答第一个研究问题？教学大纲理论和语言测试概念如何能够更好地运用在蒙特雷高翻学院的教学决策中？

索亚综合考虑了教学大纲的设置要求、数据的采集和适用、数据的有效性，以及大纲决策的不同角度进行这项研究。首先，他从教学理念和目标、教学流程、教育环境、评估等几个方面分析了蒙特雷高翻学院教学大纲的内容。为了回答"口译学位课程中的翻译教学作用能否得到应有的体现"这个研究问题，他在教学大纲内容的基础上进行了口译和笔译技能关联性的分析。索亚指出，此前还没有进行过任何研究，来明确在蒙特雷高翻学院课程中学员的口译水平和笔译技能之间是否存在系统性的联系。他提出了两个零假设（null hypotheses）：在蒙特雷高翻学院，（1）首次被选学员的同声传译和交替传译学位课程结业考试成绩不体现高度发达的笔译技能和口译水平之间的关系；（2）口笔译硕士和会议传译硕士的学位课程不体现首次被选学员由同声传译和交替传译学位课程结业考试所体现出的口译水平。然后，索亚用卡方检定程序（chi-square procedure）和 λ 检定程序（λ procedure）对上述两个零假设进行了测试。在研究方法上，索亚采取了定量法对蒙特雷高翻学院四个学期的教学大纲、结业测试、评分规则等进行了具体的描述，使用 SPSS 统计分析软件进行了双向卡方分析，来明确在学位课程设置（该名义变量具有两个层次：口笔译硕士课程和会议传译硕士课程）和交传与同传考试成绩（该名义变量具有两个层次：及格和不及格）之间是否存在系统性的联系。

索亚分析了统计结果，得出结论：（1）在 A 语到 B 语的交传中，亚洲语言学生组高度发达的笔译技能和口译水平之间存在明显关系，而欧洲语言学生组中不存在明显关系；在 B 语到 A 语的同传中，欧洲语言学生组高度发达的笔译技能和口译水平之间存在明显关系，而亚洲语言学生组中不存在明显关系。（2）口笔译硕士和会议传译硕士的学位课程不体现蒙特雷高翻学院的首次被选学员由同声传译和交替传译学位课程结业考试所体现出的口译水平。也就是说，学生不论是学习口笔译硕士课程还是会议传译硕士课程，和他们是否能够通过毕业时的专业测试是没有关系的。这个结论可以运用在制订教学大纲的过程中。

比较索亚和刘和平、杨承淑等的口译教学大纲研究，可以看出索亚是以一种统计学的方法，在数据采集和分析的基础上进行的定量加定性研究，而刘和平、杨承淑两位学者则更多是对口译教学大纲进行一种经验总结式的描述和规定。

第五节　口译教学模式与方法研究

口译教学的模式与方法指的是为了实现口译教学目标而采取的基本方式和一系列步骤，包括口译教学的原则、技巧和策略。

我国口译课程的教学方法，也从最初授课教师的摸索实验，形成了一定的理论支撑和实践体系。随着我国口译教学的发展，针对不同层次和内容的口译教学方法得到了逐步完善，并在较大范围得以推广，这离不开国内近十年来对口译教学模式和方法的不断推介和深入。

自 20 世纪 60 年代以来，西方的口译研究蓬勃发展，先后形成了释意理论、神经语言学、认知处理、翻译学理论和话语互动等五大研究范式。（Pöchhacker，2004）在西方口译研究理论成果的滋养下，口译教学实践也形成了针对具体教学训练目标的操作方法，如源语复述、摘要综述、无笔记交传、影子训练、倒写数字跟读、三角对话、角色扮演、口译工作坊、观摩与赏析等。

就具体的教学过程而言，我国目前的口译课堂教学多采取三步教学：第一步，基础技巧训练；第二步，口译操练；第三步，口译观摩与实践。刘和平（2005）在考察国内高校的口译教学实践后，提出了交替传译技能训练的四个阶段，分别是听与理解阶段、记忆阶段、笔记训练阶段和表达阶段，并具体提出口译教学的各部分比例为理论讲解和教师讲评占30%，讲话人占35%，翻译实践占35%。

仲伟合教授则在对吉尔模式研究的基础上于 2001 年提出了更加详细的技能训练模式，详情如下两表所示。

交替传译技能训练

技能名称	训练目的	训练方法
口译短期记忆	主要训练译员的短期记忆能力，准确理解发言者的讲话内容	单语复述练习；单语延迟联系；译入语复述练习
口译笔记	口译笔记有别于会议记录与速记。口译笔记是辅助记忆的手段，是在听讲的过程中用简单文字或符号记下讲话内容中能刺激记忆的关键词	本技能的训练应贯穿口译训练的前期过程。帮助译员：1）建立一套可行的笔记符号；2）学习常用词的口译笔记速记
口译笔记阅读	根据笔记的内容组织语言，归纳主题	可设计给出几个核心词，要求学员根据核心词综述出一段内容
交替传译理解原则	训练学员对源语的理解。翻译过程中注意力的分配（听、记、想）	跟读练习 提取意思练习
言语类型分析	熟悉六种主要言语类型的特点	可适当配置书面语语篇分析练习
主题思想识别	训练学员如何在理解过程中抓住主题，进而在译入语中根据主题重新组织语言内容	
目标语信息重组	强调信息的理解与重组，暂不强调语言形式的完美	可从单语复述渐渐过渡到译入语的复述、信息重组
数字传译技巧	训练学员对数字的理解与准确翻译	练习应贯穿口译训练的整个过程
口译对应策略	介绍在口译困境时采取的应对策略，如跳译、略译、"鹦鹉学舌"等	安排在交替传译训练的后期
译前准备技巧	译前准备工作的两部分：1）长期的译前准备；2）临时的译前准备	结合实际的口译活动
演说技巧	介绍公众演说技巧，提高学员的语言表达能力	
跨文化交际技巧	提高学员的跨文化交际意识	
口译职业准则	介绍作为职业口译员所应遵循的职业准则	

同声传译技能训练

技能名称	训练目的	训练方法
分散使用注意力技能	这是同声传译的基本技能，要求学员能听、思、记、译同时进行	第一阶段只进行复述练习，单语干扰复述练习等
影子练习	训练注意力的分配	录制原速度的各种新闻、演讲等

（待续）

（续表）

技能名称	训练目的	训练方法
笔记的使用	区别同声传译中笔记与交替传译中笔记功能的异同	
理解技能	训练学员如何在听的过程中理解并同时用译入语译出理解的内容	源语复述；概括练习；目标语复述练习
复述技能	训练学员根据给定的语言材料进行复述	提供散乱的语言材料，要求学员据此重新组织出逻辑清晰的语言内容
简单化	同声传译应对策略	设计技能专项练习
概括化	同声传译应对策略	设计技能专项练习
略译	同声传译应对策略	设计技能专项练习
综述	同声传译应对策略	设计技能专项练习
解释	同声传译应对策略	设计技能专项练习
预测技能	同声传译应对策略	设计技能专项练习
译前准备技巧	训练学员临时性同声传译的准备工作技能：1) 专业准备 2) 术语准备；3) 精神准备	结合实际口译工作介绍
视译技巧	介绍视译技巧：1) 有原文与译文；2) 有原文无译文	使用同声传译设备进行练习，使学员逐渐熟悉同声传译的工作原理
误译处理对策	介绍在出现错误的情况下，如何使用后面的翻译进行补救的技巧	
语音、语调、重音及音节	如何把握节奏，紧跟源语发言者	
数字翻译技巧	训练学员对数字的理解与准确翻译	练习应贯穿口译训练的整个过程
接力口译技巧	介绍在同声传译中如何与其他语种同事进行合作	
团队合作	团队内部的合作技巧	
同声传译设备的使用	介绍各种同声传译设备的工作原理及使用方法	可安排在第一阶段介绍

　　在上述对于交替传译和同声传译环节的口译技能训练教学模式的研究中，仲伟合采用归纳和规定的研究方法，十分系统地对交替传译中相关技巧及其训练方法进行了全面的阐述，给国内的口译教师提供了一个很好的参考。特别是在其关于同声传译技能训练原则的阐述中，仲伟合不但谈到了一些具体的同传技能的提高，还讨论了一些相关能

力的培养，比如团队合作、同传设备的使用等，这些都是在实际工作中相当重要而在此前关于口译教学的研究中又常常被忽视的部分。就具体的口译教学模式而言，上述的研究成果既符合课堂教学分步骤、分层次推进的基本原则，又体现了口译实际工作中的要求，成为我国高校口译教学中广泛使用的基本模式，是具有典型性的关于口译教学模式的研究成果。

杨承淑（2005）采用和仲伟合教授相同的研究方法，按照"基础技巧"和"进阶技巧"分类，梳理和总结了口译教学的教学方法。

十项基础技巧的口译教学目标、教学方法和适用形式

基础技巧	教学目标	教学方法	适用口译形式
跟述练习	训练外语的流畅与正确使用	以边听边说的方式模仿外语的内容与节奏	CI/SI
重述练习	外语灵活运用能力；口语传达技巧	用同一外语将书面或口语的句子重组，但保持语意相同	ST/SI
缩减译法	以另一语言精简地重组信息	以5W1H组成精简的新信息	CI
扩增译法	以另一语言将信息简化到听得清楚、说得明白的程度	找长句的截断点加以断句；将语意浓缩的词加以扩增	ST/SI
连贯技巧	以句子短（单位信息负荷轻）而信息明确为口译目标	用14项连贯词，以多句衔接的方式做视译、逐步[1]、同步	ST/CI/SI
语篇分析	了解口语语篇结构，培养预测下文的能力	分析典礼致词的语篇结构；熟记典礼致词的常用句	ST/CI/SI
笔记技巧	运用笔记方法为实现口译目标服务	分析口译的笔记内容，笔记的符号与笔记方法	CI
短逐步技巧	译者、讲者、听众互动关系较强的口译表达能力	偏向情感诉求的口译内容；不记笔记的口译方法	CI
对译技巧	灵活运用已有固定译词的翻译	讨论谚语、名言、热门话题、专业词汇等译词与译法	ST/CI/SI
提纲及词汇表制作	针对个别口译的核心词汇及内容，精简地自我提示	以条列方式记录主题内容；核心词汇的选择与查对	ST/CI/SI

---

1. 即交替传译，下同。

基础技巧配合各种口译目标语的特定专业知识领域进行
的"进阶技巧"训练

进阶技巧	教学目标	教学方法	适用口译形式
顺译技巧	降低双语之间的干扰,提升口译的效率	用扩增及连贯技巧,依原文词序视译;运用顺译做带稿同声传译	ST/SI
全稿视译	将视译技巧灵活运用在不同形式的口译上	讲者不说话,仅由译者看稿视译;讲者全文念完,再由译者视译;讲者宣读文稿,译者同声传译;讲者跳读文稿,译者同声传译	ST/CI/SI
影片口译	掌握影片的口译要领	根据影片脚本做视译的同声传译;根据讲者讲述,边看影片边同步翻译;完全根据影片做同声传译	SI
转译技巧	掌握同步多语言互译的要领	建立规范(如句子应完整,人名、地名应以原文发音说出);各组相互提供提纲与词汇表	SI
问答技巧	灵活表达提问与回答的内容	分析问与答的语篇结构,掌握其基本句型与表达方式	CI/SI

可见,杨承淑和仲伟合在对口译教学内容和方法的归纳和总结上有一定的差异。仲伟合是严格按照交替传译和同声传译这两种不同形式的口译所需要的技能来编排课堂教学内容和设计相应训练方法的;而杨承淑则没有区分交传和同传,而是按照口译的技能来划分,将其归纳为基础级别工作的口译技能和更高级别工作(如具有很强的专业性或者复杂的工作要求等)的口译技能来进行教学环节内容和方法的设计。然而,两位学者在口译教学内容和方法的研究结论上则具有更多的共通性和互补性。

詹成(2009)则针对口译教学具体环节的设计和操作,采用案例分析的方法,对广外高翻学院的口译教学模式和方法进行了描述性研究。例如,他通过观察广外高翻学院硕士研究生一年级的"专题口译"教学,包括教师授课时的授课规划、教学内容、方式和效果,结合口译课程中的译员能力培养的理念和目标,对该课程专题的选取和语料的使用进行描述和分析,试图就此总结出能够普遍应用于高校专题口译教学中的原则和方法。通过单一样板,兼而讨论了此类口译课程教学中需普遍采用的原则、理念和方法,他指出:针对专题口译课程中的一些问题,授课教师应该探索出更加有效的方法，排除技能训练和语言提高的相互干扰。一方面，在学员选拔和语言教学等环节提高科学性与合理性；另一方面，通过明确教学指导思想，并且有效选择和运用语料，并根据学生的实际情况采取一些灵活的方式，可以更好地实现专题口译课的教学目标。

在另一项研究中，詹成（2008）以广外高翻学院国际会议传译方向研究生教学为案例，在分析口译方向研究生实践教学一般性特点的基础上，对广外高翻学院口译实践教学理念进行了提炼，将其实践教学的方法总结成三个方面：（1）实践走入课堂、开发特色课程；（2）培养教师队伍、提倡"双师"教学；（3）拓展国际视野、鼓励社会服务。詹成指出，实践教学已经成为广外高翻学院国际会议传译方向鲜明的特色和显著的优势，其口译教学的模式及方法应该可以在其他院校的类似课程中推广。

第六节　口译教材研究

教学环节的实施离不开教材的使用，好的教材往往可以促进教学的顺利进行，成为教学成功的关键。西方对于口译教材的研究很少，主要是因为西方的口译教学大多由经验丰富的口译从业人员开展，较少使用固定的教材。因此，除了塞莱斯科维奇和勒代雷编著的《口译训练指南》等少数以指导手册形式编写的教材外，西方的口译教学中几乎没有教材。而在我国，由于外语教学规模巨大，而口译教学的层次和专业化程度不一，教师的实践经验和水平也参差不齐，因此对口译教材的需求很大，相关的研究也就相应较多。

冯建中在 1998 年第二届全国口译理论与教学研讨会上提出编写统编口译教材是刻不容缓的任务。他认为主要有以下几方面原因：第一，国家对口译教学应有统一的要求；第二，国家对涉外人员的政治素质、外语、业务能力和行为规范的要求是一致的；第三，当今科技的大发展使各学科相互交叉和相互渗透的趋势越来越明显，从事某一特定专业的译员也免不了要用到专业外的知识；第四，我国已拥有一支相当规模的口译师资队伍和教材编写队伍；第五，我国的外语教学大发展为编写口译统编教材提供了现实可能性。（穆雷，1999）

对于教材的研究，以张美芳于 1999 年完成的调查法研究比较典型。

对 1949 年至 1998 年出版的 115 种翻译教材进行考察后指出，在所有翻译教材中，除综合性基础教材外，20 世纪 90 年代加速问世的口译教材和商贸翻译教材特别引人注目，反映了该时期对于翻译人才的特殊需求。（张美芳，2001）张美芳没有专门进行口译教材的研究，而是将口译教材置于翻译教材范畴之内予以考察，统计的口译教材的总数仅有 14 种，占她所考察的翻译教材总数的 12.2%，但是其研究方法值得关注。

首先，张美芳采用定性研究的方法，将收集到的翻译教材按照特点分为三大流派：以词法、句法为纲的"词法、句法流派"，以专题、语言功能或翻译功能为基础的"功能流派"和以当代翻译理论为基础的"当代译论流派"。（张美芳，2001），然后她从 115 种教材中选出 12 种具有代表性的教材作为分析对象，其中包括同属"功能流派"翻译教材的《汉英口译教程》（王逢鑫，1992）和《汉译英口译教程》（修订本）（吴冰，1995）。张美芳（2001）首先对这两本口译教材的谋篇布局和内容进行了分析，指出王逢鑫的教程与国内流行的外语口语教程的编排一脉相承，而吴冰的教程则类似于国内一直流行的英语精读教程。她又从翻译方法和技巧方面进行分析，指出王逢鑫的教程的重点部分是功能技巧训练，以意念功能为纲编写以训练学生的实战能力，而吴冰的教程重点是当时的政治、经济、教育、家庭等有关话题，注重学生的实战能力。

在定性研究的基础上，张美芳又采用了定量研究的方法开展后续调查，从 1997 年 10 月至 1998 年 2 月以问卷的形式在全国 80 多所高校进行了针对上述 12 种翻译教材的用户意见调查，调查由开放式问题和自由观点组成，内容包括：受访者的个人情况；受访者对现有翻译教材的喜好、评价和建议；受访者对 12 种教材在编排、译例、译论、技巧和练习五个方面的具体意见。在此基础之上，张美芳进行了调查结果的统计和综述，并综合讨论了翻译教材的现状和发展趋势，对翻译教材的编写提出了一些建议。

杨承淑（2005）提出了编选和使用口译教材的一些原则，如"真材实景，耳听口说；运用语言知识，发挥语言能力；掌握知识背景、专门名词；区分'概念信息'与'实质信息'；教授口译技巧"。她认为，口译教材必须使用录音带或录像带，让学生能够亲耳听见并且亲眼看见口译信息的来源。教材在语言表达上，必须是活生生的口语，尽量不使用僵硬的读稿或者书面文稿，应将书面材料作为分析言谈或扩增知识领域的补充资料。如果使用特定的口译教科书，教师最好能讲授与教科书内容不同的其他口译方式，或者详细分析书中运用的口语传达技巧，并从教材中挑出值得对比分析的词汇来作为作业，上课时进行讨论，教师给出分析的结果。与张美芳的定性加定量实证研究不同的是，杨承淑的这项研究是基于口译教学实践的规定性研究，是对于她认为理想的口译教材和教材的理想使用方法的一种描述，而未提供实证的数据来支撑其观点。

第七节　口译教学环节研究

如果说对于口译教学原则、大纲、课程和教材等方面的研究还都是在回答"教什么"的问题，那么对于具体教学环节的研究则是在解决"怎么教"的问题。在这方面，西方的口译学者较早开展了比较科学的实证研究。

在大量的基于理论思辨和经验总结的研究之后，西方口译研究者在 20 世纪 80 年代发出了对口译教学研究需要更为科学的方法的呼声。(Pöchhacker, 2004) 口译研究的认知过程范式（cognitive processing paradigm）的代表人物将他们的教学模式应用到译员技能培训中，具有代表性的有兰波特（Lambert, 1988）对口译教学分解技能的强调、阿勒桑德拉·理查迪（Riccardi, 1996）和卡琳娜（Kalina, 1998）对教学策略的阐述、吉尔（Gile, 1995）对认知加工能力管理的解析和莫瑟–梅瑟（Moser-Mercer, 2000）对口译专业技能培养的探讨。

莫瑟–梅瑟（Moser-Mercer, 1985）采用实验法，从教学环节入手，对同声传译学员的能力培养途径进行了研究。莫瑟–梅瑟在其同声传译信息处理模式的基础上设立了一门为期 10 周的单语筛选课程。她将学员分成不同的组别，给他们分配练习任务，如影子练习、双重任务（语言理解和大声数数）、释义和数字处理等，并根据学员上课期间的表现以及英语语言技能、处理压力的能力、自信程度等附加标准，给与"正面的"、"有保留的"或"负面的"建议。这些建议供教师和学员参考，以利于下一步培训的开展。此后，研究者又对这些学员进行了后续调查，对他们在中期考核与结业考核中的通过率进行考查，发现他们的成绩与之前他们所得到的建议类型之间具有显著的关联性。

　　兰波特（Lambert, 1991）特别强调在口译教学环节中通过跟读练习和回忆检查来衡量口译的相关技能。在其研究中，他描述了一系列的选择工具，从而将认知处理能力与视译和面试结合起来。此后，罗特里特（Lotriet, 2002）也使用了同样的研究方法，对一个在南非进行的、为期两周的社区同声传译培训课程进行了类似的研究。

　　库尔兹（Kurz, 1992）对同声传译教学的环节开展了研究。研究通过引用一些神经心理学上的发现，对单语重复和同声传译的区别进行了描述，指出单语重复练习缺少了很重要的一个因素——"对话语输入的主动分析"。库尔兹（Kurz, 1996）在这方面展开了一项实验研究，让五位大学一年级学生分别在一学期常规同声传译训练的开始和结束阶段完成一段影子练习和两项同步问答练习。库尔兹纵向比较了培训前和培训后学员的能力，发现经过培训，学员在影子练习和两项同步问答练习的得分上都有比预想更高的提升，而最显著的进步体现在同步问答项目上。在同步问答中，学员要一边回答"为什么"的问题，一边倾听接下来的问题，这显然比单语复述的要求更高。

　　库尔兹的研究结果和莫瑟（Mercer, 1978）具有开创意义的研究所得出的结果一致。莫瑟通过实验的方法，将学员分成测试组和对照组，进行不同任务的测试，对学员的表现进行比较分析。研究发现，经过一系列的入门训练（包括概括大意、信息预测、双重任务练习和影子练习等）后，接受训练的组员和未接受训练的对照组成员在影子练习上的表现无显著差异。而出现显著差异的是"延迟练习"，即让测试者比发言人延迟一到两句话后开始复述或翻译。莫瑟的结论是影子练习对意义加工的要求较低。这一结论在最近的一项对比研究中也得到了验证——莫瑟-梅瑟等人（Moser-Mercer, 2000）对五个学员和五个职业译员进行了"新手-老手"的表现比较，发现五个学生受试的影子练习比五个职业译员做得要好，研究者猜测：学生受试或许是在实验中运用了他们所掌握的内容处理策略，从而影响了最后影子练习的成绩。

　　波赫哈克（Pöchhacker, 1999）采用调查法对口译教学环节进行了研究，他使用问卷进行调查，研究了在同一教学单位内22位不同教师所教授的共25门同声传译课程，发现在源语输入、媒体工具运用和译语修正等环节上，不同教师的教学方式风格迥异。

第八节 口译教学评估和译员能力研究

口译教学环节的最后一步，也是极其重要的一步，就是对所教所学内容进行评测，口译课需要一套切实高效的评估模式。本章主要讨论作为教学环节的入学测试和结业测试。

国内外的翻译院校在招收口译项目学员前都会进行口译测试，一般属于典型的"口译潜能测试"；在完成了口译项目学习的时候，也会举行口译测试，一般属于典型的"口译水平测试"。

王斌华（2007）对我国有代表性的口译专业入学考试进行了研究。他选取了北京外国语大学高级翻译学院、上海外国语大学高级翻译学院、广东外语外贸大学高级翻译学院和台湾辅仁大学翻译研究所四个样本，采用比较法的研究方法对几所大学的口译入学测试进行了分析，详情见下表。

口译专业入学考试对比

入学考试所属院/所	测试项目	
	笔试	口试
北外高级翻译学院	基础英语；英汉互译	视译；口头复述；英文阅读答问
上外高级翻译学院	写作：填空与结语、段落改写、写阅读摘要；中英文双向笔译；综合知识测试	听译（双向）；复述（非母语；问答与对话；演讲（非母语）
广外高级翻译学院	英语水平考试；英语写作与翻译	口译（包括"视译"和"交替传译"）；翻译理论与实践
辅仁大学翻译研究所	外语语文测验（包括结语、摘要、填空）；中外文双向翻译；中文语文测验（包括结语、摘要、填空）	视译；听A语短文以B语复述，听B语短文以A语复述；A语即席演讲,B语即席演讲；面试

在比较的基础上，王斌华观察到四所院校在口译入学测试方面的异同，得出结论：所有的院/所的口译专业入学测试的笔译部分均注重对学员的语言能力，尤其是外语能力进行测试，其次是对双语翻译能力的测试。相比之下，上外高翻学院和辅仁大学译研所的笔试设计较为详细。口试部分，所有的院/所均有视译或者交替传译形式的口译测试，而上外高翻学院和辅仁大学译研所还有演讲环节。

王斌华的这个调查结论并不是其研究的终点，而只是取得了一定的实证依据，然后被用于其对于口译能力和译员能力的分析之中。

"能力"是与口译评估密切联系的一个研究命题，也是口译教学中很重要的一个命题。最早这方面的研究是关于翻译能力和译者能力的。

威尔斯（Wills, 1982）在其著作《翻译学：问题与方法》（*The Science of Translation: Problems and Methods*）中提出，翻译是语言的总和（Translation is a "language-summation concept"）。这种观点被认为是早期对于翻译能力的阐述——翻译能力即双语能力。此后的二十多年时间里，学者们对此观点不断进行了讨论和修正，又形成了几种看法：（1）区分翻译能力与翻译行为，否定"翻译能力"的概念；（2）多成分理论——认为翻译能力由其他多种次能力组成，这是对翻译能力的广义理解；（3）概念最小化——翻译能力指一种超能力，这是对翻译能力的狭义理解。

学者们从对翻译能力的探讨转向对译者能力的探讨。译者能力是指作为一个合格的译者所需要具备的个人能力，也可以说是对合格译者的要求，这与翻译能力是密切关联的。在翻译教学中，如果单纯追求培养学生的翻译能力，对学生进行孤立和单一的语言转换培训，很难使他们取得进步。要提高学生的翻译能力，并将学生培养成合格的译者，必须把他们当成一个社会个体来培养，使之具备译者需要的各项辅助能力，翻译能力就能随之建立。（穆雷，2006）

王斌华（2007）在其对四所翻译院/所入学测试的调查的基础上，对翻译教学和翻译评估的"翻译能力"和"译者能力"研究进行了综述，提出口译教学和评估中同样应该对"口译能力"和"译员能力"加以区分——口译能力指"完成口译任务所需的内在的知识和技能体系"，译员能力指"口译工作者应具备的内在的知识和技能体系以及职业素质和身体/心理素质"。至于二者的关系，"'口译能力'是'译员能力'的核心组成部分；而'译员能力'则不仅仅限于'口译能力'，它还包括从事口译工作所必备的职业素质、身体素质和心理素质。"

在20世纪70年代后期，格尔瓦（Gerver, 1974）开展了一项极具影响力的研究。该研究的对象是针对各项被假定为"迅速理解并传达口述话语意义能力"的测试。研究者对共30名录取进入为期六个月的会议口译研究生培训项目的学员进行了复述、完形填空、改错、言语流利度和理解能力的"分项技能"测试（Carroll, 1978）以及一项普通的"速度-压力"测试，从而对各种测试的价值进行了探索。当与学生的期末考试成绩相关联时，在 7 个主要是基于文本类型的测试中，通过测试的学生分数比 12 名没有通过测试的学生的分数要高很多。

此后，玛丽亚其亚娜·鲁索（Russo, 1993）以同样的方式使用了一个同声释义的任务来检验一组 20 名学生的口译天分，他们是为期两年的会议口译培训课程的入门学员。与详细的句法、语义和语用相对应，研究者开发出多重参数分析，并在此基础上对学员进行评分，发现学员的得分最后与他们是否成功完成该课程有关。那些最终成功完成该课程的学员在这次实验中的得分对于他们的口译天分具备更大的预测价值；而对于那些没有完成培训课程的学员而言，他们在试验中的得分对帮助预测他们的口译天分则几乎没有什么价值。

对于口译教学评估方面的研究除了上述的入学潜能测试外，还有关于结业水平测试的论述。其中，以索亚（Sawyer, 2001）定量法和定性法相结合的实证研究较有代表性。索亚基于其关于口译教学大纲的研究，考察了蒙特雷高翻学院从 1994 年 5 月至 1999 年 5 月的结业测试，通过采集测试过程的定性数据，分析考试对于检验口译教学的效度。整个研究采用调查法，从 1994 年 4 月至 1999 年 8 月，历时 5 年多。研究从两个方面开展：测试考官（jury members）和考试内容（exam texts）。

在测试考官部分，共有 37 名考官参与了调查，其中 16 名是当时的蒙特雷高翻学院口译课程教师。索亚从考官的个人背景、考试流程（包括考试组织和指令）、不同口译课程（口笔译硕士和会议传译硕士）的考试目的、不同口译课程的评价标准、评分标准（包括是否有清晰的标准）、考官行为和外部考官角色等几个方面进行了调查，并设计了问卷，结合开放式问题和封闭式问题，获得了有关考官测试目的、思路、标准等方面的信息。索亚从两个方面分析了问卷结果和统计数据：（1）考试的标准化程度，即同一语言课程之内和不同语言课程之间考试的可比性；（2）测试的效度和可靠性，即测试目的和适用的合理性。结论如下：考官对于考试流程没有很清晰的界定，特别是在混合语言组的考官团中这个情况更为突出。各个语言组的考试程序中，在考前介绍、交替传译的停顿分隔、热身、评分标准应用和盲审等方面存在操作不一的问题。因此，在整个蒙特雷高翻学院，口译项目结业考试的成绩并不能形成有效而且可靠的评估结果。

在考试内容方面，索亚在定量分析的结论之上进行了定性分析。他使用巴赫曼测试理论，对五年间的考试内容进行了文本分析。索亚以蒙特雷高翻学院教务办公室留存的考试文本资料为基础建立了一个小型语料库，然后进行筛选，将研究限定在 1999 年 5 月结业考试的共计 14 个英语、法语与德语文本中，并进行了口译模式和内容特点的分类。索亚的定性分析集中在以下几个方面：

1. 文本长度：结束部分是否有清晰的标记？如果有，文本共计多少词？
2. 命题内容：
   讲话人：讲话人是否就是考官？
   地点：讲话地点本来是在别的场所吗？如果是，在哪里？
   体裁：考试文本是现场演讲、其他来源的演讲原文，还是经过改编的材料？
   话题：演讲是关于什么的？根本主题是什么？
   信息类型：演讲信息是具体的还是抽象的？
   词汇：最高级别的词汇困难是什么：普通词汇、半技术性词汇还是技术性词汇？
3. 社会语言学特征：
   话语强度：除了作为考试以外，该演讲还发挥怎样的语言功能？

索亚从上述方面，采用定性研究的方法分析了 14 个考试文本，得出结论：考试的文本不能支持蒙特雷高翻学院口译结业考试的成绩效度和可靠性。

第九节　口译教学研究的特点和方法评述

考察对口译教学的研究，可以发现一些特点：就研究者而言，大多数口译教学的研究者本身都参与了译员培训，有的以教师身份，有的以要完成学位论文的研究生身份。可以说，对口译教学的研究基本上是由一线的口译教学工作者或学习者完成的。就研究对象而言，很多口译教学研究是在受试学生身上完成的。就研究主题而言，口译研究的命题基本涵盖了口译教学的各个方面。西方的口译教学研究多集中同声传译的教学培训，特别是具体教学环节或技能分解的教授和习得。我国的口译教学则多关注更为宏观的教学理念、课程设置、教学大纲、学员素质等方面，缺乏对具体教学环节的探讨。

　　而在研究方法上，口译教学方面没有形成系统的研究方法，主要是大量经验的描述。这在我国的口译教学研究中尤为如此，大量的研究都是根据现有文献的综述以及根据课堂教学观察形成的经验总结，研究方法缺少科学性；西方的口译研究方法多为实验法，有大量的定量实证研究，所得出的结论虽然微观但是科学性更强。

　　正如波赫哈克（Pöchhacker, 2004: 177）指出，"考虑到教学的先决条件是对所教授的东西有深入的了解，对于口译的研究很多都是以口译教学为背景的，并且直接或间接地服务于口译教学。但是，作为研究主题，口译教学总的来说没有产生什么系统的调查，而只是大量经验式的描述"。

推荐阅读文献 🔊

对口译教学理念与原则的研究

1. 刘和平．2001．口译技巧——思维科学与口译推理教学法．北京：中国对外翻译出版公司．
2. 刘和平．2005．口译理论与教学．北京：中国对外翻译出版公司．
3. 仲伟合．2007．专业口译教学的原则与方法．广东外语外贸大学学报．第 3 期第 5–7 页．
4. 仲伟合、穆雷．2008．翻译专业人才培养模式探索与实践．中国外语．第 6 期第 4–8 页．

对口译教学体系和内容的研究

1. Arjona-Tseng, E. 1978. Intercultural communication and the training of interpreters at the Monterey Institute of Foreign Studies. In Gerver, D. & Sinaiko, H. W. (Eds.), *Language Interpretation and Communication: Proceedings of the NATO Symposium*. New York/London: Plenum. 35-44.

2. Arjona-Tseng, E. 1984. Issues in the design of curricula for the professional education of translators and interpreters. In McIntire, M. L. (Ed.). *New Dialogues in Interpreter Education: Proceedings of the Fourth National Conference of Interpreter Trainers Convention*. Silver Spring MD: RID Publications. 1-35.

3. Sawyer, D. B. 2001. *The Integration of Curriculum and Assessment in Interpreter Education: A Case Study*. (Doctoral dissertation). University of Mainz.

4. 刘和平、鲍刚. 1994. 技能化口译教学法原则. 中国翻译. 第 6 期第 20–22 页.

5. 塞莱斯科维奇、勒代雷著，汪家荣等译. 1990. 口译理论实践与教学. 北京：旅游出版社.

6. 仲伟合. 2003. 译员的知识结构与口译课程设置. 中国科技翻译. 第 4 期第 63–65 页.

对口译教学大纲的研究

1. Sawyer, D. B., 2004. *Fundamental Aspects of Interpreter Education*. Amsterdam/Philadelphia: John Benjamins Publishing Company.

2. 刘和平. 2001. 口译技巧——思维科学与口译推理教学法. 北京：中国对外翻译出版公司.

3. 杨承淑. 2005. 口译教学研究：理论与实践. 北京：中国对外翻译出版公司.

对口译教学模式与方法的研究

1. 刘和平. 2005. 口译理论与教学. 北京：中国对外翻译出版公司.

2. 仲伟合. 2011. 口译训练：模式、内容、方法. 中国翻译. 第 2 期第 30–33 页.

3. 杨承淑. 2005. 口译教学研究：理论与实践. 北京：中国对外翻译出版公司.

对口译教材的研究

1. 张美芳. 2001. 中国英汉翻译教材研究（1949—1998）. 上海：上海外

语教育出版社.

2. 杨承淑. 2005. 口译教学研究：理论与实践. 北京：中国对外翻译出版公司.

对具体教学环节的研究

1. Gile, D. 1995. *Basic Concepts and Models for Interpreter and Translator Training*, Amsterdam/Philadelphia: John Benjamins Publishing Company.

2. Kurz, I. 1992. "Shadowing" exercises in interpreter training. In Dollerup, C. & Loddegaard, A. (Eds.), *Teaching Translation and Interpreting 3: New Horizons*. Amsterdam/Philadelphia: John Benjamins Publishing Company. 245-250.

3. Lambert, S. 1991. Aptitude testing for simultaneous interpretation at the University of Ottawa. *Meta*. 4: 586-594.

4. Moser, P. 1978. Simultaneous interpretation: A hypothetical model and its practical application. In Gerver, D. & Sinaiko, H. W. (Eds.), *Language Interpretation and Communication: Proceedings of the NATO Symposium*. New York/London: Plenum. 353-368.

5. Moser-Mercer, B. 1985. Screening potential interpreters. *Meta*.30 (1): 97-100.

对教学评估和译员能力的研究

1. Carroll, J. B. 1978. Linguistic abilities in translators and interpreters. In Gerver, D. & Sinaiko, H. W. (Eds.), *Language Interpretation and Communication: Proceedings of the NATO Symposium*. New York/London: Plenum. 119-129.

2. Sawyer, D. B. 2004. *Fundamental Aspects of Interpreter Education*. Amsterdam/Philadelphia: John Benjamins Publishing Company.

3. Russo, M. 1993. Testing aptitude for simultaneous interpretation: Evaluation of the first trial and preliminary results. *The Interpreters' Newsletter*. 5: 68-71.

4. 王斌华. 2007. "口译能力" 评估和 "译员能力" 评估——口译的客观评估模式初探. 外语界. 第 3 期第 44–50 页.

第十章
语料库口译研究：
口译研究方法的新进展[1]

本章要点

- 口译研究的困境及语料库口译研究的意义
- 语料库口译研究的课题及案例
- 语料库口译研究的方法

第一节　口译研究的困境及语料库口译研究的意义

　　近年来，随着国内口译职业和口译教学的蓬勃发展，口译研究亦呈兴旺之势。从国际范围来看，口译研究自20世纪50年代萌芽，至今已有60余年的历史，已有不少研究成果发表。但是，相对于其他学科研究而言，口译研究至今仍存在理论基础薄弱的缺陷，其较为成熟的理论只有巴黎高翻的"释意理论"。长期以来，口译研究的重点集中于口译过程的认知研究。虽然近年来通过借鉴其他学科的研究方法，口译认知过程研究出现了一些实证研究的成果，但此类研究的数据收集多采用"脱离语境的"方式及模拟实验的手段，往往缺乏口译研究应有的"生态效度"（ecological validity）。此外，已有的口译研究成果往往数据规模很小，绝大多数实际上是以例证或个案为数据支撑，而科学研究的假设验证和理论证实均要求以较大规模数据为基础，因此，此类已有的口译研究难以

---

1. 本章主体部分曾发表于《中国外语》2012年第三期。

得出具有普遍性意义的研究结论。

口译研究必须在研究视角和方法方面有新的突破，才能有更好的发展。对现场口译的大量真实语料进行系统描写，并藉此探索口译的特点及其中所存在的规律，是一个颇具前景的突破口。因此语料库口译研究可望成为建构口译研究理论基础的一条可行途径。

在过去 30 年里，语料库语言学迅速发展。近 10 多年来，以莫娜·贝克（Baker, 1993; 1995）等为起点，语料库翻译研究也得到了长足发展。在这种背景下，口译研究领域也开始有少数研究者探索将语料库方法用于口译研究。但是，在口译研究中运用语料库方法有着特殊的困难。首先，由于保密性要求以及技术设备的限制，现场口译的语料收集客观上存在困难，而大规模同质性语料的收集则更加困难。其次，口译语料需要经过转写才能为语料库所用，而转写过程耗时费力，且转写方法本身就是一个需要研究的课题。另外，口译语料如何进行具有研究意义的标注以便语料库工具进行检索分析，也是尚需探讨的课题。

虽然语料库口译研究存在种种困难，但其对于口译研究的突破性意义不可忽视。对大规模的真实口译语料进行描写不但能够揭示口译产品的特征和口译策略的规律，为口译质量评估建立描述性的标准，而且能够为口译认知处理过程研究打开一个新的窗口。无论是上述哪一方面的突破或进展，都将为口译理论的建构提供系统性描述研究的基础。

此外，过去的口译研究多采用实验法或调查法，语料库口译研究实际上为口译研究提供了新的方法和路径。这一方法和路径有两大鲜明特色：一是基于真实语料；二是基于大规模数据。

第二节　语料库口译研究的探索：课题及案例

早在 20 世纪 70 年代，释意派的代表人物塞莱斯科维奇就提出，口译理论建构应建立在职业译员的经验和观察的基础上，并通过他们在口译过程中的现场表现来说明。遗憾的是，由于 20 世纪 80 年代末期口译研究开始追求"自然科学范式"（natural science paradigm），推崇控制变量的实验研究，上述主张并未延续下去。当然，这其中除了后来的口译研究者（如吉尔、莫瑟-梅瑟等）希望实现口译研究更为严谨的"科学性"而偏重实验研究的原因外，大规模的真实口译语料难以获得和分析也是一个原因。

近几年来，随着相关软件技术的成熟、大规模现场口译语料的诞生以及口译语料库的陆续建立，语料库口译研究开始兴起。意大利博洛尼亚大学的本达佐里和桑德莉（Bendazzoli & Sandrelli, 2005）等建立的"欧洲议会口译语料库"（European Parliament Interpreting Corpus，EPIC）为研究者获得大规模的现场语料提供了便利，语料库口译研究开始产生成果。无独有偶，日本名古屋大学建立了面向"自动口译"研究的同声传译语料库。在中国，2009 年有三位研究者不约而同地在核心期刊上发表相关论文，指出语料库口译研究方法范式的突破意义（张威，2009a；胡开宝，2009；王斌华，2009）。

到目前为止，基于语料库的口译研究课题已涉及口译产品的特征研究、译员表现和口译评估研究、口译策略研究、口译教学应用等方面。

1. 口译产品的特征研究

在语料库翻译研究中，最突出的成果是莫娜·贝克等通过"类比语料库"（comparable corpus）研究所提出的"翻译普遍性"（translation universals）假设。根据莫娜·贝克（Baker, 1993: 243）的界定，翻译普遍性指的是"在译文而非原文中展现的典型特征，这种特征不是特定语言系统相互作用的结果"。她将翻译普遍性视为翻译本身固有的特征，即无论原文是否具备这些特征，其译文都会呈现出同样的特征。翻译普遍性的主要表现为简略化、明晰化、规范化、整齐化等。简略化（simplification）指译者对语言或信息的简化，或两者皆有；明晰化（explicitation）指译者在翻译中趋向于把内容讲得更加清晰明了，又称"简化"；规范化（normalization）指译文趋向于符合目标语中的常见模式，从而弱化原文文本特征的做法；整齐化（leveling out）指翻译文本在语言特征上彼此有相似的倾向。在口译研究中，也有学者关注译员产出的口译话语的典型特征，甚至提出把口译话语称为"口译语"（interpretese，参见 Shlesinger, 2008）。从一定意义上说，口译产品特征考察与口译认知处理过程探究一样，均为口译研究最核心的课题。因为如果口译产品不存在区别性特征，口译认知处理不具备口译过程的特殊性，那么口译研究也许没有必要作为翻译学的一个子学科而存在。通过"类比语料库"的研究，即把口译话语与目标语原创文本进行系统比较，也许可以发现普遍性的口译话语特征。在这方面，初步的探索有希莱辛格（2008）、王斌华（2009）和胡开宝、陶庆（2009）等。

2. 译员表现和口译评估研究

在现场口译中，译员的表现与多方面的因素相关，既与译员自身的口译能力有关，又与源语发言的输入变量（input variables）、现场口译的认知处理条件（cognitive constraints）等相关。由此可见，对口译表现的评估绝不是一个简单的规定口译质量标准的问题。正是从这种考量出发，近几年来有研究者（Sandrelli, Russo & Bendazzoli, 2007）开始利用现场口译语料库对口译的输入变量（如源语发言的语速、口音、流利度等）与口译表现的相关度进行系统考察。另外，口译评估（尤其是客户评估）与译员表现的哪些方面和哪种特征最为相关？这也是口译评估最为关注的问题。找到这个问题的答案就可以使译员培训明确努力的方向，也可以用来衡量口译评估本身的客观性和科学性。在这方面，过去的相关研究通常采用实验研究的方法，但实验研究不能代替对现场口译职业现实的考察。现场口译语料库为此提供了一种新的考察手段。已有研究者（Bendazzoli, 2011）开始考察现场口译的话语标记和停顿、口误、非流利现象等话语特征。

3. 口译策略研究

与口译过程相关的口译策略，指的是译员用于应对现场认知处理压力的策略，如同声传译中的切分和预测等策略；口译产品相关的口译策略，指的是译员为了产出符合目标语规范和促进面向听众的目标语交际而采取的策略，如对文化含义词进行解释、将口译目标语表述得比源语更为通顺等。以往的口译研究多关注口译的认知处理策略，而忽视了口译产品策略。在这方面，语料库口译研究可用于对口译产品策略进行更为系统的分析。例如，名古屋大学的远山等（Tohyama，2006）利用日—英同传语料库对同传的策略进行了研究，对同传策略进行了较为科学的分类。

4. 口译教学应用

在口译职业历史上，口译教学通常是通过职业译员带领口译学员进行"师徒式"培训的方式来实现。近几十年来，随着巴黎高翻和世界各地口译教学机构的建立，口译教学才进入学院式教学的阶段。在专业口译教学中，口译技巧的系统传授和口译技能的系统训练是教学的核心内容。在这方面，除了借助身兼职业译员的口译教师进行"言传身教"外，对口译现场的观摩、对现场口译行为的模仿以及从现场口译中学习口译策略等均是译员口译能力发展的重要环节。而借助现场口译语料库，尤其是建立了音频和视频链接的语料库，口译学员可以"观百家之表现、习百家之经验"，做到"集百家之长"。在这方面，王斌华、叶亮（2009）和桑德莉（Sandrelli, 2010）均讨论了语料库应用于口译教学的可行性。

第三节 语料库口译研究的方法

语料库是指"由依据一定抽样方法收集的自然语料构成的电子数据库，是按照研究目的和语料选择方法选择并有序排列的语言运用材料的汇集"（胡开宝，2011：33）。要注意的是，相对于传统的语料汇集而言，现代意义上的语料库应具备两个基本特征：一是语料的代表性，即按照一定抽样原则和方法收集语料，并通过确定所收集语料的结构及比例等手段，努力实现语料最大程度的代表性；二是语料的电子化，即语料库依托电子计算机及相关语料库软件，对所收集的语料进行赋码和标注等技术处理，以实现语料的快速自动化存储、检索和统计。（参见胡开宝，2011）本节尝试探索语料库口译研究的方法，尤其是口译语料库的创建。

1. 口译语料库的创建

口译语料库的创建是语料库口译研究的基础工作。相对于笔译语料库而言，口译语料库的创建过程要复杂得多，通常需要进行以下几个主要步骤：1）语料收集；2）语料转写；3）语料对齐；4）语料赋码及标注；5）语料入库。

1.1 语料收集

口译语料可来自口译现场、口译教学现场、口译实验等。口译的典型特征是口语性和现场语境性；发言人的话语意义表达和译员的传译与副言语（para-verbal）手段密切相关，有时亦与非言语（non-verbal）手段相关，并在一定程度上整合了现场的语境意义。因此，口译语料的原始数据宜采用录像或录音的方式，以视频或音频的形式采集。

1.2 语料转写

语料转写是指将音频或视频形式的语料转写成书面文字。口译语料转写是一个非常耗时费力的过程，但却是语料库口译研究的关键所在。转写是否能体现口译的特点及现场口译的真实性，关乎到口译描写研究的真实效度。

语料转写应采用客观描写的方法，真实反映口译过程中的言语现象和副言语现象。与笔译中的书面语言不同，口译现场发言人和译员的语气、停顿、语调等副言语现象是话语意义传递的一个重要方面。另外，口译语料中存在口误、犹豫、修正、重复、语法不规范甚至错误等话语现象。对此，需在语料转写中通过两种手段加以体现：一是转写以现场录像和录音为基础，以语气、停顿和语调作为转写文本断句和标点的主要依据；二是通过转写符号对口误、犹豫、修正等话语现象加以自然记录，对重复和语法不规范甚至错误等现象也不作更正，真实记录。

将口译的源语和目标语的口语形式转写为文本后，断句和标点是一个重要步骤。为了明确源语—目标语对比分析的单位，通常需要对转写文本进行断句，但转写文本是否添加标点符号，由研究目的决定。断句的主要依据是语句意义的完整性，标点添加主要依据现场录音中的停顿长短、语调升降和语气强弱。如果语句意义未表达完整且停顿时间短，一般用逗号；如果语句意义表达完整且停顿时间相对较长，一般用句号。另外，语调若是升调式的疑问语气，句尾用问号；语气若比较强烈，句尾用感叹号。

1.3 语料对齐

在口译语料库的创建中，需要对源语及目标语的转写文本进行平行对齐。首先要解决的问题是对齐单位是什么？是词、短语、句子，还是语段？这个问题背后涉及到的是翻译研究的一个根本问题，即"翻译单位"问题。真实的翻译不可能是词和短语单位层次的对应，那能否用笔译语料库中常用的句子对齐标准？然而，句子对齐也不符合交替传译的真实情况，因为译员并非是以句子为单位进行口译。在交替传译中，通常是发言人说完一段，译员传译一段，有时这一段可能等同于一个句子，但多数情况下无法等同于一个句子。既然如此，能否用交替传译中发言人每节发言的自然段落作为分析单位？诚然，自然段落能够最大程度上反映交替传译的真实情况，不失为一种选择；但自然段落往往比较长，以交传语料为例，有的甚至长达十分钟左右，如果以此为分析单位，难以进行微观、准确的分析。

基于以上考虑，语料库口译研究中可采用动态的口译信息单位，即以表达完整意思的"语段"（discourse segment）为分析单位进行源语与目标语的文本平行对齐。如何界定"语段"？伯格兰德（Beaugande, 1999）曾提出判断语句的几条标准。参照其标准，在语料库口译研究中可以对"语段"作如下界定：

（1）"语段"是一个认知单位，是一个"命题"（proposition），构成方式是一个"述题"（predicate）加上一个或多个"论元"（arguments）；

（2）"语段"是一个信息单位，通常包括传达已知信息的"主题"（theme 或 topic）与传达新信息的"述题"（theme 或 comment）。

（3）"语段"是一个语调单位，一个语段即是一个"语调群"（tone group），其内部有其停顿的韵律，结尾则体现为升调或降调。

1.4 语料赋码及标注

语料赋码及标注是口译语料库研究中实现研究目标的关键步骤之一。需要标注什么？如何标注？这些问题都由研究目标决定。如果研究课题与词性相关，则需要对源语文本和目标语文本的词性进行赋码，这一步骤可以通过相关软件完成，如中科院计算技术研究所开发的汉语词法分析系统 ICTCLAS（Institute of Computing Technology, Chinese Lexical Analysis System）和兰卡斯特大学开发的英文词性赋码软件 CLAWS（Constituent Likelihood Automatic Word-tagging System）等。但是，多数研究目标都只能通过手工标注才能满足要求，如研究口译的目标语发布特征、结构特征以及口译策略等。手工标注实际上是采取定性研究的方法，对语料赋予研究意义上的标记，并通过对源语语段和相应的目标语语段进行微观的对比分析，发现口译目标语的特征和规律。语料标注要注意标注符的可识别性和唯一性。

语料标注包括篇头信息标注和篇体信息标注。口译语料的篇头信息通常包括：口译方式，如交传、同传等；口译活动的场合，即时间、地点等；口译活动的参与方，即发言人和译员等；译员背景，如性别和职业资历等；语料编号。口译语料的篇体信息包括语言特征和副言语特征。语言特征标注主要是词性赋码和语段标注，词性赋码便于分析口译源语和目标语的词汇特征，语段标注是实现语料平行对齐的前提。副言语特征标注体现口译源语和目标语的口语性，包括停顿、重音、犹豫、重复、口误、修正等。

1.5 语料入库与检索

在完成了语料转写、语料对齐和语料标注三个步骤之后，可以把语料导入平行语料库软件，进行检索统计分析。语料入库可采用平行语料库软件 ParaConc，把源语文本和目标语文本分批导入软件。导入之后，点击 "Align Corpus Files"（平行文本对齐），即成为平行语料库。平行语料库界面示例如下：

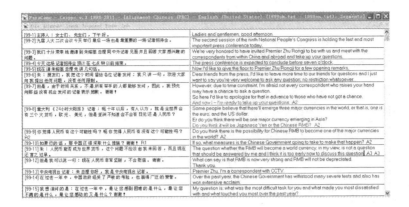

利用平行语料库，可对所标注的语料进行检索和统计，并可批量提取相关语料进行研究。检索统计界面示例如下：

2. 口译语料库的应用

从研究应用的角度来看，语料库研究方法有三大特点：描写性、数据驱动（data-driven）、定量分析。描写性是语料库翻译研究的重要特征。在这方面，描写翻译学可以为语料库翻译研究提供理论基础。

从语料库应用的现状来看，在口译研究中具备应用潜力的语料库有三类：一是平行语料库（parallel corpus），由双语或多语的源语和目标语平行对应的语料构成；二是类比语料库（comparable corpus），由翻译语料和翻译目标语的原创语言语料构成；三是翻译语料库（translational corpus），专门收录翻译语料。平行语料库可用于口译的源语和目标语比较研究，类比语料库和翻译语料库可用于口译特征研究。

目前，应用于口译语料库的软件主要有 ParaConc 和 Wordsmith。从其技术现状看，这两个语料库软件的主要检索和统计指标均可应用于口译研究。

（1）标准类符/形符比（standard type/token ratio）和平均句长。使用类比语料库，比较口译语料子库和目标语原创语料子库的标准类符/形符比和平均句长，可发现口译是否存在简化现象。研究案例可参见胡开宝、陶庆（2010）。

（2）词频。使用类比语料库比较口译语料子库和目标语原创语料子库的逻辑关系连接词的使用频率，可发现口译中是否存在明晰化现象。研究案例参见胡开宝、陶庆（2009）。通过统计分析词频高于 0.05% 的类符中不同词性的使用频率，胡开宝、陶庆（2010）还发现，口译语料子库的代词使用频率低于原创语料子库，进而分析认为，口译中以重复使用名词的方式指称前文出现的事物，使信息表述准确，并可帮助听众更好地吸收信息。

（3）关键词检索。胡开宝、陶庆（2009）通过检索引导宾语从句的"that"，发现口译语料子库中"that"的使用频率高于目标语原创语料子库，进而分析认为，口译中"that"的显化使用方便听众理解语句之间的关系。使用关键词亦可实现句式特征的检索，胡开宝、陶庆（2010）使用关键词"by"进行检索，发现口译语料子库中被动式的使用频率远远高于目标语原创语料子库，表现出显著的规范化趋势。

（4）其他标注特征检索。如上文所述，语料如何标注取决于研究目的，因而可以根据不同研究目标的需要对语料进行不同类型的标注。例如，对口译话语特征（如停顿、迟疑、修正等）的标注可揭示口译话语的特点，亦可在口译策略方面有所发现；对同传的时间特征（temporal features）的标注可揭示同传的典型特征。王斌华（2009）通过对口译目标语相较于源语的"偏移"（shift）现象的标注，并应用平行口译语料库进行检索，在源语—目标语关系规范和口译的目标语交际规范等方面均有不少发现。

语料库口译研究作为口译研究领域近年出现的一个新动向，实际上反映了口译研究在研究广度和研究方法上的探索。从研究广度上看，以往的口译研究重点关注口译的认知处理过程，对口译产品关注不够，而语料库口译研究以口译产品为核心研究对象，从而可以弥补以往口译研究的不足。从研究方法上看，以往的口译研究偏重模拟现场的实验法，缺少对现场口译真实语料的系统考察，而语料库口译研究实际上采用的是自然观察法，从而可以弥补以往口译研究在方法上的偏差。因此，无论从哪个角度来看，语料库口译研究都可望为口译研究带来新的突破。

推荐阅读文献 🌑

1. 胡开宝、陶庆．2010．汉英会议口译语料库的创建与应用研究．中国翻译．第 5 期第 49–56 页．

2. 胡开宝．2011．语料库翻译学概论．上海：上海交通大学出版社．

3. 王斌华、叶亮．2009．面向教学的口译语料库建设：理论与实践．外语界．第 2 期第 23–32 页．

4. 王克非．2011．语料库翻译学探索．上海：上海交通大学出版社．

5. 张威．2009a．口译语料库的开发与建设：理论与实践的若干问题．中国翻译．第 3 期第 54–59 页．

参考文献 >>

鲍川运．2004．大学本科口译教学的定位及教学．中国翻译．第 5 期第 27–31 页．

鲍刚．1998．口译理论概述．北京：旅游教育出版社．

鲍刚．2005．口译理论概述．北京：中国对外翻译出版公司．

蔡小红．2000．交替传译的过程及其能力发展——对中国法语译员和学生的交替传译活动进行实证研究．广东外语外贸大学博士论文．

蔡小红．2007．口译评估．北京：中国对外翻译出版公司．

蔡小红、方凡泉．2003．论口译的质量与效果评估．外语与外语教学．第 3 期第 41–45 页．

陈菁．2002．从巴赫曼交际法语言测试理论模式看口译测试中的重要因素．中国翻译．第 1 期第 51–53 页．

陈菁．2005．口译交际过程中的跨文化噪音．厦门大学博士论文．

褚东伟．2004．商业翻译导论．武汉：湖北教育出版社．

达尼卡·塞莱斯科维奇、玛丽亚娜·勒代雷著，孙慧双译．1992．口笔译概论．北京：北京语言大学出版社．

达尼卡·塞莱斯科维奇、玛丽亚娜·勒代雷著，汪家荣等译．1990．口译理论实践与教学．北京：旅游教育出版社．

达尼卡·塞莱斯科维奇著，黄为忻、钱慧杰译．1992．口译技艺：即席口译与同声传译经验谈．上海：上海翻译出版公司．

达尼卡·塞莱斯科维奇著，孙慧双译．1979．口译技巧．北京：北京出版社．

范志嘉．2006．口译质量评估中的用户期待．四川大学硕士论文．

方健壮．1998．口译教学改革刍议．中国科技翻译．第 1 期第 38–41 页．

菲利普·科特勒著，洪瑞云等译．2001．市场营销管理．北京：中国人民大学出版社．

风笑天．2006．人文社科研究方法．北京：高等教育出版社．

弗朗兹·波赫哈克著，仲伟合等译．2010．口译研究概论．北京：外语教学与研究出版社．

高彬．2007．猜测与反驳——同声传译认知理论研究．上海外国语大学博士论文．

胡庚申．1988．关于口译效果评价的构想．中国科技翻译．第 1 期第

45–48 页.

胡开宝. 2011. 语料库翻译学概论. 上海：上海交通大学出版社.

胡开宝、陶庆. 2009. 汉英会议口译中语篇意义显化及其动因研究. 解放军外国语学院学报. 第 4 期第 67–73 页.

黎难秋. 2002. 中国口译史. 青岛：青岛出版社.

李克兴、张新红. 2006. 法律文本与法律翻译. 北京：中国对外翻译出版公司.

李游子. 2003. 口译学习指标和测试评估. 广东外语外贸大学学报. 第 3 期第 9–12 页.

李越然. 1987. 论口译的社会功能. 北京第二外国语学院学报. 第 1 期第 10–11 页.

林郁如等. 1999. 新编英语口译教程（教师用书）. 上海：上海外语教育出版社.

刘和平. 2001. 口译技巧——思维科学与口译推理教学法. 北京：中国对外翻译出版公司.

刘和平. 2001. 口译理论与教学研究现状及展望. 中国翻译. 第 2 期第 17–18 页.

刘和平. 2001. 释意学派理论对翻译学的主要贡献——献给达尼卡·塞莱斯科维奇教授. 中国翻译. 第 4 期第 62–65 页.

刘和平. 2002. 科技口译与质量评估. 上海科技翻译. 第 1 期第 33–37 页.

刘和平. 2005a. 口译理论与教学. 北京：中国对外翻译出版公司.

刘和平. 2005b. 口译理论研究成果与趋势浅析. 中国翻译. 第 4 期 71–74 页.

刘和平. 2006. 法国释意理论：质疑与探讨. 中国翻译. 第 4 期第 20–26 页.

刘和平、鲍刚. 1994. 技能化口译教学法原则. 中国翻译. 第 6 期第 20–22 页.

刘林军. 2004. 论同声传译中的译员角色. 中国科技翻译. 第 2 期第 21–23 页.

刘宓庆. 1999. 当代翻译理论. 北京：中国对外翻译出版公司.

路德维希·维特根斯坦著、陈嘉映译. 2001. 哲学研究. 上海：上海世纪出版集团.

玛丽亚娜·勒代雷著、刘和平译. 1991/2001. 释译学派口笔译理论. 北京：中国对外翻译出版公司.

慕媛媛、潘珺. 2005. 专业化道路：中国口译发展的新趋势——兼评国际口译大会暨第五届全国口译实践、教学与研究会议. 中国翻译. 第 3 期第 38–41 页.

穆雷．1999a．中国翻译教学研究．上海：上海外语教育出版社．

穆雷．1999b．口译教学——方兴未艾的事业．中国科技翻译．第 2 期第 39–42 页．

穆雷．2006．翻译能力与翻译测试．上海翻译．第 2 期第 43–47 页．

钱炜．1996．口译的灵活度．外语与翻译．第 4 期第 36–41 页．

让·德利尔著、孙慧双译．1988．翻译理论与翻译教学法．北京：国际文化出版公司．

任文．2010．联络口译过程中译员的主体性意识研究．北京：外语教学与研究出版社．

任文、杨平．2011．迈向国际化：中国口译研究发展的现状与趋势——第八届全国口译大会暨国际研讨会述评．中国翻译．第 1 期第 29–32 页．

芮敏．2001．口译语体试析．四川外国语学院学报．第 3 期第 74–76 页．

王斌华．2007．"口译能力"评估和"译员能力"评估——口译的客观评估模式初探．外语界．第 3 期第 44–50 页．

王斌华．2009．口译规范描写及其应用———一项基于中国总理"两会"记者招待会交传语料的研究．广东外语外贸大学博士学位论文．

王斌华、穆雷．2008．口译研究的路径与方法．中国外语．第 2 期第 85–90 页．

王斌华、叶亮．2009．面向教学的口译语料库建设：理论与实践．外语界．第 2 期第 23–32 页．

王大智．2009．"翻译伦理"概念试析．外语与外语教学．第 12 期第 61–63 页．

王克非．2011．语料库翻译学探索．上海：上海交通大学出版社．

王莉娜．2008．析翻译伦理的四种模式．外语研究．第 6 期第 84–88 页．

王湘玲、危安、蒋坚松．2008．从口译会场人员看口译质量的一项实证研究．外语与外语教学．第 3 期第 59–62 页．

许建忠．2005．《联合国译员史》简介．中国翻译．第 1 期第 18–21 页．

许钧、穆雷．2009．翻译学概论．南京：译林出版社．

许钧、袁筱一．1998．当代法国翻译理论．南京：南京大学出版社．

杨承淑．2005．口译教学研究：理论与实践．北京：中国对外翻译出版公司．

叶舒白、刘敏华．2006．口译客观化评分初探：采用量表的可能性．台湾编译馆馆刊．第 4 期第 57–78 页．

詹成．2008．口译方向研究生实践教学理念及方法．江汉大学学报人文科学版．第 3 期第 103–105 页．

詹成．2009．"专题口译"课程的专题设置及语料选用．广东外语外贸大学学报．第4期第93-96页．

张凤兰．2009．专业口译需要字正腔圆吗？编译论丛．第2卷第1期第101-150页．

张美芳．2001．中国英汉翻译教材研究（1949—1998）．上海：上海外语教育出版社．

张群星．2010．交替传译中脱离语言外壳的认知机制：基于学生译员的实验研究．广东外语外贸大学博士学位论文．

张威．2007．同声传译与工作记忆的关系研究——中国英语口译人员认知加工的实证分析．北京外国语大学博士论文．

张威．2008a．跨文化交际意识与能力——口译质量评估的一项重要参数．长春师范学院学报．第3期第94-97页．

张威．2008b．中西口译研究的差异分析．语言与翻译．第3期第33-38页．

张威．2008c．同声传译对工作记忆发展潜势的特殊影响研究．现代外语．第4期第423-430页．

张威．2008d．口译质量评估：以服务对象为依据．解放军外国语学院学报．第5期第84-89页．

张威．2009a．口译语料库的开发与建设：理论与实践的若干问题．中国翻译．第3期第54-59页．

张威．2009b．科技口译的效果考虑：口译使用者的视角．澳门理工大学学报．第95-98页．

张威．2009c．口译认知加工分析：认知记忆在同声传译实践中的作用——以口译省略现象为例．北京第二外国语学院学报．第2期第53-60页．

张威、柯飞．2008．从口译用户看口译质量评估．外语学刊．第3期第114-118页．

赵军峰、陈林汉．2003．商务英语口译教程．北京：高等教育出版社．

中华人民共和国国家质量监督检验检疫总局/中国国家标准化管理委员会．2006．翻译服务规范 第2部分：口译．北京：中国标准出版社．

仲伟合．2001．口译训练：模式、内容、方法．中国翻译．第2期第30-33页．

仲伟合．2003．译员的知识结构与口译课程设置．中国翻译．第4期第63-67号．

仲伟合．2007．专业口译教学的原则与方法．广东外语外贸大学学报．第3期第5-7页．

仲伟合、穆雷. 2008. 翻译专业人才培养模式探索与实践. 中国外语.
第 6 期第 4-8 页.

朱耀华. 2005. 口译客户期待研究回顾与分析. 上海翻译. 第 4 期第
40-43 页.

Aís, A. C. 1998. Quality assessment in simultaneous interpreting: The
importance of nonverbal communication. In Pöchhacker, F. & Shlesinger,
M. (Eds.), *The Interpreting Studies Reader*. London/New York: Routledge.
327-336.

Alexieva, B. 1984. *Semantic Analysis of the Text in Simultaneous Interpreting*.
Wien: Braumüller.

Alexieva, B. 1994. Types of texts and inter-textuality in simultaneous
interpreting. In Snell-Hornby, M., *et al.* (Eds.), *Translation Studies: An
Interdiscipline*. Amsterdam/Philadelphia: John Benjamins Publishing
Company. 179-187.

Alexieva, B. 1997. A typology of interpreter-mediated events. In Pöchhacker,
F. & Shlesinger, M. (Eds.), *The Interpreting Studies Reader*. London/New
York: Routledge. 219-233.

Alexieva, B. 1999. Understanding the source language text in simultaneous
interpreting. *The Interpreters' Newsletter*. 9: 45-59.

Altman, J. 1989. Overcoming Babel: The role of the conference interpreter in
the communication process. In Prais, H., Kölmel, R. & Payne, J. (Eds.),
Babel: The Cultural and Linguistic Barriers Between Nations. Aberdeen:
Aberdeen University Press. 73-86.

Altman, J. 1990. What helps effective communication: Some interpreters'
views. *The Interpreters' Newsletter*. 3: 23-32.

Anderson, R. W. 1976. Perspectives on the role of interpreter. In Brislin, R. W.
(Ed.), *Translation: Application and Research*. New York: Gardner Press.
208-228.

Angelelli, C. V. 2000. Interpretation as a communicative event: A look through
Hyme's lenses. *Meta*. 45(4): 580-592.

Angelelli, C. V. 2004. *Revisiting the Interpreter's Role: A Study of Conference,
Court and Medical Interpreters in Canada, Mexico and the United States*.
Amsterdam/Philadelphia: John Benjamins Publishing Company.

Angelelli, C. V. 2006. Minding the gaps: New directions in interpreting studies.

Translation and Interpreting Studies. 1: 46-67.

Angelelli, C. V. 2008. The role of the interpreter in the healthcare setting: A plea for a dialogue between research and practice. In Valero-Garcés, *et al.* (Eds.), *Crossing Borders in Community Interpreting: Definitions and Dilemmas.* Amsterdam/Philadelphia: John Benjamins Publishing Company. 147-163.

Arjona-Tseng, E. 1978. Intercultural communication and the training of interpreters at the Monterey Institute of Foreign Studies. In Gerver, D. & Sinaiko, H. W. (Eds.), *Language Interpretation and Communication.* New York/London: Plenum. 35-44.

Arjona-Tseng, E. 1984. Issues in the design of curricula for the professional education of translators and interpreters. In McIntire, M. L. (Ed.), *New Dialogues in Interpreter Education.* Silver Spring, Md.: RID Publications. 1-35.

Arjona-Tseng, E. 1994. A psychometric approach to the selection of translation and interpreting students in Taiwan. In Lambert, S. & Moser-Mercer, B. (Eds.), *Bridging the Gap: Empirical Research in Simultaneous Interpretation.* Amsterdam/Philadelphia: John Benjamins Publishing Company. 69-86.

Baddeley, A. D. & Hitch, G. 1994. Working memory. In Bower, G. A. (Ed.), *Recent Advances in Learning and Motivation.* New York: Academic Press. 8: 47-90.

Bahadir, Ş. 2010. The task of the interpreter in the struggle of the other for empowerment: Mythical utopia or sine qua non of professionalism? In Sela-Sheffy, R.& Shlesinger, M. (Eds.), *Profession, Identity and Status: Translators and Interpreters as an Occupational Group.* Special issue of *Translation and Interpreting Studies.* Amsterdam/Philadelphia: John Benjamins Publishing Company. 4(2): 124-139.

Baker, M. 1993. Corpus linguistics and translation studies: Implications and applications. In Baker, M., Francis, G., Tognini-Bonelli, E. & Sinclair, J. M. (Eds.), *Text and Technology: In Honour of John Sinclair.* Amsterdam/Philadelphia: John Benjamins Publishing Company. 233-250.

Baker, M. 1995. Corpora in translation studies: An overview and suggestions for future research. *Target.* 7(2): 223-243.

Baker, M. 2004. New publications: *Introducing Interpreting Studies.* Available at http://www.monabaker.com/tsresources/newpubs_more.

php?id=1650_0_4_30_M.

Baker, M. 2009. *Critical Readings in Translation Studies*. London/New York: Routledge.

Barik, H. C. 1969. A study of simultaneous interpretation (Doctoral dissertation). University of North Carolina.

Barik, H. C. 1971. A description of various types of omissions, additions and errors of translation encountered in simultaneous interpretation. *Meta*. 16(4): 199-210.

Barik, H. C. 1973. Simultaneous interpretation: Temporal and quantitative data. *Language and Speech*. 16: 237-270.

Barik, H. C. 1975. Simultaneous interpretation: Qualitative and linguistic data. *Language and Speech*. 18: 272-297.

Barik, H. C. 1994. A description of various types of omissions, additions and errors of translation encountered in simultaneous interpretation. In Lambert, S. & Moser-Mercer, B. (Eds.), *Bridging the Gap: Empirical Research in Simultaneous Interpretation*. Amsterdam/Philadelphia: John Benjamins Publishing Company. 121-137.

Bendazzoli, C. & Sandrelli, A. 2005. An approach to corpus-based interpreting studies: Developing EPIC (European Parliament Interpreting Corpus). In Nauert, S. (Ed.), *Proceedings of the Marie Curie Euroconferences MuTra: Challenges of Multidimensional Translation*. Saarbrücken.

Bendazzoli, C., Sandrelli, A. & Russo, M. 2011. Disfluencies in simultaneous interpreting: A corpus-based analysis. In Kruger, A. & Munday, J. (Eds.), *Corpus-based Translation Studies: Research and Applications*. London/New York: Continuum International Publishing Group. 282-306.

Bot, H. 2003. Quality as an interactive concept: Interpreting in psychotherapy. In Aís, A. C., Bourne, J., *et al*. (Eds.), *La Evaluación de la Calidad en Interpretación: Investigación*. Granada: Comares. 33-45.

Bowen, D. & Bowen, M. 1984. *Conference Interpreting: A Brief History*. Medford: Learned Information.

Bowen, D. & Bowen, M. 1985. The Nuremberg trials: Communication through translation. *Meta*. 30: 74-77.

Bowen, D. & Bowen, M. 1987. *The Interpreter as Consultant for International Communication*. Medford: Learned Information.

Bowen, M. 1984. Nonverbal Communication. Vienna: Universitas, Newsletter of the Austrian Association of Translators and Interpreters.

Bowen, M. 1990. The weighing of errors in simultaneous interpreting. In Arntz, R. & Thome, G. (Eds.), *Uebersetzungswissenschaft-Ergebnisse Und Perspektiven. Festschrift Für W. Wilss*. Tübingen: Gunter Narr. 545-554.

Bühler, H. 1982. Translation und nonverbale kommunikation. In Wilss, W. (Ed.), *Semiotik Und Uebersetzen*. Tübingen: Gunter Narr. 45-52.

Bühler, H. 1985. Conference interpreting: A multichannel communication phenomenon. *Meta*. 30: 49-54.

Bühler, H. 1986. Linguistic (semantic) and extra-linguistic (pragmatic) criteria for the evaluation of conference interpretation and interpreters. *Multilingua*. 5 (4): 231-235.

Carr, S. E., Roberts, R. P., Dufour, A. & Steyn, D. 1997. *The Critical Link: Interpreters in the Community*. Amsterdam/Philadelphia: John Benjamins Publishing Company.

Carroll, J. B. 1978. Linguistic abilities in translators and interpreters. In Gerver, D. & Sinaiko, H. W. (Eds.), *Language Interpretation and Communication*. New York/London: Plenum. 119-129.

Chernov, G. V. 1973. Towards a psycholinguistic model of simultaneous interpretation. *Linguistsche Arbeltsberichte*. Leipzig: Verlag Enzyklopädie.

Chernov, G. V. 1992. Conference interpreting in the USSR: History, theory, new frontiers. *Meta*. 37(1): 149-162.

Chernov, G. V. 2004. *Inference and Anticipation in Simultaneous Interpreting: A Probability-prediction Model*. Amsterdam/Philadelphia: John Benjamins Publishing Company.

Chesterman, A. 1997. *Memes of Translation: The Spread of Ideas in Translation History*. Amsterdam/Philadelphia: John Benjamins Publishing Company.

Ng, B. C. 1992a. End-users' subjective reaction to the performance of student interpreters. *The Interpreters' Newsletter*. Special Issue 1: 35-41.

Ng, B. C. 1992b. *The Interpreter's Newsletter: Special Issue No. 1*. University of Trieste.

Cronin, M. 2002. The empire talks back: Orality, heteronomy and the cultural turn in interpreting studies. In Pöchhacker, F. & Shlesinger, M. (Eds.), *The Interpreting Studies Reader*. London/New York: Routledge. 386-397.

Dam, H. V. & Engberg, J. 2006. Assessing accuracy in consecutive interpreting: A comparison of semantic network analyses and intuitive assessments.

In Heine, C. Gerzymisch-Arbogast, H. & Schubert, K. (Eds.) *Text and Translation: Theory and Methodology of Translation.* Tübingen: Gunter Narr. 215-234.

Darò, V. 1995. Memory in conference interpretation. In Lambert, S. (Ed.), *A Cognitive Approach to Interpreter Training.* Amsterdam/Philadelphia: John Benjamins Publishing Company.

Darò, V. 1997. Experimental studies on memory in conference interpretation. *Meta.* 42(4): 622-628.

Dawrant, A. 2004. Book review: *Introducing Interpreting Studies.* Available at http://www.aiic.net/viewpage.cfm/page%201395.

De Beaugrande, R. 1999. Sentence first, verdict afterwards: On the remarkable career of the "sentence". *Word: Journal of the International Linguistic Association.* 50(1): 1-31.

Déjean Le Féal, K. 1990. Some thoughts on the evaluation of simultaneous interpretation. In Bowen, D. & Bowen, M. (Eds.), *Interpreting: Yesterday, Today, and Tomorrow.* Binghamton: SUNY. 154-160.

Diriker, E. 2001. De-/Re-contextualising simultaneous interpreting: Interpreters in the ivory tower? (Doctoral dissertation). Boğaziçi University.

Diriker, E. 2004. *De-/Re-Contextualizing Conference Interpreting: Interpreters in the Ivory Tower?* Amsterdam/Philadelphia: John Benjamins Publishing Company.

Dollerup, C. & Lindegaard, A. 1994. *Teaching Translation and Interpreting 2: Insights Aims and Visions.* Amsterdam/Philadelphia: John Benjamins Publishing Company.

Dollerup, C. & Appel, V. 1996. *Teaching Translation and Interpreting 3: New Horizons.* Amsterdam/Philadelphia: John Benjamins Publishing Company.

Dunn, D. S. 2001. *Student Study Guide to Accompany Statistics and Data Analysis for Behavioral Sciences.* New York: McGraw-Hill.

Edwards, A. B. 1995. *The Practice of Court Interpreting.* Amsterdam/ Philadelphia: John Benjamins Publishing Company.

Fabbro, F., Gran, L. & Gran, B. 1991. Hemispheric specialization for semantic and syntactic components of language in simultaneous interpreters. *Brain and Language.* 41: 1-42.

Fowler, Y. 1997. The courtroom interpreter: Paragon and intruder? In Carr, S. E., *et al.* (Eds.), *The Critical Link: Interpreters in the Community.* Amsterdam/

Philadelphia: John Benjamins Publishing Company. 191-200.

Frankenthaler, M. 1982. *Working with an Interpreter: A Guide for Professionals*. Upper Montclair: Montclair State College.

Gaiba, F. 1998. *Origins of Simultaneous Interpretation: The Nuremberg Trial*. Ottawa: Ottawa University Press.

Gambier, L. D. 2004. *Translation Studies Bibliography*. Amsterdam/ Philadelphia: John Benjamins Publishing Company.

Gambier, Y., Gile, D. & Taylor, C. 1997. *Conference Interpreting: Current Trends in Research*. Amsterdam/Philadelphia: John Benjamins Publishing Company.

Garber, N. & Mauffette-Leenders, L. A. 1995. Obtaining feedback from non-English speakers. *The Critical Link: Interpreters in the Community*. Amsterdam/Philadelphia: John Benjamins Publishing Company. 131-143.

Garzone, G. 2002. Quality and norms in interpretation. In Garzone, G. & Viezzi, M. (Eds.), *Interpreting in the 21st Century: Challenges and Opportunities*. Amsterdam/Philadelphia: John Benjamins Publishing Company. 107-119.

Garzone, G. & Viezzi, M. (Eds.). 2002. *Interpreting in the 21st Century: Challenges and Opportunities*. Amsterdam/Philadelphia: John Benjamins Publishing Company.

Gentile, A. 1995. Community interpreting or not? Practices, standards and accreditation. *The Critical Link: Interpreters in the Community*. Amsterdam/ Philadelphia: John Benjamins Publishing Company. 109-118.

Shlesinger, M. & Gernsbacher, M. A. 1997. The proposed role of suppression in simultaneous interpretation. *Interpreting*. 2: 119-140.

Gerver, D. 1969. The effects of source language presentation rate on the performance of simultaneous conference interpreters. In Pöchhacker, F. & Shlesinger, M. (Eds.), *The Interpreting Studies Reader*. London/New York: Routledge. 53-66.

Gerver, D. 1974. The effect of noise on the performance of simultaneous interpreters: Accuracy of performance. *Acta Psychologica*. 38(3): 159-167.

Gerver, D. 1975. A psychological approach to simultaneous interpretation. *Meta*. 20(2): 119-128.

Gerver, D. 1976. Empirical studies of simultaneous interpretation: A review and a model. In Briskin, R. W. (Ed.), *Translation: Applications and Research*.

New York: Gardner Press. 165-207.

Gile, D. 1987. Interpretation research and its contribution to translation research. *JAT Bulletin*. 28. Tokyo: Japan Association of Translators.

Gile, D. 1989. La communication linguistique en réunion multilingue. *Les Difficultés de la Transmission Informationnelle en Interprétation Simultanée*. Université Paris III.

Gile, D. 1990. L'évaluation de la qualité de l'interprétation par les délégués: une étude de cas. *The Interpreters' Newsletter*. 3: 66-71.

Gile, D. 1991a. A communication-oriented analysis of quality in nonliterary translation and interpretation. In Larson, M. L. (Ed.), *Translation: Theory and Practice, Tension and Interdependence*. Binghamton: SUNY. 188-200.

Gile, D. 1991b. Methodological aspects of interpretation (and translation) research. *Target*. 3: 153-174.

Gile, D. 1991c. The processing capacity issue in conference interpretation. *Babel*. 37 (1):15-27.

Gile, D. 1992. Basic theoretical components for interpreter and translator training. In Dollerup, C. & Lindegaard, A. (Eds.), *Teaching Translation and Interpreting: Training, Talent and Experience*. Amsterdam/Philadelphia: John Benjamins Publishing Company. 185-194.

Gile, D. 1994a. Opening up in interpretation studies. In Snell-Hornby, M., Pöchhacker, F. & Kaindl, K. (Eds.), *Translation Studies: An Interdiscipline*. Amsterdam/Philadelphia: John Benjamins Publishing Company. 149-158.

Gile, D. 1994b. Methodological aspects of interpretation and translation research. In Lambert S. & Moser-Mercer, B. (Eds.), *Bridging the Gap: Empirical Research in Simultaneous Interpretation*. Amsterdam/Philadelphia: John Benjamins Publishing Company. 39-56.

Gile, D. 1995a. *Basic Concepts and Models for Interpreter and Translator Training*. Amsterdam/Philadelphia: John Benjamins Publishing Company.

Gile, D. 1995b. Fidelity assessment in consecutive interpretation. *Target*. 7 (1): 151-164.

Gile, D. 1995c. Interpretation research: A new impetus? *Hermes*. 14:15-31.

Gile, D. 1997. Conference interpreting as a cognitive management problem. In Danks, J. H., Shreve, G. M., Fountain, S. B. & McBeath, M. K. (Eds.), *Cognitive Processes in Translation and Interpreting*. Thousand Oaks/London/New Delhi: Sage Publications. 196-214.

Gile, D. 1998. Doorstep interdisciplinarity in conference interpretation research. In Lugrís, A. Á. & Ocampo, A. F. (Eds.), *Anovar/Anosar Estudios de Traducción e Interpretación*. Vigo: Servicio de Publicacións da Universidade de Vigo. 43-49.

Gile, D. 1999. Testing the Effort Models' tightrope hypothesis in simultaneous interpreting: A contribution. *Hermes*. 23: 153-172.

Gile, D. 2000. The history of research into conference interpreting: A scientometric approach. *Target*. 12(2): 299-323.

Gile, D. 2001a. Being constructive about shared ground. *Target*. 13(1): 149-153.

Gile, D. 2001b. Conclusion: Issues and prospects. In Dam, H. V., Dubslaff, F., Martinsen, B., & Schjoldager, A. (Eds.), *Getting Started in Interpreting Research: Methodological Reflections, Personal Accounts and Advice for Beginners*. Amsterdam/Philadelphia: John Benjamins Publishing Company. 233-239.

Gile, D. 2006. Conference Interpreting. In Brown, K. (Ed.), *Encyclopedia of Language and Linguistics* (2nd Ed.). Oxford: Elsevier. 3: 9-23.

Gile, D. 2009. *Basic Concepts and Models for Interpreter and Translator Training* (Revised Ed.). Amsterdam/Philadelphia: John Benjamins Publishing Company.

Hansen, G., Chesterman, A. & Gerzymisch-Arbogast, H. 2009. *Efforts and Models in Interpreting and Translation Research: A Tribute to Daniel Gile*. Amsterdam/Philadelphia: John Benjamins Publishing Company.

Gile, D., Hansen, G. & Pokorn, N. K. 2010. *Why Translation Studies Matters*. Amsterdam/Philadelphia: John Benjamins Publishing Company.

Glémet, R. 1958. Conference interpreting. In Forster, L., Booth, A. D. & Furley, D. J. (Eds.), *Aspects of Translation (Studies in Communication 2)*. London: Secker & Warburg. 105-122.

Goldman-Eisler, F. 1972. Segmentation of input in simultaneous translation. In Pöchhacker, F. & Shlesinger, M. (Eds.), *The Interpreting Studies Reader*. London/New York: Routledge. 68-77.

Gouadec, D. 2007. *Translation as a Profession*. Amsterdam/Philadelphia: John Benjamins Publishing Company.

Gran, L. & Dodds, J. (Eds.). 1989. *The Theoretical and Practical Aspects of Teaching Conference Interpretation*. Udine: Campanotto.

Grbić, N. 2008. Constructing interpreting quality. *Interpreting*. 10(2): 232-257.

Grbić, N., & Pöllabauer, S. 2008. Counting what counts: Research on community interpreting in German-speaking countries–A scientometric study. *International Journal of Translation Studies.* 20(2): 297-332.

Hale, S. B. 1997. The interpreter on trial: Pragmatics in court interpreting. In Carr, S. E., *et al.* (Eds.), *The Critical Link: Interpreters in the Community.* Amsterdam/Philadelphia: John Benjamins Publishing Company. 201-211.

Hale, S. B. 2004. *The Discourse of Court Interpreting: Discourse Practices of the Law, the Witness and the Interpreter.* Amsterdam/Philadelphia: John Benjamins Publishing Company.

Hale, S. B. 2007. *Community Interpreting.* Basingstoke: Palgrave Macmillan.

Hale, S. B., Ozolins, U. & Stern, L. 2009. *The Critical Link 5: Quality in Interpreting—A Shared Responsibility.* Amsterdam/Philadelphia: John Benjamins Publishing Company.

Hamers, J. F., Lemieux, S. & Lambert, S. 2002. Does early bilingual acquisition affect hemispheric preferences during simultaneous interpretation? *Meta.* 47(4): 586-595.

Harris, B. 1990. Norms in interpretation. *Target.* 2(1): 115-119.

Harris, B. 1997. *Translation and Interpreting Schools* (*Language International World Directory, Vol 2*). Amsterdam/Philadelphia: John Benjamins Publishing Company.

Hatim, B. & Mason, I. 1996. *The Translator as Communicator.* London/New York: Routledge.

Hatim, B. & Munday, J. 2004. *Translation: An Advanced Resource Book.* London/New York: Routledge.

Herbert, J. 1952. *The Interpreter's Handbook.* Genève: Georg and Cie.

Herbert, J. 1978. How conference interpretation grew. In Gerver, D. & Sinaiko, H. W. (Eds.), *Language Interpretation and Communication.* New York/London: Plenum. 5-9.

Hermann, A. 1956/2002. Interpreting in antiquity. In Pöchhacker, F. & Shlesinger, M. (Eds.), *The Interpreting Studies Reader.* London: Routledge. 15-22.

Herraez, J. M. O., *et al.* 2009. Community interpreting in Spain: A comparative study of interpreters' self perception of role in different settings. In Hale, S. B., *et al.* (Eds.), *The Critical Link 5: Quality in Interpreting–A Shared Responsibility.* Amsterdam/Philadelphia: John Benjamins Publishing

Company.

Hönig, H. G., & Kussmaul, P. 1982. *Strategie der Ubersetzung*. Tubingen: Narr.

Holz-Mänttäri, J. 1984. *Translatorisches Handeln-Theorie und Methode*. Helsinki: Suomalainen Tiedeakatemia.

Hsieh, E. 2008. "I am not a robot!" Interpreters' views of their roles in health care settings. Qualitative Health Research. 18(10): 1367-1383.

Hung, E. 2002. *Teaching Translation and Interpreting 4: Building Bridges*. Amsterdam/Philadelphia: John Benjamins Publishing Company.

Ibrahim, N. 2009. Parliamentary interpreting in Malaysia: A case study. *Meta*. 54(2): 357-369.

Israel, F & Lederer, M. (Eds.). 2005. *La Théorie Interprétative de la Traduction*. Paris/Caen: Minnard Lettres Modernes.

Jacobsen, B. 2009. The community interpreter: A question of role. *Hermes*. 42: 155-166.

Jones, M. 1985. The community interpreter: A special case. *Australian Social Work*. 38(3): 35-38.

Kade, O. 1968. *Kommunikationswissenschaftliche Probleme der Translation*. Leipzig: Verlag Enzyklopädie.

Kalina, S. 1998. *Strategische Prozesse beim Dolmetschen: Theoretische Grundlagen, Empirische Fallstudien, Didaktische Konsequenzen*. Tübingen: Gunter Narr.

Kalina, S. 2002. Quality in interpreting and its prerequisites: A framework for a comprehensive view. In Garzone, G. & Viezzi, M. (Eds.), *Interpreting in the 21st Century: Challenges and Opportunities*. Amsterdam & Philadelphia: John Benjiamins. 107-120.

Knapp, K., W. Enninger & A. Knapp-Potthoff. 1987. *Analyzing Intercultural Communication*. Berlin: Mouton de Gruyter.

Kohn, K. & Kalina, S. 1996. The strategic dimension of interpreting. *Meta*. 41 (1): 118-138.

Kopczynski, A. 1994. Quality in conference interpreting: Some pragmatic problems. In Snell-Hornby, M., Pöchhacker, F. & Kaindl, K. (Eds.), *Translation Studies: An Interdiscipline*. Amsterdam/Philadelphia: John Benjamins Publishing Company. 189-198.

Krick, C., Behrent, S., Reith, W. & Franceschini, R. 2005. Das gläserne Hirn des Dolmetschers. Vorläufige Forschungsergebnisse über Code-Switching bei mehrsprachigen Personen. *MDÜ-Mitteilungen für Übersetzer und Dolmetscher.* 51(6): 6-9.

Kurz, I. 1989. Conference interpreting: User expectations. In Hammond, D. L. (Eds.), *Coming of Age: Proceedings of the 30th Annual Conference of the American Translators Association.* Medford: Learned Information. 143-148.

Kurz, I. 1992. "Shadowing" exercises in interpreter training. In Dollerup, C. & Loddegaard, A. (Eds.), *Teaching Translation and Interpreting 3: New Horizons.* Amsterdam/Philadelphia: John Benjamins Publishing Company. 245-250.

Kurz, I. 1993a. Conference interpretation: Expectations of different user groups. *The Interpreters' Newsletter.* 5: 13-21.

Kurz, I. 1993b. Conference interpretation: Expectations of different user groups. In Pöchhacker, F. & Shlesinger, M. (Eds.), *The Interpreting Studies Reader.* London/New York: Routledge. 313-324.

Kurz, I. 1996. *Simultandolmetschen als Gegenstand der Interdisziplinaren Forschung.* Vienna: WUV-Universitatsverlag.

Kurz, I. 1998. Dolmetschleistungen. In Snell-Hornby, M., Hönig, H. G., Kussmaul, P. & Schmitt, P. A. (Eds.), *Handbuch Translation.* Tübingen: Stauffenburg. 391-393.

Kurz, I. 2001. Conference interpreting: Quality in the ears of the user. *Meta.* 46(2): 394-409.

Kurz, I. 2003. Quality from the user perspective. In Aís, A. C., Bourne, J., *et al.* (Eds.), *La Evaluación de la Calidad en Interpretación: Investigación.* Granada: Comares. 3-22.

Lamberger-Felber, H. & Schneider, J. 2009. Linguistic interference in simultaneous interpreting with text: A case study. In Chesterman, A., Hansen, G., *et al.* (Eds.), *Efforts and Models in Interpreting and Translation Research: A Tribute to Daniel Gile.* Amsterdam/Philadelphia: John Benjamins Publishing Company. 215-236.

Lambert, S. 1988. A human information processing and cognitive approach to the training of simultaneous interpreters. In Hammond, D. L. (Eds.), *Languages at Crossroads: Proceedings of the 29th Annual Conference of the American Translators Association.* Medford: Learned Information. 379-387.

Lambert, S. 1988. Information processing among conference interpreters: A test of the depth-of-processing hypothesis. *Meta*. 33(3): 377-387.

Lambert, S. 1991. Aptitude testing for simultaneous interpretation at the University of Ottawa. *Meta*. 36(4): 586-594.

Lambert, S. 1993. The effect of ear of information reception on the proficiency of simultaneous interpretation. *Meta*. 38(2): 198-211.

Lambert, S. & Moser-Mercer, B. 1994. *Bridging the Gap: Empirical Research in Simultaneous Interpretation*. Amsterdam/Philadelphia: John Benjamins Publishing Company.

Lambert, S., Darò, V. & Fabbro, F. 1995. Focalized attention on input vs. output during simultaneous interpretation: Possibly a waste of effort. *Meta*. 40(1): 39-46.

Lang, R. 1978. Behavioral aspect of liaison interpreters in Papua New Guinea: Some preliminary observation. In Gerver, D. & Sinaiko, H. W. (Eds.), *Language Interpretation and Communication: Proceedings of the NATO Symposium*. New York/London: Plenum. 231-244.

Lee, T. H. 2001. Ear voice span in English into Korean simultaneous interpreting. *Meta*. 47(4): 596-606.

Levelt, W. 1989. *Speaking: From Intention to Articulation*. Cambridge: MIT Press.

Lotriet, A. 2002. Can short interpreter training be effective? The South African truth and reconciliation commission experience. In Hung, E. (Ed.), *Teaching Translation and Interpreting 4: Building Bridges*. Amsterdam/Philadelphia: John Benjamins Publishing Company. 83-98.

Lung, R. 2009. Interpreters and the writing of history in China. *Meta*. 54(2): 201-217.

Marrone, S. 1993. Quality: A shared objective. *The Interpreter's Newsletter*. 5: 35-41.

Massaro, D. W. 1975. *Understanding Language: An Information-Processing Analysis of Speech Perception, Reading, and Psycholinguistics*. New York: Academic Press.

Mead, P. 2002. Exploring hesitation in consecutive interpreting: An empirical study. In Garzone, G. & Viezzi, M. (Eds.), *Interpreting in the 21st Century: Challenges and Opportunities*. Amsterdam/Philadelphia: John Benjamins Publishing Company. 73-82.

Mead, P. 2005. Methodological issues in the study of interpreters' fluency. *The*

Interpreters' Newsletter. 13: 39-63.

Meak, L. 1990. Interprétation simultanée et congres médical attentes et commentaires. *The Interpreters' Newsletter.* 3: 8-13.

Minhua, Liu. 2001. Expertise in simultaneous interpreting: A working memory analysis. (Doctoral dissertation). The University of Texas at Austin.

Miyake, A. & Shah, P. (Eds.). 1999. *Models of Working Memory: Mechanisms of Active Maintenance and Executive Control.* Cambridge: Cambridge University Press.

Montesdeoca, G. 2006. Interpreting at an immigration detention center in Las Palmas de Gran Canaria. In Pym, A., Shlesinger, M. & Jettmarová, Z. (Eds.), *Sociocultural Aspects of Translating and Interpreting.* 163-171.

Moser, B. 1978. Simultaneous interpretation: A hypothetical model and its practical application. In Gerver, D. & Sinaiko, H. W. (Eds.), *Language, Interpretation and Communication.* New York/London: Plenum. 353-368.

Moser-Mercer, B. 1985. Screening potential interpreters. *Meta.* 30(1): 97-100.

Moser-Mercer, B. 1996. Quality in interpreting: Some methodological issues. *The Interpreters' Newsletter.* 7: 43-55.

Moser-Mercer, B., *et al.* 1998. Prolonged turns in interpreting: Effects on quality, physiological and psychological stress (pilot study). *Interpreting.* 3(1): 47-64.

Moser-Mercer, B. 2000. The rocky road to expertise in interpreting: Eliciting knowledge from learners. In Kadric, M., Kaindl, K. & Pöchhacker, F. (Eds.), *Translationswissenschaft: Festschrift für Mary Snell-Hornby zum 60. Geburstag.* Tübingen: Stauffenburg. 339-352.

Oléron, P. & Nanpon, H. 1965/2002. Research into simultaneous translation. In Pöchhacker, F. & Shlesinger, M. (Eds.), *The Interpreting Studies Reader.* London/New York: Routledge. 43-50.

Paneth, E. 1957/2002. An investigation into conference interpreting. In Pöchhacker, F. & Shlesinger, M. (Eds.), *The Interpreting Studies Reader.* London/New York: Routledge. 30-40.

Pergnier, M. 1978. Language-meaning and message-meaning: Towards a sociolinguistic approach to translation. In Gerver, D. & Sinaiko, H. W. (Eds.), *Language Interpretation and Communication: Proceedings of the NATO Symposium.* New York/London: Plenum. 199-204.

Petite, C. 2005. Evidence of repair mechanisms in simultaneous interpreting: A corpus-based analysis. *Interpreting.* 7(1): 27-49.

Poyatos, F. 1987. Nonverbal communication in simultaneous and consecutive interpretation: A theoretical model and new perspectives. TextContext. 2(3): 73-108.

Pöchhacker, F. 1993. On the science of interpretation. *The Interpreters' Newsletter.* 5: 52-59.

Pöchhacker, F. 1994. *Simultandolmetschen als Komplexes Handeln.* Tübingen: Gunter Narr.

Pöchhacker, F. 1995a. Writings and research on interpreting: A bibliographic analysis. *The Interpreters' Newsletter.* 6: 17-31.

Pöchhacker, F. 1995b. "Those who do...": A profile of research(ers) in interpreting. *Target.* 7(1): 47-64.

Pöchhacker, F. 1999. Teaching practices in simultaneous interpreting. *The Interpreters' Newsletter.* 9: 157-176.

Pöchhacker, F. 2000. The community interpreter's task: Self-perception and provider views. In Roberts, R. P., Carr, S. E., Abraham, D. & Dufour, A. (Eds.), *The Critical Link 2: Interpreters in the Community.* Amsterdam/ Philadelphia: John Benjamins Publishing Company. 49-65.

Pöchhacker, F. 2001. Quality assessment in conference and community interpreting. *Meta.* 46(2): 410-425.

Pöchhacker, F. 2004. *Introducing Interpreting Studies.* London/New York: Routledge.

Pöchhacker, F. & Kolb, W. 2009. Interpreting for the record: A case study of asylum review hearings. In Hale, S., Ozolins, U. & Stern, L. (Eds.), *The Critical Link 5: Quality in Interpreting—A Shared Responsibility.* Amsterdam/Philadelphia: John Benjamins Publishing Company. 119-134.

Pöchhacker, F. & Shlesinger, M. 2002. *The Interpreting Studies Reader.* London/New York: Routledge.

Pöllabauer, S. 2006. "Translation culture" in interpreted asylum hearings. In Pym, A., Shlesinger, M. & Jettmarová, Z. (Eds.), *Sociocultural Aspects of Translating and Interpreting.* Amsterdam/Philadelphia: John Benjamins Publishing Company. 151-162.

Price, C. J. 2000. The anatomy of language: Contributions from functional neuroimaging. *Journal of Anatomy.* 197: 335-359.

Proverbio, *et al.* 2004. Language switching mechanisms in simultaneous interpreters: An ERP study. *Neuropsychologia.* 42(12): 1636-1656.

Pym, A., Shlesinger, M. & Jettmarová, Z. 2006. *Sociocultural Aspects of Translating and Interpreting.* Amsterdam/Philadelphia: John Benjamins Publishing Company.

Riccardi, A. 1996. Language-specific strategies in simultaneous interpreting. In Dollerup, C. & Appel, V. (Eds.), *Teaching Translation and Interpreting 3: New Horizons*, Amsterdam/Philadelphia: John Benjamins Publishing Company. 213-222.

Riccardi, A. 2002. Translation and interpretation. In Riccardi, A. (Ed.), *Translation Studies: Perspectives on an Emerging Discipline.* Cambridge: Cambridge University Press. 75-91.

Riccardi, A. 2003. The relevance of interpreting strategies for defining quality in simultaneous interpreting. In Aís, A. C., Bourne, J., *et al.* (Eds.), *La Evaluación de la Calidad en Interpretación: Investigación.* Granada: Comares. 257-265.

Rinne, T. *et al.* 2000. Separate time behaviors of the temporal and frontal mismatch negativity sources. *Neuroimage.* 12: 14-9.

Roberts, R. P. 2000. Interpreter assessment tools for different settings. *The Critical Link 2: Interpreters in the Community.* Amsterdam/Philadelphia: John Benjamins Publishing Company. 103-120.

Roy, C. B. 1993/2002. The problem with definitions: Descriptions and the role metaphors of interpreters. In Pöchhacker, F. & Shlesinger, M. (Eds.), *Interpreting Studies' Reader.* London/New York: Routledge. 345-353.

Roy, C. B. 2000. *Interpreting as a Discourse Process.* Oxford: Oxford University Press.

Rozan, J. F. 1956. *La Prise de Notes en Interprétation Consécutive.* Genève: Georg.

Russo, M. 1993. Testing aptitude for simultaneous interpretation: Evaluation of the first trial and preliminary results. *The Interpreters' Newsletter.* 5: 68-71.

Pym, A. 1997. Pour une ethique du traducteur. Arras: Artois Presses Universite/ Ottawa: Presses de l'Universite d'Ottawa.

Pym, A. (Ed.). 2001. *The Return to Ethics (Special Issue of The Translator).* Manchester: St. Jerome.

Salevsky, H. 1993. The distinctive nature of interpreting studies. *Target.* 5(2): 149-167.

Sandrelli, A. 2010. Corpus-based interpreting studies and interpreter training: A modest proposal. In Zybatow, L. N. (Ed.), *Translationswissenschaft—Stand und Perspektiven*. Frankfurt am Main/New York: Peter Lang. 69-90.

Sandrelli, A., Russo, M. & Bendazzoli, C. 2007. The impact of topic, mode and speed of delivery on the interpreter's performance: A corpus-based quality evaluation. *The Critical Link 5: Quality in Interpreting—A Shared Responsibility*. Amsterdam/Philadelphia: John Benjamins Publishing Company. 11-15.

Sawyer, D. B. 2001. *The Integration of Curriculum and Assessment in Interpreter Education: A Case Study.* (Doctoral dissertation). University of Mainz.

Sawyer, D. B. 2004. *Fundamental Aspects of Interpreter Education: Curriculum and Assessment.* Amsterdam/Philadelphia: John Benjamins Publishing Company. 93-130.

Schjoldager, A. 1996. Assessment of simultaneous interpreting. In Dollerup, C. & Appel, V. (Eds.), *Teaching Translation and Interpreting 3: New Horizons.* Amsterdam/Philadelphia: John Benjamins Publishing Company. 187-195.

Schleiermacher, F. 1992. On the different methods of translating. In Schulte, R. & Biguenet, J. (Eds.), *Theories of Translation: An Anthology of Essays from Dryden to Derrida.* Chicago/London: The University of Chicago Press. 36-54.

Schmitt, P. A. 1998. Qualitätsmanagement. In Snell-Hornby, M., Hönig, H. G., Kussmaul, P. & Schmitt, P. A. (Eds.), *Handbuch Translation.* Tübingen: Stauffenburg. 154-159.

Seeber, K. G. & Zelger, C. 2007. Betrayal—vice or virtue? An ethical perspective on accuracy in simultaneous interpreting. *Meta.* 52(2): 290-298.

Seleskovitch, D. 1977. Take care of the sense and the sounds will take care of themselves or why interpreting is not tantamount to translating language. *The Incorporated Linguist.* 2:27-33.

Seleskovitch, D. 1986. Comment: Who should assess an interpreter's performance? *Multilingua.* 5(4): 236.

Setton, R. 1999. *Simultaneous Interpretation: A Cognitive-pragmatic Analysis.* Amsterdam/Philadelphia: John Benjamins Publishing Company.

Setton, R. & Liangliang, A. G. 2009. Attitudes to role, status and professional identity in interpreters and translators with Chinese in Shanghai and Taipei.

Special issue of *Translation and Interpreting Studies*. 4(2): 210-238.

Shlesinger, M. 1989. Extending the theory of translation to interpretation: Norms as a case in point. *Target*. (2)1: 111-115.

Shlesinger, M. 1994. Intonation in the production and perception of simultaneous interpretation. In Lambert, S. & Moser-Mercer, B. (Eds.), *Bridging the Gap*: *Empirical Research in Simultaneous Interpretation*. 225-236.

Shlesinger, M. 2001. Shared ground in interpreting studies too. *Target*. 13(1): 165-168.

Shlesinger, M. 2008. Towards a definition of interpretese: An intermodal, corpus-based study. In Hansen, *et al.* (Eds.), *Efforts and Models in Interpreting and Translation Research: A Tribute to Daniel Gile*. Amsterdam/Philadelphia: John Benjamins Publishing Company. 237-253.

Shlesinger, M., *et al.* 1997. Quality in simultaneous interpreting. In Gambier, Y., Gile, D. & Taylor, C. (Eds.), *Conference Interpreting: Current Trends in Research*. Amsterdam/Philadelphia: John Benjamins Publishing Company. 123-131.

Shlesinger, M. & Gernsbacker, M. A. 1997. The proposed role of suppression in simultaneous interpretation. *Interpreting*. 2: 119-140.

Shreve, G. M. & Diamand, B. J. 1997. Cognitive processes in translation and interpreting: critical issues. In Danks, J. H., Shreve, G. M., Fountain, S. B., *et al.* (Eds.), *Cognitive Processes in Translation and Interpreting*. Thousand Oaks/London/New Delhi: Sage Publications. 233-251.

Snell-Hornby, M. 2006. *The Turns of Translation Studies: New Paradigms or Shifting Viewpoints*. Amsterdam/Philadelphia: John Benjamins Publishing Company.

Snelling, D., Martinsen, B., Mizuno, A., *et al.* 1997. On media and court interpreting. In Gambier, Y., Gile, D. & Taylor, C. (Eds.), *Conference Interpreting: Current Trends in Research*. Amsterdam/Philadelphia: John Benjamins Publishing Company. 187-206.

Solow, S. N. 1981. *Sign Language Interpreting: A Basic Resource Book*. Silver Spring: National Association of the Deaf.

Steiner, G. 1975. *After Babel: Aspects of Language and Translation*. London: Oxford University Press.

Stenzl, C. 1983. Simultaneous interpretation: Groundwork towards a comprehensive model. (MA Thesis). University of London.

Strong, M. & Fritsch-Rudser, S. 1985. An assessment instrument for sign language interpreters. *Sign Language Studies*. 49: 343-362.

Strong, M. & Fritsch-Rudser, S. 1992. The subjective assessment of sign language interpreters: Sign language interpreters and interpreting. In Cokely, D. (Ed.), *Sign Language Interpreters and Interpreting*. Burtonsville/ Maryland: Linstok Press. 1-14.

Strolz, B. 1997. Quality in media interpreting—A case study. In Gambier, Y. & Gile, D. & Taylor, C. (Eds.), (Multi)Media Translation: Concepts, Practices, and Research. John Benjamins. Publishing Company. 194-197.

Takeda, K. 2009. The interpreter: The moniter and the language abiter. *Meta*. 54(2):191-200.

Tebble, H. 1999. The tenor of consultant physicians: Implications for medical interpreting. *The Translator*. 5(2):179-200.

Tebble, H. 2009. What can interpreters learn from discourse studies? In Hale, S. B., *et al*. (Eds.), *The Critical Link 5: Quality in Interpreting—A Shared Responsibility*. Amsterdam/Philadelphia: John Benjamins Publishing Company. 201-219.

The AIIC survey on expectations of users of conference interpretation. 1995. *http://www.aiic.net/ViewPage.cfm/article525*.

The AIIC workload study executive summary. 2001. *http://www.aiic.net/ ViewPage.cfm?page_id=888*.

Tirkkonen-Condit, S. & Jääskeläinen, R. 2000. *Tapping and Mapping the Processes of Translation and Interpreting: Outlooks on Empirical Research*. Amsterdam/Philadelphia: John Benjamins Publishing Company.

Tiselius, E. 2009. Revisiting Carroll's scales. In Angelleli, C., *et al*. (Eds.), *Testing and Assessment in Translation and Interpreting Studies: A Call for Dialogue Between Research and Practice*. Amsterdam/Philadelphia: John Benjamins Publishing Company. 95-121.

Tohyama, H. & Matsubara, S. 2006. Collection of simultaneous interpreting patterns by using bilingual spoken monologue corpus. Paper presented at LREC 2006 Conference at Genoa, Italy.

Torikai, K. 2009. *Voices of the Invisible Presence: Diplomatic Interpreters in Post-World War II Japan*. Amsterdam/Philadelphia: John Benjamins Publishing Company.

Torikai, K. 2010. Conference interpreters and their perception of culture: From the narratives of Japanese pioneers. In Sela-Sheffy, R., & Shlesinger, M., (Eds.), *Profession, Identity and Status: Translators and Interpreters as an Occupational Group*. Special issue of *Translation and Interpreting Studies*. 4(2): 75-93.

Toury, G. 1995. *Descriptive Translation Studies and Beyond*. Amsterdam/ Philadelphia: John Benjamins Publishing Company.

Venuti, L. 2004. *Introducing Corpora in Translation Studies* (2nd Edition). London/New York: Routledge.

Viaggio, S. 1992. Teaching beginners to shut up and listen. *The Interpreters' Newsletter*. 4: 45-58.

Viaggio, S. 1996a. *The Tribulations of a Chief Interpreter*. Melbourne: 14th World Congress of the Fédération Interntionale des Traducteurs (FIT). 591-601.

Viaggio, S. 1996b. Research in simultaneous interpretation: An outsider's overview. *The Interpreters' Newsletter*. 7: 73-84.

Viaggio, S. 1997. Kinesics and the simultaneous interpreter. In Poyatos, F. (Ed.), *Nonverbal Communication and Translation*. Amsterdam/Philadelphia: John Benjamins Publishing Company. 283-293.

Vuorikoski, A. R. 1998. User responses to simultaneous interpreting. In Bowker, L., *et al.* (Eds.), *Unity in Diversity? Current Trends in Translation Studies*. Manchester: St. Jerome Publishing. 184-197.

Wadensjö, C. 1992. Interpreting as interaction: On dialogue-interpreting in immigration hearings and medical encounters. (Doctoral dissertation). Linköping University.

Wadensjö, C. 1993. The double role of a dialogue interpreter. *Perspectives: Studies in Translation*. 1: 105-121.

Wadensjö, C. 1995. Dialogue interpreting and the distribution of responsibility. *Hermes*. 14: 11-29.

Wadensjö, C., Dimitrova, B. E., & Nilsson, A. 2007. *The Critical Link 4: Professionalization of Interpreting in the Community*. Amsterdam/ Philadelphia: John Benjamins Publishing Company.

Williams, J. & Chesterman, A. 2002. *The Map: A Beginner's Guide to Doing Research in Translation Studies*. Manchester: St. Jerome Publishing.

Wilss, W. 1999. *Translation and Interpreting in the 20th Century: Focus on German*. Amsterdam/Philadelphia: John Benjamins Publishing Company.

Zauberga, I. 2001. Variables in quality assessment in interpreting. In Kelletat, A.

F. (Ed.), *Dolmetschen: Beiträge aus Forschung, Lehre und Praxis*. Frankfurt am Main/New York: Peter Lang. 279-286.

Zwischenberger, C. 2009. Conference interpreters and their self-representation: A worldwide web-based survey. In Sela-sheffy, R., & Shlesinger, M., (Eds.), *Profession, Identity and Status: Translators and Interpreters as an Occupational Group*. Special issue of *Translation and Interpreting Studies*: 4(2): 239-253.

作者姓名英汉对照表 >>

Adolfo Gentile 阿道夫·詹蒂尔

Akira Mizuno 水野彰

Alexander Wylie 韦烈亚力

Alfred Hermann 阿尔弗雷德·赫尔曼

Andrew Chesterman 安德鲁·切斯特曼

Andrzej Kopczynski 安德泽伊·科普钦斯基

Angela Collados Aís 安吉拉·科拉多斯·艾斯

Anne Schjoldager 安·施卓德杰

Anne Treisman 安尼·特雷斯曼

Anthony Pym 安东尼·皮姆

Antoine Berman 安托尼·伯曼

Baddeley 贝德利

Bahadir 巴哈迪亚

Balzani 巴尔扎尼

Barbara Moser-Mercer 芭芭拉·莫瑟–梅瑟

Basil Hatim 巴塞尔·哈蒂姆

Bee Chin Ng 吴碧琴

Bendazzoli 本达佐里

Birgit Strolz 比尔吉特·斯特罗兹

Bistra Alexieva 碧斯特拉·阿列谢娃

Brian Harris 布莱恩·哈里斯

Bruce W. Anderson 布鲁斯·W. 安德森

Bruno Gran 布鲁诺·格兰

Cattaruzza 卡塔卢匝

Cecilia Wadensjö 西西莉亚·瓦登斯约

Christian Zelger 克里斯蒂安·泽尔格

Christoffels 克里斯托弗

Claudia Angelelli 克劳迪亚·安吉莱丽

Colonel Dostert 多斯特尔特上校

Craik 克雷克

Cynthia B. Roy 辛西娅·B. 罗伊

Danica Seleskovitch 达尼卡·塞莱斯科维奇

Daniel Gile 丹尼尔·吉尔

David B. Sawyer 大卫·B.索亚

David Gerver 大卫·格尔瓦

De Groot 德格鲁特

Dennis Cokely 丹尼斯·科克利

Deutsch 多伊奇

Donald Broadbent 唐纳德·布劳德本特

Ebru Diriker 厄布鲁·迪立克尔

Elaine Hsieh 伊莱恩·谢

Elisabet Tiselius 伊莉莎贝·蒂塞利乌斯

Etilvia Arjona-Tseng 曾霭缇

Eva Paneth 伊娃·帕内斯

Ferdinand Verbiest 南怀仁

Fernando Poyatos 费南德·波雅托斯

Francesca Gaiba 弗兰西斯卡·盖巴

Franco Fabbro 法布洛

Franz Pöchhacker 弗朗兹·波赫哈克

Frieda Goldman-Eisler 弗莉达·戈德曼–艾斯勒

Friedrich Schleiermacher 弗里德里希·施莱尔马赫

George Steiner 乔治·斯坦纳

Georges Mathieu 乔治斯·马蒂厄

Ghelly V. Chernov 根利·V.切尔诺夫

Gloria Maude Tate 格洛里亚·莫德·泰特

Graham H. Turner 格雷姆·H.特纳

Guiliana Garzone 吉尤里安娜·嘉松

Hans G. Hönig 汉斯·G.霍尼格

Hans Vermeer 汉斯·弗米尔

Heidemarie Salevsky 海德玛丽·塞拉夫斯基

Hella Kirchhoff 赫拉·科奇霍夫

Helle V. Dam 赫勒·V.达姆

Hellen Tebble 海伦·塔伯

Henri C. Barik 亨利·C.巴里克

Herráez 赫莱兹

Hildegund Bühler 席德甘·布勒尔

Hitch 希奇

Hubert Nanpon　休伯特·南彭

Ian Mason　伊恩·梅森

Ingrid Kurz　英格里德·库尔兹

Jack Lonergan　杰克·罗能根

Jan Engberg　简·恩伯格

Janet Altman　詹尼特·阿尔特曼

Jean Herbert　让·艾赫贝尔

Jean-François Rozan　让–弗朗索瓦·罗赞

Jennifer Mackintosh　珍妮弗·麦金托什

Jesús Baigorri-Jalón　杰苏斯·伯格里·亚龙

Johann Adam Schall von Bell　汤诺望

John Dodds　约翰·多兹

John le Carré　约翰·勒卡雷

Justa Holz-Mänttäri　贾斯塔·赫兹–曼塔利

Katharina Reiss　凯瑟琳娜·莱斯

Kilian G. Seeber　基利安·G. 席伯

Knapp-Ponthoff　克纳普–波特霍夫

Krick　克里克

Lawrence Venuti　劳伦斯·韦努蒂

Lee Tae-hyung　李泰衡

Lockhart　洛克哈特

Louise Mauffette-Leenders　莫菲特–林德斯

Mack　马克

Margareta Bowen　马格列塔·伯文

Maria Tymoczko　玛丽亚·提莫志克

Mariachiara Russo　玛丽亚其亚娜·鲁索

Marianne Lederer　玛丽亚娜·勒代雷

Marrone　马龙

Massaro　马萨罗

Matteo Ricci　利玛窦

Meak　米克

Michael Cronin　迈克尔·克罗宁

Michael Strong　迈克尔·斯特朗

Miriam Shlesinger　米莉亚姆·希莱辛格

Mona Baker　莫娜·贝克

Montesdeoca 蒙特斯德奥卡

Nathan Garber 内森·嘉宝

Neisser 奈瑟

Norman 诺曼

Otto Kade 奥托·卡德

Patrick J. Carroll 帕特里克·J. 卡罗尔

Paul Kussmaul 保尔·库斯摩尔

Pergnier 贝尔尼埃

Peter Mead 彼得·米德

Peter Moser 彼得·莫瑟

Pierre Bourdieu 皮埃尔·布迪厄

Pierre Oléron 皮埃尔·奥雷洪

Proverbio 普洛夫比奥

Rachel Lung 龙惠珠

Ranier Lang 伦尼尔·朗格

Riccardi 阿勒桑德拉·理查迪

Robert de Beaugrande 罗伯特·德·伯格兰德

Robin Setton 司徒罗宾

Roda P. Roberts 罗达·P. 罗伯茨

Roger Glémet 罗杰·格雷美

Rosemary Arrojo 罗斯玛丽·阿罗约

Sandra Beatriz Hale 桑德拉·比阿特丽斯·黑尔

Sandrelli 桑德莉

Sharon Neumann Solow 沙伦·纽曼·索洛

Sinaiko 辛乃科

Steven Fritsch Rudser 史蒂文·弗里奇·卢德塞尔

Susan Berk-Seligson 苏珊·博克–塞里格逊

Sylvia Kalina 希尔维亚·卡琳娜

Sylvie Lambert 谢尔维·兰波特

Tohyama 远山

Torikai 鸟饲

Vuorikoski 沃澳里柯斯基

William Alexander Parsons Martin 丁韪良

Wolfram Wilss 沃尔夫兰·威尔斯